天下文化
BELIEVE IN READING

財經企管 BCB585

未來產業

THE INDUSTRIES OF THE FUTURE

亞歷克·羅斯 Alec Ross———— 著

齊若蘭———— 譯

目錄

【繁體中文版】

序文

　　如果你正要在台灣開展職業生涯，現在是個好時機。台灣是高度發展的國家，在電子、資訊科技和服務業都有深厚的專業基礎。台灣近兩千五百萬居民早已採取資訊時代的生活與工作方式，也因此創造出可觀的經濟和社會效益。

　　本書聚焦於即將形塑未來二十年全球經濟面貌的產業。台灣在好幾個領域都有機會善用既有優勢，成為未來產業總部，並收割從中創造的效益。

台灣的利基與展望

　　希望各位在閱讀本書時，會想到台灣公司和創業家應該進軍的領域，而且數目還不少。我先拋磚引玉，提出幾個想法。**物聯網**顯然是很好的起點。2016年，全世界有將近160億個裝置透過網路相連，這是我們的智慧型手機、筆電、供應鏈中的感測器，以及其他透過網路連結的產品和裝置加起來的總和。

到了2020年，這個數字還會進一步成長到400億，不是因為每個人都會配備五、六支手機，而是因為會有愈來愈多產品成為物聯網裝置。電子產品將位居第一線。如果台灣的公司和企業家能在電子領域積極打造物聯網，則將創造出數十億美元的經濟效益和數以萬計的新工作。另一方面，如果台灣的公司和企業家在這個領域毫無創新，那麼台灣在電子業的優勢將逐漸消失。

另外一個可能的領域是**數據分析**。土地是農業時代的原料，鐵是工業時代的原料，數據則是資訊時代的原料。從交通運輸到電子業，在各個不同領域中，能順利成長的公司將是能掌握數據、控制數據或解讀數據意義的企業。台灣學生的數學測驗成績在全球名列前茅，當數據科學成為創造未來產業的基石時，數學能力也成為寶貴的資產，重要性超越以往。

機器人科技也值得一提。各位將在本書讀到，機器人領域即將展開了不起的創新，一九七〇年代漫畫或電影中的機器人將在二〇二〇年代成真。包括日本和韓國在內，許多亞洲國家已經在這場競賽中拔得頭籌，成為機器人公司的基地。台灣企業如果想受惠於即將來臨的這波創新、找到自我定位，還不算太遲，可以先從整合材料科學（包括化學和塑膠）和電子科技著手。這兩個產業通常各自發展，但材料科學和電子科技的非凡組合造就了二十一世紀的機器人，而台灣在這兩個領域都擁有專業技術。如能結合兩者，則將有望成為機器人產業的全球總部。

　　台灣的半導體業者和電子零件製造商也須體認到，儘管機器人產業今天規模還不算太大，明天卻將成長為龐大產業，因此應該開始將研發資源聚焦於為明天的機器人產業提供硬體。台灣已經擁有專業技術底子，只需將原本的專業延伸應用到新興領域。

　　當世界變得更數位化、更相互連結時，威脅也隨之變多。只要是能上網的電子裝置都有可能被駭，而在數位領域中，台灣正處於危險的政治空間和地理位置。台灣企業家投資於研究發展時，也必須建立強而有力的網路防禦機制，確保智慧財產不會遭竊。來自中國的網路竊盜已經造成數千億美元的經濟損失。

給企業界的建議

　　台灣的既有產業結構把重心放在電子業、資訊科技和服務業，未來的發展可能且應該更勝於目前和過去的發展。上述三個領域都是能持久發展的領域，未來只會更加成長茁壯。不過，要讓上述優勢持續擴大，我想對台灣提出以下三個建議：

　　首先，要認真看待年輕人，投資年輕人。谷歌、臉書、微軟和其他不計其數的資訊時代公司都是由二十來歲的年輕人創辦，這絕非偶然。年輕人能以新眼睛看世界。我在二十八歲創業時，完全沒有任何經營公司的經驗。上述公司都不是靠家族財力支援，而是年輕創業家受到信賴，取得高風險早期資金，擺脫政府法規的重重束縛，創建自己的事業。我在矽谷參加企業菁英的聚會時，往往是席間年紀最大的人。然而到了亞洲，我經常都是最年輕的與會者之一。台灣社會無論在賦與年輕人更多權力，或不以年齡決定組織位階等各方面，都勝過許多國家，但仍有繼續改進的空間。二十來歲的台灣年輕人想要創業和推動公司成長，仍然不容易。

　　其次，思維和工作都要全球化。台灣長久以來，都是全球供應鏈的一環，因此隨著未來產業逐步發展供應鏈，這將是台灣擁有的一大優勢。台灣對於美洲及亞洲市場，有很強的整合能力，然而未來十年，我們會看到來自非洲、南美洲和印度的實質成長，台灣企業應該優先進軍這些市場。習於在開發中市場旅行和做生意的工商界人士，將掌握長期優勢。

　　第三，應該減少女性在文化和職場上的障礙，讓她們充分參與經濟發展。女性賦權是創新文化的最佳指標。任何國家或公司如果想強化競爭力，最重要的一步就是在政治和經濟上提升女權，充分整合女性的力量。沒有任何國家是完美的——就我所知，美國當然也不完美——但努力提升女權的國家，將在未來產業中占據絕佳定位。

給父母的建議

我在探討撰寫這些議題時，不只採取專業人士的觀點，也是從父親的角度下筆。我的三個孩子年齡分別是十三歲、十一歲和九歲。我希望在他們成長的世界中，他們能取得在未來競爭和成功的良好定位。在密集研究和撰寫《未來產業》的這些年，我曾採訪全球數十位最成功、最有權勢的傑出人士，而話題常常會轉到親子教養上。我們經常聽到知名企業執行長和經濟學家談論商業和經濟情勢，然而和他們討論今天的孩子需要什麼技能和特質，才能在明天的經濟環境中競爭和成功時，他們談的論點和平常很不一樣。

我想對台灣的父母提出的建議包括：請務必讓你們的孩子學習各種語言，除了學習外語，也要學習一種技術或科學語言，甚至是程式語言。假如大數據、物聯網和機器人都是未來的高成長產業，那麼想在這些產業討生活的人就必須精通背後的編碼語言。即使日後電腦改換新的程式語言，孩子從撰寫程式中學到的思考方式和解決問題能力，仍會讓他們受益無窮。

同理，隨著經濟日益全球化，對文化的理解力與流暢度，以及使用兩種以上語言溝通的能力，會變得愈來愈重要。

其次，雖然要求學校教育的內容更豐富扎實，但不要全然仰賴學校教育。我的父母非常重視孩子在學校和在家中的教育。我當時不懂得感激，但出身寒微的人要出人頭地，就要靠教育。

　　我採訪的企業領導人建議，我們要積極參與孩子的教育。雖然仰賴其他人傳道授業，但也要自己負起教育的責任。父母不但要在學校沒有提供孩子所需的嚴謹教育時設法做點事情，如果你看到孩子把放學後的時間白白荒廢掉，也要想想辦法。如果孩子的學校沒有教他們外語、電腦程式設計，或數學教材的挑戰性不足，今天網路上有豐富的免費教學資源，為人父母者沒有藉口不讓孩子利用這些網路資源來學習。

　　第三，要培養孩子終身學習的態度。過去認為拿到大學或研究所文憑後，教育階段也宣告結束，這樣的觀念早就不合時宜。如果不能持續不斷地學習，辛辛苦苦拿到的MBA或電機碩士學位可能在畢業十五年後就變得幾乎毫無用處。過去十年來，工商業變化的腳步愈來愈快，未來只會變得更快。能生存下來的不是最厲害的強者或才智最高的人，而是最能適應變化的人。在變動的時代，能終身學習的人將比其他人更具有彈性應變的韌性。

　　希望本書能對所有讀者的學習有所貢獻。

前言

不適應就滅亡，向來都是大自然不可動搖的定律。

——威爾斯（H. G. Wells）《世界簡史》
（*A Short History of the World*），1922 年

全球化的陰暗面

凌晨三點鐘，西維琴尼亞州查爾斯頓市的鄉村音樂會結束後，我正賣力清掃地上帶著酒味的嘔吐物。

1991 年夏天，我剛念完大一。我在西北大學的朋友紛紛利用暑假，到紐約或華盛頓的法律公司、國會辦公室和投資銀行實習，工作新奇有趣。我卻和其他五名清潔工一起，在演唱會散場後，打掃可容納一萬三千人的查爾斯頓市政中心。

值大夜班的生活比調整時差還痛苦。你得先決定你究竟想用工作來開啟新的一天，還是把工作擺在每天的結尾。我通常會睡到晚上十點鐘，醒來後先吃點「早餐」，接著從午夜一直工作到翌日早晨八點鐘，然後在下午三點鐘左右就寢。

　　我的五名同事是一群強悍的傢伙。他們人都很好，但是都累得半死。有個人每天上班都隨身攜帶一瓶伏特加酒，還沒到凌晨三點鐘的「中餐」時間，瓶中的酒早已一滴不剩。他和我差不多年紀，滿頭蓬亂的紅髮，來自西維琴尼亞州的山谷地帶。其他同事則都已四、五十歲，原本應正值職涯高峰、收入最多的階段。

　　西維琴尼亞州的人習慣在鄉村音樂會中縱情暢飲，我們的職責則是收拾殘局，清理場地。我們六人會把一壺壺螢光藍的化學藥品倒在水泥地上，發出滋滋的聲音。

　　上一波創新與全球化浪潮誕生了許多贏家和輸家。其中一組贏家是聚焦於高成長市場和各種新發明的投資人、創業家和高技術勞工。另外一群贏家則是開發中國家裡逐漸脫離貧窮、晉升中產階級的十餘億人口，因為一旦這些國家開放市場，加入全球經濟體系，相對低廉的勞工就會成為一大優勢。還有一批人雖然生活在歐美的高成本勞動市場，本身的技能卻跟不上技術變遷和全球化的腳步，淪為輸家。值大夜班時和我一起拖地的傢伙就是這類魯蛇。多年前，他們也許還能去當挖煤的礦工，如今這類工作早已被機器取代；如果在一九四〇年代到一九八〇年代，他們或許還能到工廠謀生，如今工廠都遷移到墨西哥或印度。對我而言，值大夜班當清潔工，只不過是暑假短期打工；對他們而言，卻是職涯中唯一剩下的選擇。

　　成長過程中，我一直以為西維琴尼亞州的生活就是其他地方生活的寫照。你總是盡力而為，設法因應緩慢的衰退。但等到我周遊列國，看到在西維琴尼亞州向下沉淪之時，其他地區卻向上躍升，我才真正理解我在西維琴尼亞目睹的種種現象意義何在。

　　如今距離當年值大夜班拖地的日子已經二十年了，我已見過世面，在世界各地見到各國領袖和最大科技公司的高階領導人。我曾擔任美國國務卿希拉蕊‧柯林頓（Hillary Clinton）的資深創新顧問，這是她成為國務卿後特別為我創設的職位。在出任希拉蕊幕僚之前，我也曾在2008年歐巴馬擊敗希拉蕊的那場總統初選中，擔任歐巴馬的科技及媒體政策召集人。之前還花了八年時間，協助經營一家由我共同創辦、以科技為基礎的新創社會企業。我在國務院的職責是設法推動外交實務現代化，引進新工具和新方法來因應美國外交政策所面臨的種種挑戰。希拉蕊之所以把我找去，是希望我能為注重傳統的國務院施展一點創新的魔咒。我們達到不少成就，等到希拉蕊和我在2013年離開國務院時，國務院被評為美國聯邦政府部會中對創新最友善的部會。我們發展各種成功的方案，因應在剛果、海地，以及販毒集團控制下的北墨西哥邊境小鎮等地碰到的各種艱險挑戰。我在背後扮演的角色，是搭起美國創新者和外交議程之間的橋梁。

　　在這段期間，我大半時間都在路上奔波。我在擔任公職前後，也見過不少世面，但是為希拉蕊工作的 1,435 天，讓我有機會近距離密切觀察形塑世界的力量。我曾造訪數十個國家，飛行五十餘萬哩，幾乎相當於往返月球後，又順道去了趟澳洲。

我在韓國目睹下一代機器人的面貌，看到沒有銀行的非洲地區開發出新的金融工具，眼見紐西蘭為了提升農作物產量而使用雷射技術，以及烏克蘭大學生將手語轉化為口語。

我也有機會見識到未來幾年即將誕生的新科技，但我仍時常回想起當年午夜值班拖地的情景，以及在那兒認識的那幫同事。過去幾年，由於從全球視角觀察形塑世界的種種力量，幫助我了解為何在山谷中的家鄉，生活變得如此艱辛，以及為何在世界大多數地方，其他人的日子卻過得愈來愈好。

創造希望，也帶來危險

上一波創新浪潮在我成長的世界、舊工業經濟體系中，掀起翻天覆地的改變。這段新科技、自動化、全球化的故事大家都已耳熟能詳。

我在一九九〇年代初期上大學時，世界正快馬加鞭進行全球化，瓦解了昨日世界的各種政治與經濟制度。蘇聯及其衛星國解體[1]；印度展開一系列經濟改革，促進經濟自由化，終於把十餘億印度人民推上世界經濟舞台[2]；中國改變經濟發展模式，開創混合式資本主義的新形式，讓五億多中國人逐漸脫貧[3]。

歐盟誕生。北美自由貿易協定（NAFTA）實施後[4]，美國、加拿大和墨西哥整合成全球最大的自由貿易區。南非結束種族隔離，曼德拉（Nelson Mandela）當選南非總統。

我上大學時，世界才剛開始連結上網。全球資訊網（World Wide Web）開始對大眾開放，網路瀏覽器、搜尋引擎、電子商務方興未艾。我大學畢業，找到第一份工作時，亞馬遜網路書店（Amazon）正好創立。

當時我還不像現在這麼了解這些政治和技術變遷的重要性，但我成長過程在西維琴尼亞州發生、後來又因網路誕生而加速的種種變化，使得二十年前的生活方式如今看來，已經有如遙遠的歷史。

家鄉的居民雖然不如上一代工作那麼穩定，但今天他們可以拿手邊的錢買到許多幾十年前買不到的東西，包括更方便的通訊、更多更好的娛樂、更健康的食物、更安全的汽車，以及讓他們活得更久的進步醫療，如果從這個角度來看，他們的生活比過去好多了。然而他們也遭逢許許多多的變化，有好的變化，也有不好的變化。不過和即將衝擊全球196國家的下一波創新浪潮相較之下，過去的巨變只能說是小巫見大巫。

即將來臨的全球化時代會啟動新一波科技、經濟和社會變化，和二十世紀震撼我的家鄉的改變，以及二十年前我大學畢業時網路和數位化帶動的轉變同等重要。

　　無論在生命科學、金融、戰爭或農業領域，你想像得到的先進科技，都早已有人在設法開發且將之商業化。

　　更多地方成為創新商品化的搖籃。在美國，科技突破不僅來自矽谷、波士頓附近的128號公路，以及北卡羅萊納州的三角研究園區（Research Triangle），也開始出現在猶他州、明尼蘇達州、華盛頓特區，以及維琴尼亞州和馬里蘭州的郊區。科技突破也不再是美國人的專利。

　　仰賴廉價勞力推動經濟成長多年後，印尼、巴西、印度和中國的30億人口開始逐漸展現創新潛能。面向太平洋的拉丁美洲國家，包括智利、秘魯、哥倫比亞和墨西哥似乎已找到在全球經濟體系中的定位。擁有高技術勞工的歐洲市場正催生許多新創公司，令矽谷又嫉又羨[5]。充滿潛能的小國愛沙尼亞，似乎已變身為電子經濟強國。

　　非洲同樣因創新而改變，即使在剛果難民營，像手機這樣的簡單科技，都能讓人與資訊產生前所未見的緊密連結。非洲創業家正在改變非洲大陸的面貌，推動發展，開創具有全球競爭力的新企業。

　　從開創新商業模式到挑戰舊專制政權，擁有新能力的公民和公民網路在全球各地，以過去難以想像的方式，挑戰既有秩序。

　　不久的將來，我們將看到能讓半身麻痺者開始走路的機械服，以及能溶掉某些癌細胞的藥物；也看到電腦編碼除了充當國際貨幣，還能變身為武器，摧毀遠端基本設施。

　　本書將深入探討這些突破，但我們並非只為創新帶來的好處歡呼鼓掌。未來科技進步和財富創造不會平均增長。許多人有所得，有的人甚至獲取龐大利益，但還有許多人遭到取代。上一波數位化全球化的創新浪潮讓許多廉價勞工脫離貧窮，但下一波創新浪潮將為全球中產階級帶來挑戰，許多人可能回歸貧窮。上一波浪潮提高了許多國家和社會的整體經濟水準；在下一波浪潮中，前沿經濟體（frontier economies）將晉升經濟主流，已開發國家的中產階級則面臨挑戰。

　　全球許多國家都面臨貧富差距擴大和社會斷裂的困境，人民普遍覺得愈來愈難在世界上找到自己的位置或向前邁進。

　　創新帶來希望，卻也造成危險。相同的力量可以創造前所未有的財富和福祉，但也讓駭客得以竊取你的身分或駭進你的家。電腦既能加快分析法律文件的速度，也能縮減職場上所需要的律師數目[6]。社群網站既能打開大門，建立更多聯繫，也能形成新的社會焦慮[7]。數位化支付方式雖然促進商務，卻也導致新型態的詐欺[8]。

　　網路革命剛開始時，我還在大學念書，當時我絲毫沒有意會到即將面對這樣的未來。但願當年我有機會從閱讀書籍中，嘗試了解未來。雖然沒有人能無所不知，但我很幸運有機會一窺接下來可能發生的事情。

　　本書談的是下一波經濟發展，如果你想了解下一波創新和全球化將如何影響國家、社會和自己，本書正是為像你這樣的讀者而寫的。

舊經濟的成長經驗

要了解全球化的未來走向，必須先了解全球化的起源。我在西維琴尼亞州查爾斯頓市長大，查爾斯頓的歷史正反映了美國早期如何藉由煤灰瀰漫的礦業推動成長，在幾百年間崛起而成為經濟強權。西維琴尼亞州靠煤炭起家，就如同匹茲堡靠鋼鐵工業起家，而底特律是汽車工業城一樣。的確，西維琴尼亞透過煤礦和工業化的北方連結起來，因此南北戰爭爆發後，西維琴尼亞脫離維琴尼亞州，與重視農業的南方分道揚鑣。

西維琴尼亞州的處境反映了其他礦業中心的情況，這些礦業中心原本是工業革命的第一批製造基地。在英國，曼徹斯特和里茲等中部城市都成為工業重鎮。倫敦提供融資，威爾斯則運來煤炭。在德國，萊茵河谷的魯爾地區成為製造中心，由東德和波蘭供應煤炭。

今天中國沿海地區，尤其是深圳和上海一帶，已經成為世界工廠，所需煤炭來自中國西部和澳洲。同樣的，印度東北部、土耳其安拿朵利亞，以及巴西聖塔卡琳娜的礦區，都為這些新興經濟體和世界其他經濟體提供發展工業的基石。礦業在每個地區都成為建立緊密經濟關係和開創新機會的踏腳石，至少有一段時間確實如此。

西維琴尼亞州靠著採煤業的榮景發展輔助工業，更加鞏固了其工業供應中心的地位，但也預示了日後的衰敗。二十世紀初期，查爾斯頓經歷了第二次榮景：化學工業。1920年，聯合碳化物公司（Union Carbide）在西維琴尼亞州創建全球第一座石化工廠[9]。

二次大戰期間，美國參戰後，需要大量合成橡膠來滿足戰備需求。聯合碳化物公司成為西維琴尼亞州最大的雇主，也躋身全球前十大化學公司，戰後仍持續成長。1946年到1982年，聯合碳化物公司的營收從4億1千5百萬美元攀升到一百餘億美元[10, 11]。這段期間，聯合碳化物公司在全球雇用了八萬名員工，其中有將近一萬兩千名員工在西維琴尼亞州上班。隨著聯合碳化物公司持續成長，查爾斯頓也同步成長。到了1960年，查爾斯頓的人口已經從戰前的68,000人增加為86,000人[12]。

我在家鄉求學時，班上同學大都是化學公司工程師的子女。他們的家人往往都畢業於全球或美國頂尖大學，見多識廣。百年來，西維琴尼亞州的舊經濟產業（煤炭、化學品和塑膠）一直很穩定，是可靠的職涯選擇。

我的外祖父雷伊・狄波羅（Ray Depaulo）在經濟大蕭條時期搬離科羅拉多州的煤礦場，來到西維琴尼亞州。他就讀的中學由於缺乏經費，乾脆頒發文憑給包括他在內的所有學生，然後關門大吉，當時他才十三歲。幸好在那個年頭，即使只有中學文憑，都有辦法餬口。

外祖父到了西維琴尼亞州後，成為今天所謂的創業家。當時大家剛開始在家裡裝設電話，他挨家挨戶兜售電話，後來還經營汽車修理廠、高爾夫球場、餐廳、糕餅店、停車場和居家清潔生意。

外祖父很清楚全球化帶來的難題：開放不但帶來機會，也帶來競爭，會令我們質疑自己在世界上的地位，且最終喪失原本的地位。西維琴尼亞州正如美國其他工業中心，在我外祖父的時代達到高峰，但新市場和新機器帶來的新競爭即將暴露它的缺點。

我還記得孩提時代，每回從查爾斯頓開車到家父的法律事務所，半途都會經過一個叫尼特羅的小鎮。每次經過尼特羅鎮時，哥哥姐姐和我就會在座椅上扭來扭去，高聲尖叫，受不了周遭化學工廠發出的惡臭。

坐在駕駛座上的家母則如常呼吸，並以實事求是的口吻說：「那是錢的味道。」她認為這可怕的氣味代表了工作機會，以及家父的潛在客戶。

在舊經濟中，不只在尼特羅，在印第安納州的蓋瑞市、新澤西州的紐華克市，以及路易斯安那州的貝登魯治市，這種氣味都代表錢的味道。今天，相同的氣味則瀰漫在中國、印度和墨西哥的工業重鎮，甚至美國某些舊工業城也依然聞得到這股氣味。

　　當時大家稱貫穿查爾斯頓的卡那瓦河谷為「化學谷」。近一個世紀的時間，化學谷的化學品製造公司密度一直高居全美之冠[13]：包括聯合碳化物、杜邦（DuPont）、孟山都（Monsanto）、FMC（Food and Machinery Corporation），以及其他許許多多公司都在此設廠。

　　到了晚上，從高處俯瞰化學谷，感覺有如未來科幻電影的場景，微弱的燈光映照著化學工廠的鋼骨結構。散發到夜空中的煙霧添增了些許橘色的光芒，詭異地映照在河面上——而河裡幾乎看不到任何魚類或其他活生生的動物。但長大過程中，我從來不曾質疑箇中原因。

　　尼特羅鎮位於查爾斯頓下游14哩處，因硝化纖維（nitrocelluose）或槍火而得名。尼特羅鎮在美國為一次大戰展開動員時興起，當時美軍槍火生產面臨嚴重短缺，於是政府決定投入7千萬美元興建炸藥工廠和周邊城鎮的公共建築。1918年11月，第一批炸藥剛出貨，戰爭就結束了[14]。

　　這不是尼特羅鎮最後一次被動員參戰。一九六〇年代，孟山都化學工廠在尼特羅製造名為「橙劑」（Orange Agent）的落葉除草劑，供美軍在越戰中使用[15]。美軍在越南叢林中噴灑橙劑，超過一百萬名越南人和十萬名美軍的健康因此受損，並造成十餘萬名有天生缺陷的嬰兒[16]。

　　真是個醜陋的行業。但有一段時間，對本地而言，家母說得對：尼特羅的氣味代表錢的味道。然而，金錢並沒有源源不絕地湧進來。最後，正是這些為查爾斯頓和西維琴尼亞帶來榮景的產業造成它的衰敗。

就礦業而言，機械化之後，不需再靠人工採煤。過去礦工需攜帶鶴嘴鋤和鏟子上工，後來只需操控機器就好，而且一部機器就可完成數百人的工作。對化學工業而言，全球化意味著企業可以到環保法規較寬鬆、勞工較便宜的地方設廠。於是化學公司紛紛遷移到印度和墨西哥。

查爾斯頓人最務實的選擇是離開家鄉。從1960年到1990年，查爾斯頓流失了四成人口[17]。1988年，西維琴尼亞州的失業率幾乎是全美平均值的兩倍[18]。我讀書時，班上同學不再有那麼多工程師子女，因為工程師都轉赴其他州或其他國家工作了。

全球許許多多的都市和地區都曾在後工業時代的衰退及全球化浪潮中辛苦掙扎，查爾斯頓市和西維琴尼亞州正是最好寫照。這些地區在過去經濟穩定成長的時代曾蓬勃發展，但受限於既有資源和製造業型態，一旦榮景不再，便因資金和人口流失而深受重創。當地的工廠過去是創造財富的驅動力，如今只是城市天際線上沉睡的鋼骨架構。匹茲堡的鋼鐵廠紛紛關閉；當汽車業面臨日韓競爭時，底特律的人口也從180萬縮減為70萬[19]。

並非只有美國城市受苦。在英國，全球第一個工業化城市曼徹斯特在一九七〇年代流失了5萬份工作[20]。南威爾斯的煤場每下愈況,連最後一個煤場也在 2008 年關門大吉[21]。法國馬賽港則飽受新競爭威脅,人口減少了 15 萬[22]。

等到我上大學時,西維琴尼亞州唯一能創造穩定工作的化學品,是灑在查爾斯頓市政中心地板上滋滋作響的清潔劑。

全球化的光明面

西維琴尼亞州面臨長達數十年的經濟衰退之時,全球化的力量和勞工流動的趨勢卻在其他地區創造正面效應,例如印度和中國的轉變令人瞠目結舌,而中印兩國人口便占了全球總人口的四成。

從 1982 年到 2012 年的三十年間,印度的貧窮率從人口的 60% 降至 22%[23],預期壽命從 49 歲提高到 66 歲[24]。在我成長的年代,印度是泰瑞莎修女的故鄉、饑荒不斷的國度;但今天,科技、全球服務和快速成長的中產階級逐漸成為印度的標記。

中國的轉變則更加戲劇化,在同一段期間,中國的貧窮率從 84% 降到 13%,大約有六億中國人脫貧[25]。中國的經濟規模已是三十年前的 25 倍[26],僅次於美國,成為全球第二大經濟體。

同樣的趨勢對工業化的美國和歐洲帶來負面衝擊,對印度、中國和其他許多國家而言,卻是一大福音。全球化和創新對西方工業化地區的既有生活方式形成挑戰,但另一方面卻刺激新興國家的經濟發展。除了開發中國家從中得利，全球各地許多個人和區域都充分利用這波科技創新而蓬勃發展。我們最有價值的資產從過去的鹽和糖，轉換為化學品和燃料，然後又變成今天的各種資料和服務。能提供這兩樣東西的地區，就能在全球知識經濟中，取得領導地位。距西維琴尼亞州查爾斯頓2500哩之遙的矽谷，其推出的產品不但徹底改變了本書每位讀者的生活方式，還創造了數兆美元的財富。

未來產業

我知道，我的父母或祖父母一定希望他們在一九六〇年代曾讀過一些描述全球化浪潮如何改變世界的書籍。我則恨不得二十多年前初出茅廬時，曾讀過描述網際網路和數位化浪潮將如何改變世界的書。本書探討的產業，將驅動未來二十年經濟和社會的轉變。各章節的主題圍繞著未來的關鍵產業——機器人、先進的生命科學、編碼化的金錢、網路安全和大數據——以及這些產業崛起的地緣政治、文化脈絡和世代背景。我之所以選擇探討以上產業，不只是因為這些產業很重要，也因這些產業象徵了更大的全球趨勢，同時彼此間還存有一種共生關係。

頭兩章〈機器人來了〉和〈人類機器的未來〉，探討機器人和生命科學領域的尖端科技如何改變我們的工作型態和生活方式，同時對我們的生計和人生也帶來巨大（但不均）的影響。隨著機器人日益普及，人工智慧和機器學習將掀起全球經濟革命，可能如同過去的農業革命、工業革命和數位革命般，對勞工帶來嚴重衝擊。同時，由於生命科學的戲劇性發展，人們可以活得更久，也活得更健康——至少對負擔得起的人而言是如此。不過，有些人已占據有利位置，有能力創造或採用新的科技突破；有些人則可能更加被遠遠拋在後頭。我們從機器人科技和生命科學獲得的經濟回報可能無法公平分配給所有人，因此社會必須找到新的調整方式。

〈金錢、市場與信任都變身編碼〉和〈電腦編碼也變成武器〉（第三章和第四章）檢視電腦編碼在實體和虛擬經濟領域的新應用，如何改變兩個傳統上由國家控制的領域：金錢及武力。快速發展往往帶來不穩定。應用電腦編碼進行商務將提供新的機會，讓世界各個角落的小老百姓都能接收、持有、花費或匯兌金錢。但同時，我從國務院辦公室和白宮戰情室的制高點，看到有個未來產業已從原本提供後勤支援的資訊部門，轉變為全世界成長最快、破壞力最強的產業之一：我指的是電腦編碼變身武器的趨勢。這些發展加總起來可能創造新機會，但也讓心懷不軌的惡勢力能力大增，為國際經濟帶來系統性的傷害。

〈數據：資訊時代的原料〉和〈未來市場的地理學〉（第五章及第六章）則檢視大數據帶來的廣闊天地，以及地緣政治加諸於全球市場的限制。土地是農業時代的原料，鐵是工業時代的原料，數據則是資訊時代的原料。網際網路已成為龐雜資訊的汪洋大海，但如今我們可以設法連結這些資訊，從中汲取可操作的商業情報。過去企業利用大數據進行目標式廣告，如今則找到更廣泛的用途，大數據也成為解決長期社會問題的工具。

未來產業一方面誕生於目前的地緣政治結構，另一方面也會改變地緣政治結構。二十世紀政治制度及市場的主要差異在於左右的對立，到了二十一世紀，則在於開放性政治經濟模式與封閉式模式之間的落差。由於新的競爭與政治現實，世界各地出現各種混合模式，最後兩章便是探討哪些市場能帶動未來的永續成長和創新，企業領導人如何明智選擇在何處投入最多時間和資源。

對競爭力的探討是貫穿本書的主軸——社會、家庭和個人要如何成長茁壯。全球最懂得創新的國家和企業對於如何強化他們最重要的資源（人才），逐漸產生文化上的共識。而創新文化的最佳指標，莫過於讓女性享有更多權力；想強化競爭力的國家或企業最重要的一步，就是設法在政治和經濟上整合女性的力量，並提高其自主權。任何社會如果無法克服負面的文化傳統，改變對待女性的方式，將會在下一波創新浪潮中失敗。全球最封閉、限制最多的國家都在最近一波創新中缺席，如果不進行實質變革，這些國家不可能孕育出未來的產業。創新不會在封閉的環境中誕生，而創新公司會繼續遠離性別政策落後的國家。

　　本書最後探討的是，我們應該如何協助下一代做好準備，在未來不斷改變與激烈競爭的世界裡脫穎而出。一個人最重要的職務莫過於為人父母，我們的孩子長大後承接的世界將與我們的世界大不相同。我們可以向本書描繪的諸多創新者汲取智慧，讓我們自己和下一代都做好因應下一波經濟挑戰的準備──而新一波經濟浪潮今天已經啟動。

第一章

機器人來了

　　歡迎新的工作者和照顧者，未來十年，當人類學會如何與機器人共生，社會也將隨之改變。

　　日本擁有全世界最長壽的人民和最龐大的高齡人口——而且看不出有變年輕的跡象。目前日本男性的預期壽命為80歲，女性則為87歲，預期在未來45年內，日本的男女平均壽命還會分別提升到84歲和91歲[1]。從2010年到2025年，日本65歲以上的老年人口預計將增加700萬人[2]。今天的日本，65歲以上的人口已占四分之一[3]。預期到了2020年，比例將達29%；2050年，更會高達39%[4]。

　　長壽的老人需人照顧。然而，日本出生率很低。換句話說，在過去，照顧祖父母或曾祖父母是日本家庭生活中很重要的一部分，未來由於孫子女的數量不足，這樣的模式不再可行，至少無法滿足整個國家的需求。

　　由於日本嚴格的移民政策限制了勞工數量，未來將缺乏足夠的人力來完成所有工作。日本厚生勞動省預測，到2025年，日本將需要400萬名護士來照顧老人家，目前護士數目卻只有149萬[5]。日本每年只核准5萬份工作簽證，除非推動巨大變革，否則這兩個數字怎麼都兜不起來。

像老人照護之類的服務業正面臨嚴重的勞工短缺，而且情況會日益惡化，因為照護工作薪水低，又很容易發生職業傷害（因為常需搬動病患），所以流動率很高。

於是，機器人開始登場。

未來照護者的面貌

日本工廠目前正積極研發未來的照護人力。日本企業曾在一九七〇年代重新改造汽車業，又在一九八〇年代重新改造消費電子業，如今他們正試圖重塑家庭的面貌。一九六〇年代和一九七〇年代的電影，以及卡通片中描繪的機器人，可望在二〇二〇年代成真。

兩家相互競爭的日本企業豐田（Toyota）和本田（Honda）正努力發揮機械工程專長，開發下一代機器人。豐田打造了一個名為Robina的照護幫手——外貌模擬動畫片《傑森一家》（The Jetsons）中的卡通裸姆兼管家蘿西（Rosie）。Robina是豐田「夥伴機器人家族」（Partner Robot Family）的一份子，豐田希望打造一系列機器人來照顧全世界日益高齡的人口。Robina

是60公斤重、120公分高的「女性」機器人,能運用語言和手勢與人類溝通。她有一雙大眼睛,留著拖把頭,穿著飄飄然的白色金屬裙。

Robina的弟弟Humanoid則是多用途的家務助手,懂得洗碗,能幫你照顧生病的父母,甚至還能提供即興娛樂[6]:有的能吹小號,有的會拉小提琴。兩種機器人版本都和著名科幻電影《星際大戰》(Star Wars)中的機器人C-3PO十分相似,只是Humanoid不是金色,而是閃亮的白色。

本田公司的因應之道是創造出機器人艾西莫(ASIMO),ASIMO是英文「Advanced Step in Innovation Mobility」的縮寫,意思是「往創新行動能力跨出先進大步」。艾西莫是具備完整功能的人形機器人,樣子活像個落在地表的四呎高太空人,懂得解讀人類的情緒、動作和談話。艾西莫頭上配備的攝影機可以充當眼睛的功能[7],他能遵從口語指令,懂得握手、點頭示意或出聲回答問題,甚至還會鞠躬致意,展現日本人禮數周到的作風。對年長病患而言,艾西莫可肩負多種功能,包括協助他們下床或與他們談話[8]。

本田的另外一個研究重心,是開發機械四肢和輔助裝置,並將產品商業化。這類新發明雖然也是機器式裝置,卻不是能自行站立的機器人。本田的走路輔助裝置[9](Walking Assist device)包覆大腿兩旁,並讓身體後部有所支撐,因此腿部肌肉無力的人能借力使力,自行走動。可以預見本田未來將打造出機械手及機械臂，協助半身麻痺者行走，也讓身殘體弱的長者能重拾年輕時代的速度和力量。

其他眾多日本公司也緊追在後[10]。東海橡膠工業（Tokai Rubber Industries）與日本理化學研究所（RIKEN）合作，開發出互動式人體輔助機器人RIBA（Robot for Interactive Body Assistance），RIBA能將175磅重的人抱起放下。同時，為了顧及病患的舒適，還有許多特殊設計。例如，RIBA的樣子像個微笑的大熊，外皮柔軟，以防止傷到病患或弄痛病患。同樣的，日本工業自動化公司AIST打造的PARO，是全身覆蓋柔軟白色毛皮的海豹寶寶機器人。PARO的行為模式有如真實的寵物。有些人因為身體太過虛弱，無法照顧活生生的動物[11]；而有些人的居家環境則不適宜養寵物（例如住在安養院中），PARO就是專門為他們設計的機器人寵物。PARO很愛窩在別人懷裡，挨打時會生氣，還喜歡打盹。美國總統歐巴馬幾年前參觀日本機器人創新科技時，曾經和PARO有過一面之緣，他當時出於本能，立刻伸手摸摸它的頭[12]。PARO看起來就像個可愛的絨毛玩偶，但售價高達6,000美元，被美國政府列為二級醫療裝置[13]。

日本在機器人領域傲視群雄，全世界目前總共有140萬個工業用機器人，其中有31萬個在日本。日本的機器人研究逐漸把焦點轉向老人照護，一方面是不得不如此，另一方面則是如此一來，日本便能好好運用先進的工業技術，為龐大的高齡

人口服務，並形成得天獨厚的優勢。但是，機器人真的有辦法
照顧人類嗎？

日本的公家機關和私人企業顯然都這麼想。2013年，日本
政府撥款2460萬美元，補助企業開發老人照護型機器人[14]。日
本著名的通產省在2013年5月挑選了24家公司來研究照護型
機器人，政府補助款占了研發經費的二分之一到三分之二[15]。
這類機器人承擔的工作，包括協助長者從一個房間走到另一個
房間，密切注意可能遊蕩走失的老人家，以及提供唱歌跳舞等
娛樂，或陪老人家玩遊戲[16]。

儘管如此，仍然面臨許多艱鉅的挑戰。就技術面而言，要
設計出能進行親密活動的機器人（例如幫病患沐浴或刷牙），
依然困難重重[17]。目前研發機器人的日本公司，原本多數專精
於工業馬達和電子自動化設備，因此在進入照護領域時，不
太知道該如何建立情感聯繫，然而這對於老人照護而言，卻至
關重要。即使在這方面有所改善，有些觀察家仍然質疑，病
患能否和機器人看護產生真正的情感連結。例如針對科技發
展進行社會學研究的MIT教授特爾克（Sherry Turkle）就提出
警告：「要讓人工伴侶的概念成為社會新常態，我們必須先自
我改變，而且在過程中重塑人類價值和重新建立連結。」她進
一步說明，一旦真的出現機器人看護，可能會在年輕世代和老
一代之間製造鴻溝。「原本假定的情況是老人家說話時，年輕
人側耳傾聽。」特爾克提及許多人以打造能對話的機器人為目

標，但他認為：「我們顯然對於老人家想說什麼興趣缺缺，所以我們拚命打造的機器，日後會讓老人家說的故事被當成耳邊風[18]。」

這些技術問題（機器人有辦法幫人刷牙嗎？）和近乎精神層面的疑慮（人類與機器人之間能夠或應該產生情感連結嗎？）都其來有自。然而，隨著日本機器人技術和應用方式持續進步，很可能在不久的將來，問題的答案就會浮現。由於照護者十分短缺，我預期機器人很快就會成為日本家庭的固定成員。

假如日益老化的日本能成功開發出照護型機器人，將有助於經濟發展，並很快躍上全球經濟舞台，帶來深遠影響。

其他工業國如同日本，都瀕臨嚴重老化。歐盟的28個會員國都面臨人口老化的問題，未來數十年，歐洲65歲以上的老年人占總人口比例會從17%上升到30%[19]。中國雖仍持續發展，卻已進入高齡化社會。儘管一胎化政策正逐漸廢止，中國的人口結構依然失衡。中國婦女平均每人生育1.4個小孩，低於2.1的人口替換率，導致必須由過少的年輕人來扶養過多的老年人。美國則是例外，移民政策降低了人口老化的衝擊。

隨著已開發國家人口逐漸老化，為日本機器人創造了龐大的市場。複雜機器人將逐漸進入我們的日常生活，照護型機器人和機械肢體技術或許只是這股新浪潮的第一波。未來，隨著老奶奶不斷向兒孫炫耀先進的科技新玩意，機器人將普遍流行，成為因年長使用者帶動而成為主流科技的極少數特例。

機器人領域的「五大」

機器人的發展情況因國家而異。正如同富人和窮人的科技水平大不相同，富國和窮國亦復如此。

少數國家已經走在前面，在機器人領域取得領導地位[20]。全世界大約有七成機器人都銷售到日本、中國、美國、南韓和德國五個國家，形成機器人領域的「五大」[21]。日美德三國在工業用和醫療用的高價機器人領域引領風騷，南韓和中國則是較廉價的消費者導向機器人的主要生產國。日本機器人銷售量在全世界獨占鰲頭；中國則代表發展最快速的機器人市場，從2005年以來，每年的機器人銷售都成長25%。

五大國和世界其他國家之間有一道巨大的鴻溝。五大國既是機器人的消費者，也是主要生產商，發展速度超越其他國家。擁有5千萬人口的南韓，其所生產的工業用機器人，數量超越總人口達28億的中南美洲、非洲及印度的總和。俄羅斯雖然工業基礎雄厚，卻不涉足機器人領域，既不大量生產、也不太採購機器人，只維持著依一九七○年代和一九八○年代方式運作的採掘冶煉型工業（天然氣、石油、鐵礦、鎳礦）和工業製造工廠。

未來最有可能將下一代機器人成功融入我們的社會、工作和居家生活的，也是這五大國，形成更強大的比較優勢。他們將擁有消費性機器人的知名品牌，驅動軟體和網路的發展，也構築機器人產業的生態系統。這樣的共生狀態讓我想到一九九○年代網際網路興起的情況。當時矽谷不只孕育出消費者導向的網路公司，如思科（Cisco Systems）和瞻博網路（Juniper Networks）之類的網路設備製造商也紛紛以矽谷為根據地。今日，思科和瞻博網路公司合計雇用85,000名員工，市值高達1540億美元，未來機器人產業也會出現類似的後端系統。五大國由於在機器人發展上領先其他191個國家，終將從中得利，包括出現許多高薪工作並聚積龐大財富。未來也將出現機器人領域的思科公司和瞻博網路公司。

有趣的是，開發中國家踏入機器人領域時，或許一舉跳越既有技術，跨入新層次。非洲和中亞許多國家根本尚未鋪設固網電話線路，就直接進入手機時代；同樣的，他們或許毋須建立先進的工業基礎，就能在機器人領域出現大躍進。

非洲機器人網路（AFRON, African Robotics Network）提供了極佳範例。AFRON是由個人和機構組成的社群，在非洲舉辦各種活動和計畫，促進機器人相關的教育、研究和產業發展。AFRON透過「10美元機器人挑戰」（10 Dollar Robot Challenge）之類的計畫，推動超低成本機器人的相關教育。奈及利亞的奧巴費米亞沃洛沃大學（Obafemi Awolowo University）所研發的RoboArm，就是其中一個得獎作品，

RoboArm是靠馬達驅動的塑膠製臂狀結構[22]。在材料匱乏的情況下從事低成本創新的能力，乃根植於「儉樸創新」（frugal innovation）的觀念，我們在第六章會進一步討論。

隨著機器人學日益普及，哪些國家能在機器人紀元大放異彩，有一部分要取決於各國的文化——人民對生活中的機器人有多大的接受度。東西文化對機器人的看法南轅北轍。日本人對機器人不但有經濟上的需求和技術知識，也有文化上的偏好。八成日本人信奉的神道教相信，萬物和人類皆有靈性。因此，日本文化比西方文化更能接受機器人伴侶[23]。日本人比較傾向把機器人當成真正的伴侶，但在西方人眼中，機器人是沒有靈魂的機器。如果一國的文化會將沒有生命的物體視為有生命的、活生生的，那麼人民也會把機器人視為社會的一份子，而不是一味把它當成工具或威脅。

反之，對機器人的恐懼深植於西方文化。西方文學充斥著各種故事，描繪人類如何受失控的人造怪物威脅，形成警世寓言的漫長歷史。希臘神話中，普羅米修斯（Prometheus）由於偷取火種造福人類，而永世受懲；伊卡洛斯（Icarus）由於飛得太高，蠟製的飛行翼為太陽所熔化，也落得墜地而亡的命運。在瑪麗‧雪萊（Mary Shelly）的《科學怪人》（*Frankenstein*）中，弗蘭肯斯坦醫生創造的怪物在大肆破壞後，更一手將他的創造者推上死路，日後成為B級電影一再重拍的題材。

但東方文化中並未瀰漫相同的恐懼。日本的文化動態代表了大部分的東亞文化，亞洲機器人產業因此得以快速發展，沒有受到文化包袱的羈絆。對機器人的投資反映日本文化對機器人的接受度，自動化科系也在中國學術界備受尊崇。中國各大學有一百多個自動化科系[24]；反觀美國，儘管大學總數勝過中國，卻只有76個自動化科系。

南韓人正面看待教學用機器人，歐洲人卻對教學用機器人抱持負面看法[25]。至於在照護業，歐洲人把機器人當機器看待，亞洲人則視機器人為可能的同伴。在美國，由於移民政策使然，原本可能遭服務型機器人進駐的領域，由於不斷湧入新的低成本勞工，問題大半獲得紓解。至於世界其他地區，則因對機器人的不同態度而造成差異。根據近年在中東進行的研究[26]，人們對負責家中清掃工作的人形機器人抱持開放的態度，但是當機器人扮演更親密而重要的角色（例如教學）時，就不見得廣受歡迎了。綜合文化、人口結構和技術等種種因素後，可以想見，未來充斥機器人的世界將最先出現在東亞地區。

更像人的機器人

受自動化衝擊和遭機器人取代的首批勞動力，多半從事危險性高、骯髒、枯燥、缺乏人際互動的工作，但如今機器人逐漸蠶食需要人際技巧的服務業工作。在上一波全球化浪潮中，大部分的服務業工作都倖免於難，不至於流失，如今卻岌岌可危。因為近年來不但機器人技術出現突破，資訊管理、電腦運算和高端工程技術也不斷進步，加速了機器人的發展。在過去，需要具備情境察覺、空間推理、靈巧敏捷、脈絡化理解，以及人為判斷能力的工作一向是人類的專利，如今也被機器人敲開大門。

這一切要拜兩項重要發展之賜：人類模擬信仰空間（belief space）的能力大有長進，以及機器人開始連上雲端。信仰空間是一種數學架構，讓我們能透過統計方式模擬特定環境，並推估出概率性的結果。基本上，也就是運用演算法來解讀新環境或雜亂脈絡[27]。機器人懂得模擬信仰空間之後，情境察覺能力也隨之大增，因此得以突破難關，做到以往力有未逮之事，例如抓取物體。不久之前，對機器人而言，充分計算信仰空間仍然是過度複雜的工作，由於可供分析的機器人經驗非常有限，更增加了這件事的困難度。但由於數據分析技術的躍進（我們將在第五章中說明），加上機器人的經驗數據呈指數增長，今日程式設計師開發的機器人已經能和環境聰明互動。

最近機器人數據之所以呈指數增長，主要歸功於雲端機器人的發展，「雲端機器人」這個名詞最初乃是由谷歌研發大將科夫納（James Kuffner）於2010年提出[28]。機器人連結上雲端後，便能接觸龐大數據，分享彼此的經驗，提升對自身信仰空間的理解。在連上雲端之前,機器人只能接觸到極有限的資料,如果不是自身累積的經驗,便只能參考其他少數機器人的經驗。每個機器人都是獨立的電子機具,能力受限於其內部安裝的軟硬體。但是一旦透過網路相連,並固定連結上雲端,機器人就能融合其他機器人的經驗,加快「學習」的腳步。不妨想像一下,假如我們突然有辦法直接連結到地球上每個人的經驗和知識——假如我們做任何決策之前,除了根據自己有限的知識和經驗,也能參考其他數十億人的知識和經驗的話——人類文化將出現何等的量子躍變。拜大數據之賜,機器人的認知發展將出現這樣的量子躍變。

材料科學的突破則是另一項與機器人相關的重大發展,大家開始用新材料來打造機器人,從此機器人不需要像C-3PO或R2-D2般完全包覆在鋁製盔甲中。今天的機器人軀體可能是由矽或甚至蜘蛛絲所打造,看起來出奇自然。具備高彈性的各種機器人元件——例如氣動式人工肌肉(air muscle,透過內有高壓氣體的管子來傳遞力量)、電活性聚合物(electroactive polymer,受到電場刺激時能改變機器人的大小形狀)和磁流體(ferrofluid,基本上能促進更多擬人動作)——組合出來的機器人,幾乎有如電影《魔鬼終結者》(*The Terminator*)中阿諾史瓦辛格(Arnold Schwarzenegger)扮演的人機合體賽伯格(cyborg),你可能根本認不出它是人工產物。塔夫斯大學(Tufts University)的研究人員所設計的機器毛毛蟲,能承擔偵

測地雷、診斷疾病等各種不同的工作，甚至也和人類一樣，會
自然分解[29]。

今日，科學家打造的機器人一方面比過去更大，另一方面
也比過去更小。目前奈米機器人仍在初期發展階段，未來 10^{-9}
米層次（比一粒沙還小很多、很多）的自主機器，能夠在細胞
層次診斷和治療人類疾病。而在光譜另一端，全世界最龐大的
走動式機器人是高 51 呎、重 11 噸的德製噴火龍，體內有 20 加
侖假血漿，顯然和某種節慶活動有關[30]。

技術會持續不斷進步。不只日本投入愈來愈多資源在機器
人的研究上，美國總統歐巴馬也在 2011 年推出國家機器人計
畫（National Robotics Initiative），希望促進機器人的開發，用
於工業自動化、老人扶助，以及軍事應用上。這個計畫由美國
國家科學基金會（National Science Foundation）主持，獎助的
合約金額高達 1 億美元[31]。法國也推出類似計畫，誓言投入近 1
億 2 千 7 百萬美元發展機器人產業，迎頭趕上德國。瑞典同樣
在 2011 年，透過像 Robotdalen（機器人谷）之類的創新獎項，
撥出數百萬美元的經費給個人和企業。

私營企業的投資額也愈來愈高[32]。谷歌在 2013 年 12 月收購
美國國防部包商、知名機器人設計公司 Boston Dynamics，但
未透露購買金額。谷歌也買下神童哈薩比斯（Demis Hassabis）
在倫敦創辦的人工智慧公司 DeepMind。哈薩比斯還不到十四
歲，便已成為全球排名第二的西洋棋高手[33]；攻讀認知神經科

學博士學位時，還發展出一套新的生物學理論，用以解釋想像和記憶在大腦中的運作，被《科學》雜誌（*Science*）譽為該年度最重要的十大科學突破之一。他和 DeepMind 的同事成功開發出相當於人類眼手協調功能的電腦功能，為機器人技術帶來重大突破[34]。哈薩比斯曾在我面前展示，他是如何教電腦像人類一樣打電玩（舊的 Atari 2600），也就是注視螢幕，然後根據神經系統對於對手動作的反應來調整自己的行為。他也教電腦採取和人類大致相同的思考方式。後來谷歌以5億美元買下 DeepMind，希望從網路搜尋領域跨入機器人領域時，能運用 DeepMind 在機器學習和系統神經科學的特殊技術，強化谷歌正在開發的演算法功能。

目前從事機器人研發的公司大都是大企業（例如谷歌、豐田和本田），但投入機器人研究的創投資金正快速激增，在短短三年內，從2011年的1億6千萬美元，成長為2014年的3億4千1百萬美元[35]。手中握有2千5百萬美元種子投資基金的 Grishin Robotics 公司，在投資的第一年評估了六百多家機器人相關新創公司後，才選定八家公司來納入投資組合[36]。以色列新成立的創投基金 Singulariteam 很快籌到兩筆1億美元的基金，準備投入草創階段的機器人和人工智慧公司[37]。投資人感興趣的原因很明顯：消費性機器人的市場到2017年可能高達3千9百億美元，而工業用機器人的市場應該會在2020年達到400億美元[38]。

機器人會超越人類嗎？

　　隨著技術不斷改進，大家開始辯論，先進的機器人會對人類生活帶來多大改變，以及最後機器人會不會超越人類。一派人認為，機器人必然會超越人類，這是不可避免的趨勢；另一派則主張，機器人不可能與人類競爭；還有一派主張，人與機器應該互相融合。關於科技的未來，機器人界十分沉迷於奇異點（singularity）的概念。理論上，奇異點是人工智慧趕上或超越人類智慧的時點。一旦達到奇異點，人類與機器人之間究竟會演變成什麼樣的關係，目前還不明朗。（在《魔鬼終結者》系列電影中，達到奇異點時，具自我意識的電腦系統就決定對人類開戰。）熱衷奇異點觀念的人認為，投資機器人技術的意義不只是健全公司財報而已，還會大幅增進人類福祉，消除世俗的工作，替換掉罹病或老化的身體器官。究竟奇異點來臨是好是壞，科技界有兩種截然不同的看法。一派認為能增進人類經驗，旗鼓相當的另一派則認為如此一來，就預示了反烏托邦的未來，人們將對機器人言聽計從。

　　但奇異點真的會發生嗎？

　　相信奇異點終會來臨的人指出幾個重要因素。首先，他們堅稱，摩爾定律（我們能塞進每個晶片的電腦運算能力每兩年都將倍增）幾乎沒有趨緩的跡象[39]。摩爾定律適用於電腦中的電晶體和技術，因此也適用於控制機器人的電晶體和技術。由於機器學習、數據分析和雲端機器人的高速發展，電腦運算能力必然持續快速改進。然而，贊同奇異點概念的人對於奇異點會在何時發生，卻眾說紛紜，莫衷一是[40]。數學家文奇（Vernor Vinge）預測奇異點將在2023年之前出現；未來學家科茲威爾（Ray Kurzweil）則說是2045年。問題是，我們的科技究竟能走多遠，會不會有其限制？

不相信奇異點的一派也提出幾個論點[41]：如果我們希望在軟體上出現必要突破，以達到奇異點，就必須詳細了解人類大腦運作的科學，但由於我們還不太了解大腦的基本神經結構，因此阻礙了軟體的發展。更何況目前「弱人工智慧」（機器人只專精於某個特殊功能）正呈指數般快速發展，「強人工智慧」（機器展現人類般的認知能力和智慧）則只呈線性發展。IBM華生電腦（Watson）之類的新發明固然有趣〔IBM設計的華生電腦曾擊敗益智節目「危險境地」（*Jeopardy!*）的冠軍詹寧斯（Ken Jennings）和拉特（Brad Rutter）〕，但如果除了在益智節目中獲勝之外，還想讓人工智慧更上一層樓，科學家必須更深入了解大腦運作。華生電腦並非真的懂得「思考」，它基本上是一部非常完備的搜尋引擎，不斷探詢龐大的資料庫[42]。機器人專家暨加州大學柏克萊校區教授高柏格（Ken Goldberg）解釋：「機器人會變得愈來愈像人類。但人類和機器人之間的差距依然會繼續存在——而且因為差距太大，在可預見的將來都很難弭平[43]。」

　　在我看來，目前機器人領域的情況有如二十年前網際網路興起的時代。我們正站在發展的起點：才翻開第一章的第一頁。當大家都還在用撥接式數據機上網時，要想像YouTube之類的網路影音服務每個月能傳送六百萬小時的影片，實在非常困難[44]。同理，對我們而言，也很難想像栩栩如生的機器人可能和我們一起走在大街上，與我們在相鄰的隔間中工作，帶我們的父母出外散步，然後協助他們用餐。這樣的情景今天還沒有出現，也不會在明天出現，但我們可望在後半輩子看到如此景象。投資於機器人的龐大資金，加上大數據、網路技術、材料科學和人工智慧的發展，正為二〇二〇年代機器人技術的突破，奠定良好基礎，讓科幻小說的情節立刻成為主流應用。

　　機器人技術的創新不但會帶來不同程度的進步——機器人能把事情做得比人類更快、更安全，也比較便宜；而且完成的工作類型也不同：他們能做到許多人類辦不到的事情，例如讓關在家中的十二歲病童「上學」，或賦予聾啞人士「說話」的能力。

無人車比較安全？

　　自從汽車問世以來，人們便不斷思考如何打造出無人駕駛的汽車。1939年，通用汽車公司在紐約世界博覽會中提出無人駕駛汽車的構想[45]——和現代公路系統一起發展、由無線電引導的汽車。1958年，通用汽車開發了第一輛自動駕駛汽車的測試版「火鳥」（Firebird），與鋪設電纜的軌道相連上[46]。有其他汽車時，系統會讓每輛汽車都曉得應該和其他汽車保持多遠的距離——舊金山著名的纜車系統便是採用相同的方法來驅動前進，保持安全距離。

但在二十一世紀以前，無人駕駛汽車仍然只是未來學的概念。谷歌汽車計畫創辦人特倫（Sebastian Thrun）說明[47]：「在2000年之前，根本不可能做出有趣的東西。感測器、電腦、測繪技術都還不到位，雷達則是要價2億美元的昂貴設備，不是你隨便就可在3C賣場買到的東西。」他在谷歌的同事李萬多斯基（Anthony Levandowski）談及早期的電動車模式時如此表示：「我們沒有錢修補路面坑洞，那又何必投資在路上鋪設線路呢？」

不過時至今日，全球各大汽車公司幾乎家家都在研究和打造無人汽車。但走在前端的不是傳統的汽車公司，而是谷歌公司。過去六年來，這個科技巨擘的射月開發實驗室Google X一直在研究谷歌無人車。雖然許多技術都是谷歌專有的機密，谷歌公司仍然透露了一些無人車最耀眼的特性。谷歌無人車上設置了雷達和攝影機，確保車子會行駛在車道上，還安裝了光偵測和測距系統，以及紅外線、3D影像、先進的全球定位系統和車輪感測器。

然而首先要問的是，谷歌為何要踏入汽車製造業呢？

第一章
機器人來了 | 47

　　這要從參與者的動機說起。無人車的開發計畫背後隱含了非常私人的動機。特倫在一次 TED 演講中曾解釋，由於他最好的朋友在車禍中喪生，促使他致力於創新汽車科技，希望讓車禍從此絕跡：「我決定奉獻自己的一生，致力於挽救每年一百萬條生命。」

　　谷歌聘請美國公路交通安全局副局長梅德福特（Ron Medford）為自動駕駛汽車的安全把關。梅德福特指出，美國人每年的開車路程加總起來有將近 3 兆哩，三萬多人在路途中喪生。全球的統計數字則更驚人，每年有將近 130 萬人因車禍而喪命[48]。

　　當然谷歌也很有興趣讓顧客的雙手空出來。美國人每週平均花 18.5 小時開車，歐洲人每週開車時數只有美國人的一半。如果大家不必手握方向盤開車的話，或許就能把時間花在使用谷歌產品上。

　　但是，這樣真的行得通嗎？

　　我們很有理由相信，機器駕駛會比目前的人類駕駛更安全。車禍肇事原因主要有四D[49]：分心（distraction）、愛睏（drowsiness）、酒醉（drunkenness），以及駕駛失誤（driver error）。史丹佛大學工程學教授傑爾茲（Chris Gerdes）提出警告：無人車無法完全避免人為錯誤，只不過犯錯者從駕駛變成程式設計師；但這項技術仍然跨出重大的一步，尤其是如果人類駕駛和程式設計師能攜手合作的話。飛機製造業過去多年來正經歷了相同的過程，今天的飛機主要都交由自動駕駛系統操控，但在關鍵時刻，人類機師仍然會介入掌控。目前還有許多關卡需要跨越，我們才能篤定地說，機器駕駛比人類駕駛更安全[50]。首先必須開發出能因應惡劣天氣及突發交通狀況（例如需要繞路或碰到交通警察在指揮交通）的機器駕駛軟體。但整體而言，從目前的快速進展，以及谷歌無人車在晴朗天氣時的表現看來，很可能我們在最近的將來，就會看到部分由機器駕駛操控的汽車。

谷歌無人車究竟可不可行，有賴技術、法律、安全、商業等各方面的考量。技術行得通嗎？無人車真的能增進道路安全嗎？人們真的信任無人車，而且願意掏錢購買嗎？這樣做合法嗎？

這些都不屬於學術問題。美國只有加州、佛羅里達和內華達三州在2013年通過法律，准許自動汽車行駛於道路上，但這三州已代表龐大的駕駛文化和汽車市場。無人車極有潛力徹底顛覆現代汽車工業和周邊各種產業。和機器人的其他種種發展一樣，許多人會從中得利——有些人（例如谷歌的高階主管和股東）可能獲得巨大利益——但不可避免的，有些人會慘遭取代。科技公司已經開始挑戰汽車市場。連結乘客和待雇司機的應用程式優步（Uber）已經在計程車市場投下震撼彈[51]。當市場受到機器人挑戰時，又會有何轉變呢？在優步公司的機器人研究實驗室中，眾多科學家正「著手發展能自動駕駛的計程車隊」，所以未來優步車隊根本不需要有人駕駛。根據最新的估計，積極參與優步車隊的司機共有162,037人，未來他們都可能被淘汰出局[52]。

無論在美國或其他許多國家，計程車司機多半是移民或努力往上爬的弱勢份子。開計程車的工作需要大量人際互動，計程車司機往往是菜鳥外交官或懶惰新聞記者的最佳消息來源，和計程車司機聊天有助於探測國家氛圍、了解政治風向，或僅僅知道天氣如何都好。姑且假定機器人也能告訴你這些事情，甚至提供的訊息更準確，但我們會不會因此喪失了人性化的接觸？更何況，即使乘客偏好機器人甚於人類駕駛，由於在下一波創新浪潮中，服務業工作將遭遇到前所未見的嚴重威脅，那麼眾多失業的計程車司機將何去何從呢？

這件事不只關乎計程車司機而已，送貨司機可能也會遭空中的亞馬遜送貨無人機，或是地面的自動駕駛貨車所取代。優比速（UPS）和谷歌目前都在測試他們自行開發的送貨無人機[53]。美國有250萬人以駕駛卡車、計程車或巴士維生，自動駕駛汽車對他們形成嚴重威脅。要真正理解這些變化可能帶來的衝擊很不容易。我曾見過一家高科技公司執行長，他們公司專門開發出入管制系統（例如機場新設的停車場控制系統能告訴你，每一層還有多少空位可停車）。我問他最擔心哪些未來趨勢，他提出一個我從沒想過的問題：**無人車會對停車場造成什麼樣的衝擊？**以後是否無人車會自動開車回家，等到車主需要用車時，再把車子開回去？何必讓車子閒置在停車場，還要因此多付一筆停車費呢？

　　未來我們的天空中究竟會出現多少送貨的無人機，或是會有多少無人車行駛在街道上，終究不是靠技術和經濟上的可行性來決定，而要看人類對於它們帶來的改變能有多大的接受度。方向盤由誰來操控，比較能贏得你的信任呢？是朋友、父母、某人，還是你無法控制的黑盒子呢？即使每天都發生車禍，我們能否接受因為軟體失靈而造成的車禍呢？從每次飛機失事後引發的詳細調查來看，答案或許是否定的。假如因為軟體失靈而引發高速公路上的汽車連續追撞，那麼人們一定會要求系統離線。但其實人類駕駛每天都發生同樣的事情。我們漸漸接受每年因汽車駕駛肇事而損失一百萬條人命。我們能否接受因為無人車電腦系統的失誤而損失的數萬條或數十萬條人命？或許不能接受。必須先證明無人車已臻完美，才能擴大採用。

我的機器分身

　　機器人逐漸在手術室扮演要角，由於攸關生死，手術室絕不能容忍任何失誤。2013年總共賣出1,300個手術用機器人[54]，平均售價為150萬美元，大約占專業服務型機器人的6%，以及工業用機器人總銷售額的41%。由機器人擔綱的醫

療處置每年數目都增加30%左右，已經有一百多萬名美國人接
受過機器人手術[55]。

　　機器人在醫療上的應用種類繁多。美國Intuitive Surgical
公司製造的達文西（da Vinci）系統是低侵入式的遠距機械手
術系統[56]，能協助進行複雜的手術（例如心臟瓣膜修復），每
年都有超過20萬個手術使用達文西系統。機器人系統會將外
科醫生的手部動作轉換成由小儀器進行更精準的「微動作」。
但由於達文西要價180萬美元，只有財力雄厚的醫院和機構才
擁有這類設備。另外，為美國陸軍設計的新型手術用機器人
Raven可以測試實驗性的醫療步驟。Raven要價25萬美元，價
格比達文西系統可親多了，是第一個採用開放源碼軟體的手術
用機器人，可用於低成本的遠距手術系統。

　　嬌生公司（Johnson & Johnson）的SEDASYS系統，能在
病患接受結腸鏡檢查時，自動執行鎮靜舒眠的程序，可節省醫
療成本。美國每年花在鎮靜舒眠程序的成本高達10億美元。
在美國動手術時，通常會因麻醉師的服務而增加600美元到
2,000美元的費用。SEDASYS已獲美國食品藥物管理局核准及
醫院採用，每一次執行鎮靜程序，只花費150美元[57]。而且像
SEDASYS這類系統不但不會取代麻醉師，反而和飛機自動駕
駛系統一樣，只是從旁協助醫生，讓麻醉師能同時監控十個病
患的鎮靜舒眠程序，而不必每個手術室都配備一名麻醉師。

　　除了協助進行現有的醫療程序，機器人甚至能達到人類外

科醫生力有未逮之處。高柏格的團隊正研究如何把機器人暫時植入人體中釋出放射線，以治療癌症。從人體外進行的放射性治療在對付癌細胞的同時，也會傷害健康的人體組織；機器人則可在人體內極其精確地針對癌細胞釋出放射線。醫學工程師甚至可利用3D列印技術，為病患量身打造植入人體的裝置，再把它精準送到人體適當部位。

雖然機器人輔助的手術前景看好，更重要的是不要太快陷入技術烏托邦論。針對機器人手術造成傷害的指控屢見不鮮，令人不安。《醫療品質期刊》（*Journal for Healthcare Quality*）曾報導[58]，有174個受傷案例和71個死亡案例與達文西手術相關。由於保險公司和醫療機構都受到很大壓力，需要節省成本，我擔心儘管在某些情況下，病患比較適合由人類醫生操刀，市場力量卻會把機器人推進手術室。機器人終究能提升醫療照護的水準，但如果我們純粹因為財務考量，而急著把機器人醫生匆匆推進手術室，將是人類的失敗。

機器人也會對手術室以外的醫療領域帶來衝擊。今天全球有嚴重聽障和語言障礙的人高達七千萬，醫療界對聾啞幾乎束手無策，聾啞人士往往過著與世隔絕的生活。我到烏克蘭旅行時，有一群二十來歲的工程系學生在我面前展示一個閃閃發亮、黑藍相間的機器手套。這種叫「Enable Talk」的手套能運用套在手指上的彈性感測器來辨識手語，並透過藍芽，在智慧型手機上轉換為文字訊息，接著再把文字轉換為口語。如此一來，聾啞人士就能「說話」，並且即時被人聽到。有了像 Enable Talk 這類插入式機械裝置和先進的機器感測技術，或許機器人科技不但能在醫療過程中扮演輔助角色，而且人與機器的分界也變得日益模糊。

我們可以看到，在德州史普倫多拉（Splendora）的綠葉小學（Greenleaf Elementary School），當醫生診斷出十二歲學童克里斯欽罹患了急性淋巴性白血病時，這條界線開始模糊。由於克里斯欽的免疫力下降，導致他無法上學。於是，新罕布夏州一家公司打造的 VGo 機器人每天代替他坐在第一排聽課。由於 VGo 配備了網路攝影機，克里斯欽可以坐在家中客廳，透過筆電即時看到和聽到教室裡的情況。他可以舉手發問[59]（VGo 替他做這個動作），老師也可以叫他回答問題。老師和班上同學則經由機器人身上的揚聲器，聽到他的回答。克里斯欽可以透過機器人走出教室，參加消防演習；和同學一起排隊行進。同學也藉著和機器人說話，與這個因病困在家中的十二歲男童談話。

法國機器人公司 Aldebaran 則為教室中的機器人創造了另一個有趣的用途：在 70 個國家的教室裡，不到 2 呎高的人形機器人 NAO 已經在科學和電腦課堂上擔任助教[60]。改造後的 NAO 還可以扮演自閉症學童的課堂夥伴，協助他們有效溝通[61]。在紐約哈林區的小學裡，NAO 機器人或坐或站在學生桌子上，協助他們作數學演算[62]。同時，一位哥倫比亞大學師範學院的教授（他是日本慶應義塾大學的博士）則監督和研究整個互動過程和教學方法。

十年前，幾乎難以想像我們如今在手術室和教室中看到的科技進步。今天當研究人員、創業家和投資人思考機器人的各種應用時，他們不再只考量哪些工作由機器代勞會比人類更有效率，他們愈來愈想讓機器人做到人類不太可能獨力完成的工作——例如高柏格研究製造、會釋出放射線的奈米機器人，或能協助輪椅族走路的本田走路輔助裝置。

我們還在韓國看到一個特殊而生動的範例，漁夫一直對水母帶來的損害莫可奈何。水母每年造成全球漁業和其他海洋業數十億美元的損失[63]——單單韓國的損失就高達3億美元。後來韓國高等科學技術研究院的都會機器人實驗室打造了水母殺手機器人JEROS[64]——這種大型自動攪拌器每小時最多能獵殺1噸水母。

機器人與工作

雖然機器人能做到一些人類永遠做不到的事情，但機器人的主要用途仍是完成人類數百年來當作職業來從事的工作。英文的「機器人」（robot）這個詞最早乃出現在捷克科幻小說家恰佩克（Karel Capek）1920年的劇作《羅森姆的萬能機器人》（*Rossum's Universal Robots*）。但這個名稱本身卻透露出更深的歷史淵源。「robot」源自兩個捷克單字：rabota（「必須做的工作」）和robotnik（「農奴」），所以恰佩克乃是用「robot」來形容由人工打造、用來侍候人類的新階級。

機器人基本上是兩股長期趨勢合而為一：運用先進的科技為我們代勞，以及運用僕役階級為上層社會提供廉價勞工。從這個角度觀之，機器人是科技進步的象徵，但也是過去數百年來人類藉以剝削其他人類的奴工制新版本。

人類將以日趨低廉的成本，大量生產下一代機器人，因此即使最廉價的勞工都愈來愈難和機器人抗衡。機器人也將戲劇化地改變就業型態，以及更廣泛的經濟、政治和社會趨勢。台灣的富士康公司（Foxconn）就是個好例子。你手上的iPhone，以及蘋果、微軟、三星等公司研發的許多新裝置都是由富士康所製造。富士康最大的廠區位於香港附近的深圳工業區，富士康在該地的15個工廠總共雇用了50萬名工人。

富士康創辦人兼董事長郭台銘或許針對他龐大事業的經濟和社會前景作了前瞻性思考[65]，因此在2011年宣布，富士康計畫在未來三年內，將採購100萬個機器人來取代他們雇用的近100萬人力。當時富士康由於廠房工作環境不佳和苛待員工，一直飽受抨擊。許多工人就住在工廠內，每天工作十二個小時，每週工作六天。然而一旦百萬機器人進駐廠區，郭台銘的百萬名工人又會面臨什麼樣的命運呢？雖然機器人乃是為了輔助人類勞工而設計，但也讓郭台銘從此不必再雇用更多工人，如此一來，他的工廠就不會再創造更多工作機會了。

目前郭台銘的機器人承擔的是油漆、焊接及基本的組裝工作，每個機器人耗費25,000美元[66]，是工人平均年薪的三倍左右。不過，台灣的台達電子公司（Delta）計畫推出類似的機器人，售價只有1萬美元。2011年底，富士康已經擁有1萬個機器人，或工廠裡每120名工人，就有一個機器人。到了2012年底，機器人總數已躍升到30萬，或每四名工人，就有一個機器人[67]。郭台銘希望在未來五到十年，讓第一個完全自動化的工廠開始營運[68]。

富士康為何要大舉投資於機器人呢？郭台銘的特殊管理風格或許是部分原因。在2012年一篇《紐約時報》的文章中，郭台銘曾經解釋[69]：「人類也是動物，要管理一百萬個動物，讓我很頭疼。」但郭台銘也是在因應純粹的市場力量。過去十年來，郭台銘之所以能成功聚集如此龐大的勞動力，是因為中國勞工成本一直非常低廉。但拜中國整體經濟成長之賜，工資日益上升[70]。過去十年來，製造業工資上漲了五到九倍，企業想要在中國維持龐大勞動力，成本愈來愈高。

從經濟面來看，究竟雇用人力比較划算，還是應該採購機器人，必須從支出的角度權衡得失。雇用人力牽涉到極少的「資本支出」（為建築、機器設備等支出的預付款），但薪資和員工福利等日常開銷比較大，「營運支出」較高。機器人的成本結構則恰好相反：使用機器人需預先支付很高的資本成本，但營運成本很低，因為機器人不支薪。機器人的資本支出會持續遞減，但相對而言，使用人力的營運費用卻愈來愈昂貴，也降低了對雇主的吸引力。

由於科技持續進步，機器人將扼殺許多工作機會，但也會創造和保存一些其他工作，同時締造巨大的價值。只是我們一再發現，新創的價值無法為全民所平均共享。整體而言，機器人能帶來莫大好處，讓人類獲得解放，得以從事更具生產力的工作。但前提是，人類必須建立新的系統，協助勞工、經濟和社會適應不可避免的大崩解。如果我們的社會無法好好應付轉型的陣痛，可能面對的危險真是再明顯不過了。

我預期到了二〇二〇年代，一旦機器人真的成為職場上不可忽視的勞動力，和一九九〇年代反自由貿易協定的浪潮一樣，抗議群眾和勞工運動都會再現。材料科學的進步使得機器人益發栩栩如生，只會讓一般人看了更憤怒，也更害怕。2015年春天，發生在我的第二故鄉巴爾的摩的一場暴動，讓我看出一些端倪。美國媒體或國際媒體在描述這場抗議活動時，都指向與種族歧視相關的警察暴力事件。但和我一樣的本地人都知道，實情不盡然如此。導火線是一名二十五歲的非裔美國男子遭警方逮捕後死亡，抗議者不斷聚眾吶喊：「黑人的性命很重要。」以此為抗議訴求，而不只是針對警察暴力。這個事件其實和自幼生長在貧窮的黑人社區所產生的絕望感有關，因為巴爾的摩在喪失工業重鎮和生產基地的地位後，一直遭受忽視，周邊社區也日益荒廢。在全球化和自動化的浪潮下，黑人藍領階級紛紛失去工作，許多家庭勉強靠低薪的服務業工作維生。

我們在工業化國家目睹了製造業工作流失的現象，如今這股浪潮正反覆湧向經濟的不同層面。服務業工作也飽受威脅——而且飽受威脅的正是在上一波機械化浪潮中得以倖免的工作類型。在最近一波不景氣中，美國每12名銷售人員裡，就有一人被裁員[71]。兩位牛津大學教授詳細分析了七百多種職業型態後，在研究報告中指出[72]：未來二十年，美國一半以上的工作都將飽受電腦化的威脅。其中有47%正面臨遭機器人取代的高風險，另外19%的工作也面臨中度風險。像律師這類難以自動化的工作，目前或許還算安全；但諸如律師助理這種更容易自動化的白領工作，風險就高得多。美國有六成勞動人口的主要功能在於蒐集和應用資訊，如今他們的飯碗都岌岌可危。

在我成長過程中，家母一直在西維琴尼亞州溫費爾德市的普特南郡法院擔任律師助理。她的職責主要是在重達15磅的厚書中，搜尋法院舊案例和房地產過戶資料。書籍都十分厚重，書架又高，她時常徵召我和小弟來幫忙。即使當時尚未進入網路時代，沒有幾個人擁有家用電腦，我也只是個沒有工作的高中生，我還記得心裡已暗忖，電腦應該能更有效率地完成這類工作。但母親說：「假如真是如此的話，我就失業了。」今日，家母的工作已大半電腦化。家父的情形也差不多。他是個執業律師，在西維琴尼亞州哈里肯市的大街上有個店面，雖

然已高齡七十七歲，仍然繼續工作。在下一波全球化浪潮中，當電腦有能力處理法律事務中較公式化的層面時，他的工作也會遭受威脅。律師的某些角色不會機械化，例如在法官和陪審團面前進行訴訟，但大多數律師每天實際在做的事情——開發和檢視合約，準備成疊文件，用法律術語說明房屋或汽車的出售——律師的這類功能將會消失，唯有最龐大複雜的交易案除外。

這只是冰山的一角。不妨想想可能被無人車取代的計程車司機。另外，松下電器打造了一個有二十四根手指的洗髮機器人，曾經在日本美容院測試過，未來可能安裝在醫院和家庭中。這種機器人能衡量顧客的頭型和大小[73]，然後用宣傳中所謂的「先進頭皮照護」能力，為顧客洗髮、潤絲和烘乾頭髮。

還有服務生的問題。全世界有數百萬人都曾在職涯某個階段，當過餐廳服務生。美國成年人有半數曾花時間在餐廳工作[74]；25%表示，他們的第一份工作就是在餐廳打工。目前美國有兩百三十餘萬人受雇擔任餐廳服務生[75]。未來這類服務生工作很可能遭機器人取代。世界各地已經有許多餐廳正在進行這方面的試驗。亞洲許多國家開始在餐廳中試用機器人服務顧客。曼谷的 Hajime 餐廳完全由機器人負責為顧客點餐、服務和收拾碗盤。日本、韓國和中國也冒出許多類似的餐廳。日本公司開發的 Motoman 機器人，裡面的程式設計讓機器人懂得辨識空盤子，甚至能表達情緒和跳舞娛樂嘉賓[76]。不過，顧客究竟要如何付小費來酬謝周到的服務,目前還不明朗。

餐廳工作可能流失,其所代表的意義還不單是領不到薪水而已,更意味著社會喪失流動性。許多餐廳服務生往往胸懷大志,但存款有限,其中特別多年輕人、女性、少數族群,以及沒有大學文憑的人,他們把這份工作當成在社會往上爬的墊腳石。目前美國年輕人失業率為12%,是總失業率的兩倍多,更遠超過其他大多數國家[77]。假如初階餐廳工作逐漸減少或完全消失,年輕人會多麼難找到生平第一份工作?第二份工作呢?

像這樣的工作衰退型態,史上早有先例。MIT教授布林優夫森(Erik Brynjolfsson)稱之為「我們的時代最大的弔詭。生產力破紀錄攀升,創新的速度前所未見,然而在此同時,一般人收入下降,工作機會減少。人們之所以被拋在後頭,是因為科技進步的速度太快了,我們的技能和我們的組織都跟不上技術發展的腳步[78]。」在上一波全球化浪潮中,銀行櫃員大部分都被自動櫃員機(ATM)取代,航空公司櫃檯人員被電子自助報到機取代,旅行社則遭旅遊網站取代。機器人時代可能對銷售部門帶來更嚴重的打擊。

究竟機器人會造成多少工作流失,會因不同國家而異。正在開發和製造機器人外銷的國家,因擁有眾多企業營運總部,需要大量工程師和生產設施,所以占據了最佳有利位置。日本、南韓和德國便屬於此類。

像中國這類仰賴廉價勞工來建立生產基地的國家,則面臨最大風險。當機器人技術持續演進，過去先進工業國家製造業工作流失的情況，很快就會在開發中國家再現。即使中國的勞工成本一向最低，採購機器人仍將愈來愈符合經濟效益，郭台銘在富士康的作為就是明證。

那麼，中國政府如何因應這樣的發展趨勢呢？雖然天安門事件已是二十多年前的事了，中國領導人卻仍記憶猶新，因此中國在發展經濟時，把維持穩定當作第一要務，尤其不希望因為經濟困頓而帶來政治動亂。中國人可不想出現像巴爾的摩這樣的示威抗議。

中國政府目前正雙管齊下：一方面投下鉅資，發展未來產業，以促進就業；另一方面，則持續強力推動都市化政策，以壓低勞工成本。1950年，中國人口有13%居住在城市[79]。今天，中國幾乎有半數人口在城市中生活，中國政府還希望在2025年之前，把這項統計數字推升到70%。換句話說，他們要在十年內，迫使兩億五千萬中國人從鄉村遷移到城市廠區。今天，中國已有五個大都會人口超過一千萬，另外還有一百六十個人口超過一百萬的大城市。中國政府無視於都市化政策在環境、政治和行政上遭遇的困難，持續強力推動都市化，目標就是要壓低勞工成本。如果不能持續把人民從鄉村遷到城市，勞工成本就會不斷上升，這是簡單的供需問題。如果勞工成本不斷提高，中國將喪失原本在全球市場的特殊優勢。如此一來，過去在中國創造的工作機會，就會開始流向斯里蘭卡和孟加拉等更廉價的勞動市場。

中國面對機器人挑戰的解方，只不過是藉由加倍複製過去以因應未來，即使過去的做法早已不適用於現在。以這種策略因應未來高度競爭的市場，簡直是緣木求魚，西維琴尼亞州就是最好的例子。

西維琴尼亞州的經濟乃是奠基於十九世紀和二十世紀的採煤業。蘇格蘭—愛爾蘭裔移民提供了廉價勞力，等到這些阿帕拉契山脈地帶的本地居民工資上漲，他們又引進義大利移民和非裔美國人，提供更廉價的勞力。但隨著機器愈來愈便宜，人工愈來愈昂貴，雇主紛紛選擇機器。畢竟機器不會罷工，也不會得黑肺症。我的外曾祖父也是在礦場工作的義大利移民，他正是因黑肺症喪命。於是，過去推動經濟成長的藍領勞工一個個丟掉飯碗，西維琴尼亞州的經濟逐漸崩盤，整個州愈來愈老化，人口也逐漸減少。我在1971年出生時，西維琴尼亞州還有210萬人，如今只剩下170萬人。

西維琴尼亞州的沒落就本質上而言，是一場轉型失敗，沒能從倚賴人類力氣的經濟，轉型到更機械化和以資訊為基礎的經濟。今天西維琴尼亞山區採掘的煤炭數量和幾十年前差不多，但受雇的礦工人數卻直線下滑。1908年，西維琴尼亞的礦場雇用了51,777名工人，今天只有20,076名工人在礦場工作。在今天的經濟裡，富士康的員工就等於昔日的礦工。

如何成功轉向？

機器人將為我們的社會帶來顯著的好處。職業傷害將日益減少；車禍降低；手術過程更安全，更不具侵入性；其他還有無窮的可能性，例如在家上學的病童也能參與學校活動，讓聾啞人士也具備「說話」的能力，這些都對世界帶來諸多益處。全球化也是如此。全球化在世界各地創造財富，增進人民福祉，但如果國家和社會（例如我的家鄉西維琴尼亞州）沒能將原本的勞動力導向就業機會持續增長的領域，則註定失敗。

回想起和我一起值大夜班的清潔工，如果在四十年前，他們或許能在礦場或工廠中找到更高薪的工作。然而到了2020年，他們或許連靠拖地維生都不可能。今天在英格蘭的曼徹斯特機場，機器人清潔工已可透過雷射掃描器和超音波偵測器的引導來清潔地板。假如有人擋住去路，機器人還能用標準英國腔說：「不好意思，我在拖地。」然後繞過這個人，繼續工作。

我們的社會究竟有沒有競爭力，能不能穩定發展，我們的調整適應能力將扮演關鍵角色。面對新科技，最大的贏家將不是加倍複製過去，而是能成功引導人民轉向成長產業的社會和企業。機器人產業就是其中之一，而機器人和其他成長產業正是本書討論的焦點。這也是為什麼中國除了強力推動都市化以壓低勞工成本外，也大力投資未來產業。我們不只需要投資於機器人等成長領域，同時也必須投資於社會架構，確保失業的人能勉強撐下去，讓他們有時間轉換跑道，投入能提供新機會的產業或職位。許多國家（尤其是北歐國家）都加強社會安全網，讓失業勞工仍然有希望在新的領域東山再起。換句話說，應該把未來機器人產業創造的無窮財富，拿一部分投入計程車司機和餐廳服務生等勞工的再教育和技能訓練。

我們對機器人的假設是：只有資本支出，沒有營運費用。不過，雖然在機器人身上投下資本支出，卻不意味著就能因此擺脫掉使用人力必須付出的營運費用。我們需要修正這項假設，為了讓現有人力在未來經濟中仍保有競爭力，我們必須把持續投入的人員培訓費用納入成本考量。畢竟，我們不是電腦軟體，沒那麼容易升級。

第二章

人類機器的未來

上一波兆元產業乃根植於0與1的編碼，下一波兆元產業則將根植於我們自己的遺傳密碼。

你最喜歡邀華特曼（Lukas Wartman）這樣的人來參加晚宴了，他們總能讓賓客讚嘆不已。華特曼什麼都能聊，從墨西哥市哪一幅迪亞哥里維拉壁畫值得觀賞，到全球最先進的生命科學實驗室的癌症研究新進展，都能提出看法。華特曼在離芝加哥四十五分鐘車程的郊區長大，說話時帶著中西部人的和藹可親。他圓圓的臉上是一雙和氣的藍眼睛，一頭棕色短髮，為人沉默而熱誠，臉書專頁上滿是他和愛犬卡祖的合照。三十八歲的華特曼是個低調的傢伙，即使身披白色實驗服，仍然不願吹噓自己的專業知識或分享精彩的人生故事。

但華特曼的人生確實精彩。他研究的是尖端的基因體科技。身為腫瘤學家和醫學研究人員，華特曼在聖路易市的華盛頓大學實驗室裡研究老鼠的白血病，設法建構完整的白血病基因體模型。更了不起的是，華特曼本身也努力對抗急性淋巴性白血病，他曾歷經三次病魔的考驗，並成功存活下來。

說來真是殘酷的巧合，血液學是華特曼讀醫學院時最有興趣的課程，常在顯微鏡下觀察白血病的血液樣本。他熱愛這份研究工作。「我想即使沒有親身經歷白血病，我也會成為治療白血病的醫生。」華特曼說。「只消在顯微鏡下觀察血液抹片或骨髓，就可以診斷病人的癌症。身處這樣的位置會帶來強烈的滿足感，因為你可以透過直接看到癌細胞，診斷出癌症，而不是只能照顧病患。」

華特曼的職業生涯大半在華盛頓大學度過。他在聖路易市讀大學和醫學院，也在那裡完成住院醫師的訓練。

華盛頓大學還克服萬難，救了他一命。小時候罹患急性淋巴性白血病，還有辦法治療，但若到了成人才得病，往往會致命。這種病首度復發的存活率已經微乎其微[1]，二度復發的存活率數據則根本不存在。所以2011年，當三十三歲的華特曼三度復發白血病時，沒有任何已知療法可以挽救他的性命。他在華盛頓大學基因體研究院的同事，明知華特曼存活的機率很低，仍然想方設法，希望救他一命。他們決定做一件沒有人做過的事情[2]：設法為華特曼的癌細胞去氧核醣核酸（DNA）和核醣核酸（RNA）定序，同時也從華特曼的皮膚取樣及為DNA定序。如此一來，就能比較華特曼的健康細胞和白血病細胞的DNA序列。

　　所有的癌症都是因DNA受損而起。DNA經過一段長時間後，就有可能受損；也可能因為天生基因結構如此，或像菸害等環境因素引起，結果發生DNA突變。在正常情況下，DNA和RNA會合作製造蛋白質。罹患癌症時，突變的DNA和RNA功能失靈，沒辦法控制不健康細胞的增長（產生腫瘤），或無法扮演人體修復引擎的角色，結果就讓正常細胞變成癌細胞。

　　為了治療像華特曼這樣的病患，科學家希望了解蛋白質之所以發生故障，是因為DNA提供了不良的遺傳程式，還是RNA製造蛋白質的功能失靈了。為華特曼的健康基因、癌細胞基因體和RNA定序，是找出癥結的方法之一。

　　於是，研究小組利用華盛頓大學擁有的26部定序機器和一部超級電腦，來測試華特曼的檢體。有的定序機只是桌上型電腦一般大小，有的則有如一九八〇年代的全錄影印機，是占據半個郵件收發室的龐然大物。實驗室把大大小小的機器全部徵用，日以繼夜跑個不停，希望勾勒出隱藏的遺傳結構。幾個星期後，華盛頓大學的基因定序機器終於找出罪魁禍首。結果發現，華特曼的正常基因會製造出大量的FLT3，而這種蛋白質會刺激他的癌細胞增長[3]。

　　基因體定序是麻煩的過程。即使定序後能找出有害的遺傳突變，往往還是無藥可醫，因為醫學界尚未針對問題研究出適當療法，碰到罕見突變時更是如此。但就華特曼的案例而言，這反而是好消息。製藥業巨人輝瑞大藥廠不久前剛推出能抑制

FLT3的新藥紓癌特（Sutent）。紓癌特原本用來治療腎臟癌，但由於華特曼的基因序列，使得他成為採用紓癌特來治療急性淋巴性白血病的首名患者。

華特曼服用紓癌特兩個星期後，癌症就開始緩解。不久之後，他的身體狀況便好轉到可以接受骨髓移植，以確保癌症不會以突變形式再度復發。四年後，華特曼的癌症仍未復發[4]。

這種療法留下的副作用是，華特曼眼睛不好，而且嘴部很容易受感染。但華特曼很清楚，為了保住性命，這是很小的代價。雖然還沒完全脫離困境，但無論從什麼角度來看，他復原的情況都好極了。醫生形容他的預後情況為「保持警戒」，也就是說，最後結果如何，還是未知數，仍須嚴密監控病情。但華特曼說，能活這麼久，都要感謝密集的基因定序。「我絲毫不懷疑這點。就我的情形而言，基因定序真的救了我一命。」

華特曼的故事十分罕見，但他的療法只是為基因體科學的無窮潛能揭開序幕而已。有朝一日，像他這樣的故事會變得司空見慣，而且那一天不久就會來臨。

基因體定序與癌症治療

過去半世紀以來，我們目睹生命科學出現前所未見的進步。人們因為人工心臟、神奇新藥、器官移植和其他發展，而活得更久，也更健康。

　　華特曼的故事告訴我們，這些進步和未來的創新比起來，仍然是小巫見大巫。在未來的世界，我們將能精確瞄準癌細胞；利用從動物身上移植過來的肺臟來呼吸；偏遠地區的窮人也能享受到世界頂尖醫院提供的醫療服務。

　　自從捷克僧侶孟德爾（Gregor Mendel）在十九世紀中葉發現遺傳的基本定律以來，基因體研究一直進展快速。1995年，科學家首度為活生物的基因體定序[5]——嗜血桿菌（通常在小孩身上出現，能造成嚴重感染）——這個重要突破使得基因體研究與醫學開始碰撞出火花。

　　基因體研究的聖杯——為人類基因體定序——幾乎立刻成為焦點。假使我們能解開組成DNA的30億鹼基對，在分子層次破解「我們是誰」的奧祕[6]，那麼有朝一日，華盛頓大學的醫生就能找出華特曼的癌細胞增長的原因和方式。

　　2000年6月，美國總統柯林頓宣布，科學家已描繪出人類基因體的「第一幅草圖」；三年後，國際人類基因體定序聯盟（International Human Genome Sequencing Consortium）宣布完成任務。完成第一個基因體圖譜的成本為27億美元[7]。接下來十年，根據人類基因體研究先驅蘭德（Eric Lander）的說法，成本跌了百萬倍。蘭德曾協助人類基因體定序，目前是布羅德研究院（Broad Institute）的創院院長[8]。布羅德研究院是MIT與哈佛大學合作的生物醫學及基因體研究中心。蘭德有一頭日漸斑白的亂髮、友善的臉龐和滿嘴鬍子。他告訴我，他認為繪製人類基因體圖譜的成本會以驚人速度直線下滑，商業化的可能性因此大增，也促使私人資本投入以遺傳學為基礎的新診斷學、新療法和新藥物。

據估計，2013年基因體市場的規模為110億美元左右，未來的成長速度可能超出所有人的想像[9]。史丹佛基因體技術中心主任兼史丹佛醫學院生化學教授戴維斯（Ronald W. Davis）[10]，他把基因體領域當今的發展拿來和1994年電子商務的情況相比擬，當時亞馬遜網路書店剛創立，而還是學生身分的兩位谷歌創辦人甚至尚未開始研究網路搜尋引擎。戴維斯指出，除了基因體定序的價格日益下滑之外，我們愈來愈有能力解讀高達兆位元組的龐大數據，都會激發未來榮景。

我之所以對基因體相關新產品和新產業的潛能有粗淺認識，都要歸功於我在巴爾的摩市區壁球場認識的朋友──沃格斯坦（Bert Vogelstein）。即使照學術界的標準來看，這個人都頗為邊邊。他會把護膝套在鬆垮垮的灰色運動褲外面，拿破舊的行李箱帶壁球裝備到健身房。長久以來，我一直以為他只是個六十開外、不修邊幅的健身狂，結果原來他是約翰霍普金斯大學的腫瘤學和病理學教授，也是癌症和基因體專家。他是目前還活在世上的科學家中論文被引用次數最多的人[11]。過去四十年來，他發表的科學論文超過450篇，被引用超過20萬次[12]。

一九八〇年代，沃格斯坦與同事證明了DNA突變如何轉變為癌[13]。拜他的研究成果之賜，從此以後，科學家辨識出一百五十多個基因，都是促使癌細胞發展和擴散的要角。沃格斯坦證實了DNA受損與癌症的關係後，開始密切研究箇中含意，設法在癌症發展初期，找出及早偵測癌症的方法，才能在癌症變成不治之症之前，及早治療病患。

沃格斯坦將自己的最新研究命名為「液態切片」（liquid biopsy）。藉由驗血，以偵測血液中是否存有腫瘤DNA，即使只有極小的數量都難逃法眼[14]。從沃格斯坦的液態切片能偵測出極小的腫瘤，大小只有磁振造影技術（MRI）偵測到的腫瘤大小的1%，而MRI目前是最可靠的癌症偵測技術。由於液態切片能偵測到極小量的癌細胞，很多時候，癌症甚至還沒有出現任何症狀，就被發現。換句話說，只要檢查的價格下降到一定程度（沃格斯坦相信必然如此），未來一般人的年度健檢項目都將包含這種偵測癌症的血液檢查。今天經由二十多個醫療機構的試驗，研究人員用沃格斯坦的方法發現了47%最初期的癌症。雖然早期做法仍有進步的空間，但已為目前的癌症篩選機制帶來了不起的進展。沃格斯坦表示[15]：「假如有一種藥物能治好半數癌症，你已經要在紐約市舉行大遊行，拋擲彩帶大肆慶祝了。」沃格斯坦的目標是，希望未來絕大多數時候，我們都能在癌症演變為致命威脅之前，及早發現和治療。

開發液態切片技術時，沃格斯坦最重要的夥伴是他在約翰霍普金斯大學的同事狄亞茲（Luis Diaz）。四十五歲的狄亞茲和電影明星小勞勃道尼（Robert Downey Jr.）極為相似，彷彿是小勞勃道尼較有書卷氣的兄弟。狄亞茲除了和沃格斯坦合作開發液態切片技術外，還開發出分子子宮頸抹片技術（molecular pap smear），能早期檢測出卵巢癌和子宮內膜癌。第一期卵巢癌在檢測出來時，還沒有擴散到卵巢之外，治癒率高達95%；到了第四期，癌細胞擴散到卵巢之外後，治癒率就直線下滑，只剩下5%[16]。狄亞茲指出，問題在於，大部分癌症都到第三期和第四期才發現，如果找到更好的基因檢測方式，醫生就能及早診斷出初期癌症，並加以治療，提高治癒率，而沃格斯坦和狄亞茲正設法推出能拯救數百萬條性命的檢測方式[17]。

沃格斯坦和狄亞茲雖然在研究上獲得可觀進展，但他們不希望純為學術目的，在實驗室埋首研究，而是希望跨入新階段，讓有需要的病患獲得治療。所以他們心知肚明，如此一來，就須借助私人企業的市場力量。於是狄亞茲和幾位約翰霍普金斯的同事，在2009年一起創立個人基因體診斷公司（Personal Genome Diagnostics，簡稱PGDx）[18]，沃格斯坦則擔任PGDx公司的「創始科學顧問」。如今，PGDx提供的服務和華特曼所經歷的癌症定序方式類似，PGDx也有自己的研究部門。

PGDx的辦公室位於東巴爾的摩的水岸。狄亞茲和十來位同事已經在那裡上班一段時間了，但辦公室仍然十分簡陋：因為大家都忙著剪接癌細胞和分析數據，根本沒時間裝飾牆面。

他們都有任務在身，尤其當狄亞茲的怒吼聲響徹辦公室時。

狄亞茲在PGDx走極簡風的大型會議室中宣布：「目前基因體定序的價值主要在於癌症醫療。」談到公司起源，他表示：「病患或重要人物都紛紛對研究小組提出要求，希望作更多基因體定序，但顯然我們必須以研究工作為重，因為我們是研究實驗室，所以需要專業人士投入。我們看到了需求。」

假如你被診斷出癌症，PGDx可能成為你的癌症專家。你的腫瘤科醫生會將你的腫瘤檢體和一小瓶唾液寄去PGDx，讓他們比較你的癌細胞和正常細胞。PGDx拿到你的檢體後，科學家便開始施展基因體定序的魔法，把檢體放進PGDx定序機好好跑一跑。檢體進入機器後，會默默在機器中攪動許多鐘頭，直到DNA的每個片段都變成數據為止[19]。定序完成後，你的DNA會產出數千億位元組的資訊——現在稱為「大數據」——等待分析。

任何一家基因體定序公司都可以做類似的事情。但PGDx與眾不同之處在於，他們在約翰霍普金斯大學開發的專利電腦程式能快速偵測癌症，精確分析出蛋白質在何處發生突變，說明癌細胞為何不斷增長，因此能提供更多關於腫瘤的資訊，勝過任何腫瘤科醫生。

如果進行順利，PGDx團隊會告訴你為何罹患癌症，哪些藥物可能遏止這些突變。有時候，病患偵測出癌症時，市面上已有治療藥物；有時候，可能的藥物正進入臨床試驗階段；但更多時候，適合的藥物尚未誕生[20]。「過去曾經有多年時間，我們一次只研究一個基因。後來我們一次可以研究十個基因，目前我們可同時研究兩萬個基因。」狄亞茲說。「但就藥物而言，我們一次只開發一種新藥，所以必須大刀闊斧改革藥物開發流程，才能改變這種情況，讓藥物的數量多於基因。」今天的藥物開發流程完全跟不上基因體科技帶來的速度和準確度。華特曼深知自己是個幸運兒，因為當年他癌症復發時紓癌特已經上市，因此如何解決這個問題成為他的研究重心。

華特曼花很多時間思考癌症藥物的開發，他有個大膽的目標：廢除化學療法。他說：「因癌症喪命的人依然太多。傳統化療的成功率不夠高，我認為關鍵在於，我們必須盡可能多了解癌症，結合這些定序技術之後，我們對癌症有更多了解，就能為病患量身打造各種療法，來因應個別癌細胞發生的病變。」

華特曼認為，個人基因體定序不見得意味著需為每一位病患都找出獨特療法，「因為腫瘤科醫生會感到不勝負荷。」但會帶來更專精的治療方式。華特曼說，未來的癌症療法會完全不同。「傳統化療扮演的角色非常有限。我希望如此。我們基本上會採取標靶治療……我也不認為需要花二十年的時間才辦得到。我真的相信未來十年就會看到實質進展。」

狄亞茲坦言：「我們將清楚了解癌症發生的途徑，希望開發出能消除癌症的設計師藥物。這是我們真正的目標……假如沒辦法加快腳步的話,大概要花二、三十年的時間。」

2015年1月,歐巴馬總統宣布美國政府將投入2億1千5百萬美元,發展根據個人遺傳體質和腫瘤特性量身打造的「精準醫療」,最終可能有百萬志願者參與這項為期十年、耗資10億美元的計畫,大大提升了推動醫學突破的可能性[21]。相對於以化療方式治療每一位癌症病患,針對個人遺傳特質來開發藥物,正如十九世紀採用麻醉藥一樣,是醫療方式的一大變革。今天最尖端的療法相形之下都顯得原始粗糙。

駭進大腦

基因體研究如今已超越癌症防治的範圍。愈來愈多研究人員和投資者開始問:那麼我們的大腦呢?膝蓋骨破裂時,你會動膝蓋手術;手肘流血時,你會貼上OK繃;很快的,你就可以像華特曼那樣為自己的癌細胞定序。不過,儘管醫療科技已入侵人體每個器官,人類大腦依舊是個謎團。大腦是受到硬頭殼保護的一團軟組織,雖然大腦如此柔軟,科學家在尋求新的診斷和療法時,卻日漸採取機器式的詞彙來思考大腦。

今天的科學家希望破解大腦密碼,並著手利用基因體科學來診斷和治療神經疾病和精神疾病。

我一直對精神疾病的遺傳學有濃厚興趣,因為我有太多親友深受精神疾病之苦。我任職美國國務院期間,看到許多被派到衝突地區的士兵及外交官返鄉後心理健康出問題。國務卿希拉蕊‧柯林頓上任不久，便肯定心理健康的重要，並極力鼓勵大家好好維護心理健康。她在一封致全體人員的信函中，鼓勵需要協助的人積極求助：「尋求幫助是負責任的表現，不會影響你的安全查核[22]。」

國防部也起而效尤。國防部長蓋茲（Robert Gates）宣布，軍人在申請安全調查時，再也不需要揭露過往的精神病史。對於從伊拉克和阿富汗返鄉、且因精神健康問題需接受治療的數千名美軍而言，他的宣示有著重大意義。他們終於能坦承自己的困擾。

但問題依然存在：我的親朋好友和所有這些士兵及外交人員所接受的療法，主要是以過去的科學與技術為基礎。

假使你在一九五〇年代或更早以前罹患憂鬱症，那麼前景十分黯淡。你會被關進精神病院，家人和醫生往往也不再抱任何希望。心理治療是最常採用的療法，偶爾加上電擊療法，但通常都不怎麼有效[23]。

後來有人發明抗憂鬱藥物。三環抗憂鬱劑會進入大腦深處，治療化學失衡。突然之間，終於有新藥可以掀開籠罩在憂鬱症上頭的烏雲。許多人服用抗憂鬱藥物後感覺好轉，對他們而言，世界又重啟大門，對他們開放。他們可以進入職場、結婚，以新方式貢獻社會。

但這些藥物仍有安全和毒性上的疑慮，造成的副作用也許

只是鎮靜作用，但也可能致人於死，如果和錯誤的藥物相混合
的話[24]。不過，長期下來，抗憂鬱藥開始改進，副作用也減輕
不少。接著新一代抗憂鬱藥誕生了，不但改變了外面的世界，
也改變了我們對精神病的認知。

百憂解（Prozac）是最先問世的選擇性血清回收抑制劑
（SSRI）[25]。禮來大藥廠（Eli Lilly）在廣告詞中宣稱，對憂鬱
症患者而言，這是「所有人都可吃的藥丸」、很容易開出的藥
方。百憂解在1987年通過美國食品藥物管理局審核後，上市
第一年開出的百憂解處方單將近250萬份。大多數人服用後都
見效，百憂解成了禮來的暢銷產品。百憂解問世15年後，美
國有3300萬人服用百憂解[26]。其他選擇性血清回收抑制劑也紛
紛出現：包括1991年問世的樂復得（Zoloft）和1992年問世的
百可舒（Paxil）。到了2008年，抗憂鬱藥已經是美國最普遍的
藥物，也是最常為60歲以下的美國人開的處方藥[27]。

今天的醫生在治療憂鬱症時，大都會結合選擇性血清回收
抑制劑和認知療法，這種方式或多或少適用於約三分之二的憂
鬱症患者[28]。但即使得到世上最佳的醫療照顧，療法中多少有
些部分只是根據合理猜測。我認識的憂鬱症患者，都經常在醫
生指示下調整藥物和劑量。能選擇的藥物種類不多，而且藥物
配方也已使用了二十年，醫生往往根據本能和經驗來開藥方，
既不是依照對病患病史的了解，也不清楚病患的遺傳體質會對
療法起什麼反應，全憑猜測。

　　基因體研究為選擇性血清回收抑制劑問世後的精神疾病療法帶來創新的機會。我的舅父雷伊‧狄波羅（Ray DePaulo）是約翰霍普金斯醫學院精神醫學系主任。雷伊舅父和布羅德研究院的蘭德正在發展相關策略和計畫，希望能完整繪製與精神醫學相關的基因圖譜。

　　像亨汀頓氏舞蹈症之類的疾病，乃是由單基因突變所引起。精神疾病的挑戰在於，大多數精神疾病的原因都錯綜複雜。像憂鬱症之類的精神疾病，可能有數十個或數百個遺傳性風險因子作祟。由於大腦有許多層次，因此找出精神疾病的因子，並不像揭開致癌機率或檢測亨汀頓氏舞蹈症基因那麼單純。

　　即使如此，研究人員正逐漸解開謎團。蘭德解釋，近年來「有很大的進步。幾年前，究竟有哪些基因和思覺失調症相關，我們還一無所知，如今已經掌握了一百個左右。」「這還只是過去三、四年間發生的事。」狄波羅和蘭德正在進行的研究可說是潛力無窮。等科學家開發出更好的藥物，全世界精神病患的病情將有突飛猛進的進展。

　　自殺防治的領域也將出現有趣的新契機[29]。美國人口中，有1.4%因自殺而喪命，還有4.6%曾企圖自殺。雷伊舅父在約翰霍普金斯的同事研究了2,700個成年躁鬱症患者的DNA，其中1,201人曾企圖自殺[30]。他們發現，曾企圖自殺的人腦中有一種過量蛋白質，而ACP1基因會生產這種蛋白質[31]。首席研究員維婁爾（Virginia Willour）表示：「這意味著我們將更了解自殺的生物學，以及應該如何以藥物治療可能有自殺風險的病患。」深入研究自殺的遺傳學之後，我們或許能發展出適當療法來降低想自殺的生物衝動。研究人員已經找出罪魁禍首，下一步則是針對與產生太多ACP1的生物機制相關的二號染色體小區塊，發展出有效的商業化藥物。可藉由服藥防止自殺的概念，有違大家對精神疾病的長期假設，但由於基因體科技的突破，未來有可能成真。

大家都不樂見的後果

但即使長期從事基因體研究的科學家，都承認會產生負面效應。主要憂慮在於，隨著基因科技日益精良，人類將開始創造「訂製的嬰兒」，這也是狄亞茲擔心的問題。「透過（基因體）定序，人們開始了解自己面對的風險，得知自己很容易得心臟病。」狄亞茲說。「（基因體定序）還會告訴你，你會長到五呎四吋高，體重可能在180磅左右，以及你會是班上的飛毛腿，籃球打得好，而且有數學天分。」

狄亞茲進一步解釋：「許多大腦的奧祕也隨之破解。例如行為方面：包括酗酒、賭博問題、各式各樣的癮頭。揭開個人種種遺傳特質後，還能預測你會是卷髮，還是直髮；藍眼珠，還是棕眼珠。你會年紀輕輕就掉髮嗎？你一輩子頭髮都會保持濃密嗎？所有資訊都在指尖下唾手可得，很可怕。再進一步的話，可能懷孕十週後，你就曉得這些事情。所以顯然這件事有重大涵義，對不對？」

今天，科學家已經能藉由孕婦的血液檢體，重新組合出胎兒的基因體。過去已經有許多人替胎兒做基因檢測，以篩選唐氏症。隨著基因體科技進步，我們能掌握胎兒的所有遺傳特性，並迫使全球社會爭辯基因篩選的問題。

內人懷孕期間曾接受唐氏症基因檢測，醫院要求她必須接受第二次後續檢測。內人當時憂心忡忡，不斷揣測，整個月我們的生活都大受影響，直到第二回檢測證實兒子很健康為止。難以想像，假使他們在告訴我們兒子很健康的同時，也鉅細靡遺地告訴我們胎兒的所有遺傳特性，包括他在七十歲時可能會因什麼疾病而喪命，我們會有什麼感覺。我忍不住設想，許多人一定會選擇訂製嬰兒——這些身不由己的嬰兒所擁有的遺傳特質，將完全符合父母的期望。我也忍不住設想，假使從孩子一出生，我們就了解他的各種傾向和天分，會不會影響我們養育他們的方式。你會在孩子第一天上學之前，就完全放棄他日後可能上大學的希望嗎？還有，父母會不會因為深恐孩子罹病，而不讓他們有正常的社交活動？

沃格斯坦和狄亞茲都很擔心，當基因檢測變得更普遍時，我們的社會不懂得好好處理風險資訊[32]。比方說，即使檢測結果指出心臟衰竭的風險會日益上升，並不表示「這樣的風險具有臨床上的意義」。沃格斯坦解釋，但是當這類檢測日益普遍時，最重要的問題是「在面對可能的挑戰時，如何教育一般人和醫生了解其中蘊含的意義或明白它其實不具意義，溝通方式不要造成巨大恐慌或引發與風險不成比例的焦慮。」

最近基因檢測公司23andMe將沃格斯坦和狄亞茲的顧慮搬上檯面。2006年，三十二歲的沃西基（Anne Wojcicki）創辦了23andMe公司[33]，提供客戶上溯祖先資料的遺傳特徵報告，以及未經詮釋的原始基因檢測資料[34]。你只要吐一口口水，把試管中的唾液檢體寄給23andMe實驗室，然後付99美元，他們就會把你的基因檢測報告寄給你。不是完整的基因體定序資料，而是研究人員了解最多的一段DNA[35]，例如能釐清個人罹患帕金森氏症的風險，或說明個人對某些抗凝血劑會有何反應。

23andMe公司的執行長沃西基，恰好也是矽谷皇族的一員：她的丈夫是谷歌共同創辦人布林（Sergey Brin），父親是史丹佛大學物理系主任，母親在帕洛奧圖中學教新聞學。當年她的母親把家裡車庫租給兩名研究生布林和佩吉（Larry Page），成為孵育谷歌的基地。布林做了23andMe的基因檢測後，發現自己有一種基因突變，因此他罹患帕金森氏症的風險比較高，為30%到75%之間，而一般人罹患帕金森氏症的風險只有1%。從此以後，布林就開始喝綠茶，並且多做運動，這兩種活動都和降低帕金森氏症的風險有關聯[36]。

但雖然23andMe的基因檢測方式適用於布林，比起華特曼做過的定序，仍然簡單許多。華特曼做了癌細胞定序和全基因體定序，重要的是兩者之間的差異。然而，為腫瘤完整定序是密集而龐大的工作，要為全部基因體定序則更加繁複。23andMe的基因檢測則兩者都不是，而是針對某些與常見疾病相關的基因做小規模的檢測。

沃西基的23andMe只是提供DIY基因體檢測的公司之一，但這類公司如今都遭強烈批評，尤其因為他們的檢測結果南轅北轍[37]。某家公司的檢測報告可能警告客戶罹患關節炎的風險比較高，但不必太擔心會得心血管疾病，然而另一家的檢測結果則完全相反。主要的差別在於檢測的精確度：要價99美元的檢測方式和需要花數千美元、歷時好幾天、動用超級電腦來處理的檢測方式，在品質上仍然有很大的差距。而其間的差距可能造成不必要的憂慮和錯誤的安心。

美國食品藥物管理局並非視若無睹。2013年末，FDA要求23andMe公司停止以「健康相關的基因檢測」名義行銷產品，因為他們未取得核准[38]。FDA在致23andMe的公開信中指出，FDA「很擔心不準確的結果對公眾健康帶來的影響[39]」。

遭到FDA指責後，23andMe在壓力下低頭。目前他們的檢測只承諾會提供祖先相關資訊及原始數據[40]。網站上公布的新訊息指出：「一旦有更完整的新產品，我們將增加某些基因相關的健康報告，但目前我們還不能確定可能會提供哪一種健康報告或何時提供[41]。」

23andMe目前遭到諸多限制，狄亞茲也斥之為「花招」，但23andMe公司的90萬名顧客所提供的遺傳材料,已成為寶貴資產。23andMe據以開發出來的營運模式,最終可能讓他們在商業上和科學上都嚐到勝利滋味。23andMe公司和Michael J. Fox帕金森氏症研究基金會合作,建立了帕金森氏症研究社群,可以接觸到一萬兩千名帕金森氏症患者的基因資料[42]。對開發精準醫療的製藥公司而言,如此龐大的數據是寶貴的資源,因此促成23andMe和基因科技公司(Genentech)價值6千萬美元的協議。只要人們持續付99美元給23andMe公司,以取得祖先資訊,23andMe就能建立起龐大的資料庫,並將資料庫商業化,供製藥廠使用。

以基因科技為基礎的醫療所引發的疑慮還包括:許多人擔心,基因科技帶動的新藥研發,會使得人們愈來愈不注重飲食、環境和生活方式,因此同樣會傷害DNA,引發癌症。事實上,就飲食和生活方式而言,不同的社經階層之間已經出現巨大鴻溝。我發現從一個人早餐吃什麼,便能準確預估他的身價高低。我第一次和熟識的億萬富豪共進早餐時,我們約在一家很炫的飯店用餐。我點了法式吐司和培根。侍應生轉過去等這位億萬富豪點餐。他說:藍莓。他只要一大碗充滿抗氧化劑的藍莓,加上一杯健康飲料。相反的,一九九〇年代當我任教於西巴爾的摩的布克華盛頓中學(Booker T. Washington)時,97%的學生都納入免費午餐計畫,他們在上學的路上,常邊走邊吃馬鈴薯片之類的零食。

我相信,當我們能掌握到愈來愈多遺傳特性時,不同的社經地位造成的行為差異會更大。布林得知自己可能罹患帕金森氏症之後,修正了個人健康習慣。悲哀的是,在西維琴尼亞家鄉,或是我曾任教的巴爾的摩社區這類社經地位低落的區域,假使人們得知自己的遺傳特性後,卻因缺錢或缺乏醫療資源而無計可施,他們更加會覺得健不健康都是命中注定。結果,基因檢測不但沒有鼓勵人們效法布林,改變行為,反而讓原本就充滿無力感的人更加沉溺於不健康的生活方式。

史丹佛基因體技術中心主任戴維斯博士(Ronald W. Davis)輔導的公司,正努力搭起基因體科技和環境因子之間的橋梁。

BaseHealth公司創辦人是戴維斯過去教過的學生。公司的招牌產品Genophen正如同其他許多產品,能為個人基因體定序,但接下來Genophen使用的「風險引擎」(是一種大數據程式,應用的演算法橫跨醫療、行為科學和環境等領域的資訊)除了提供遺傳資料分析,告知你已經或可能罹患的疾病之外,還會提出為個人量身打造的行為模式和醫療方式建議[43]。戴維斯形容Genophen的功能展現了「驚人的企圖心」。

對我而言,Genophen會將我所有的遺傳資料和關於我人生的點點滴滴資料結合起來,從我在瀰漫雪茄菸味的房子裡長大,到查爾斯頓化學工廠噴出的化學物質。同時把較有利健康的因素也計算在內,例如內人堅持的健康飲食方式,還有我經常跑步和打壁球等。這些資料和其他許許多多來自我人生的種種細節，都被放進電腦模型中，等到Genophen針對伺服器中的龐大數據進行資料探勘後，就會診斷我目前有哪些疾病或健康問題，以及未來可能（或不可能）罹患哪些疾病。然後他們會針對我的情況，提供一份個人化的醫療計畫和行為修正建議，以降低未來罹病的風險。

BaseHealth也試圖回應沃格斯坦的顧慮——病患不知道該如何因應收到的資訊——所以他們只把產品推銷給醫生。只有醫生和護士可以在辦公室中看到Genophen傳來的資訊[44]。醫生扮演詮釋和引導的角色，亦即由訓練有素的專業人士來協助病患善用自己的健康資料。

大多數人都難以負荷這樣的花費，但價格下降得很快。就狄亞茲的PGDx公司而言，端視需要的資訊有多細，檢測花費大約在4,000美元到10,000美元之間。而不過三年前，價格還是高得嚇人的10萬美元[45]。

狄亞茲說，他們的最終目標是進一步壓低價格，讓保險公司願意將這類檢測納入保單，因此能廣泛為一般人採用。華特曼接受治療時，之所以能做癌細胞定序，是因為他的同事能免費使用約翰霍普金斯大學的多部定序機器。倘若他不是剛好任職於基因體研究中心，而且人緣超好，恐怕才三十來歲就因急性淋巴性白血症而過世了。

沃格斯坦很樂觀，認為這只是短期的問題。「人類DNA鹼基對定序一定會在二十年內變得稀鬆平常，」他說。「現在也辦得到，但費用接近 1,000 美元，這是幾年前設下的突破障礙。不過二十年內，費用一定會大幅降低，遠低於 1,000 美元。所以今天技術已經不成問題了，只是還沒辦法擴大嘉惠數十億人，但二十年後一定辦得到。到時候，任何想嘗試的人都可以為自己的基因體定序，許多開發中國家的人民一定會想嘗試。」

豬肺與長毛象

　　在某些創業家眼中，即使目前學術界最先進的研究都太缺乏想像力。這群研究人員努力開發的創新科技簡直是異想天開，令人難以相信真有實現的一天。

　　當人類基因體計畫鳴槍起跑時，美國國家衛生研究院（NIH）的科學家文特（Craig Venter）也躍上舞台。

　　文特在家裡四個孩子中排行老二，在工人階級聚居的舊金山社區長大，過度自我驅策並缺乏耐性，一直是他的人格特質[46]。文特從小就積極進取，但又很容易覺得無聊[47]。他在中學游泳校隊中屢創紀錄，卻因為學業成績太差，幾乎被當掉。他以 NIH 科學家的身分加入人類基因體計畫後，找出能更快從人類基因體獲得資訊的方法。

　　他要求人類基因體計畫主持人撥款 500 萬美元，讓他以新技術為人類 X 染色體完整定序，卻被告知他要求的數目太大了[48]。於是文特遞出辭呈，自行創業，和人類基因體計畫正面競爭，比賽誰先繪製出基因體圖譜，迫使研究人員工作更賣力、速度更快，也更聰明。競賽結果雙方平分秋色。

文特近年又創辦兩家新公司，致力於為人類延長數十年壽命。第一家是合成基因體公司（Synthetic Genomics），2014年該公司宣稱他們計畫利用基因工程技術來改造豬，以提供能安全移植到人體的器官。這種名為「異種器官移植」的技術必須先改造豬的基因體，因此等到豬胚胎長成後，就可以將其器官摘除並植入人體。他們最初把研究重心放在豬肺上，不過等到研究計畫公布時，文特表示，心臟、腎臟和肝臟也可能成為研究目標[49]。

等到異種器官移植的可行性大增，而且成為主流醫療方式之後，我們習慣的器官捐贈和移植的觀念可能就此消逝。假如我們可以在豬的體內培育與人類相容的肺臟、腎臟和心臟，可供移植的器官就不再是稀有資源。換個新腎或許不見得比膝關節置換手術更困難或奇怪了。

文特創立的第二家基因體科技公司甚至更大膽。這家人類長壽公司（Human Longevity, Inc.，簡稱HLI）致力於利用基因資料來逆轉老化。HLI公司的宣傳資料宣稱：「老化幾乎是人類所有重要疾病的最大風險因子。」文特的團隊相信，一旦建立起全世界最大的全基因體研究中心，科學家就有辦法開發出能延緩老化的產品。文特的創業夥伴戴曼迪斯（Peter

Diamandis）指出：「從1910年到2010年，由於醫療和衛生的進步，人類壽命提高50%，從50歲延長到75歲。今天，當科技出現指數式躍進，例如HLI領先帶動的種種科技突破，我們或許能大幅延長人類壽命[50]。」

儘管文特和戴曼迪斯的目標聽起來十分不可思議，他們的研究卻很快出現驚人進展。HLI近來與全球頂尖的醫療界夥伴結盟[51]，PGDx也是其中之一，募到7千萬美元創投資金[52]。而且根據其中一位投資人和董事的說法，創立八個月後，HLI已經成為全球最大的全基因體定序中心。

儘管文特因膽大包天勇闖基因體學的未來而聞名於世，但還有人更勝一籌，試圖化不可能為可能。有些新興研究不只要延長人類壽命，而且還企圖讓已滅絕的物種重生。

幾年前，有一組科學家利用已死去的布卡多山羊的DNA（布卡多山羊為分布於西班牙庇里牛斯山的野山羊，在公元2000年滅絕），創造出野山羊胚胎，然後把胚胎植入57個一般山羊的子宮[53]。其中一個胚胎順利存活並誕生。沒錯：2003年，一隻正常的母山羊產下了曾一度滅絕的布卡多山羊。當然，這隻布卡多山羊壽命很短，出生後只存活了幾分鐘[54]。但單單這樣的可能性，已經讓好奇的科學家尋思良久。

2012年，舊金山啟動「再生與復興」計畫（Revive & Restore）[55]，希望利用先進的基因體科技，讓已滅絕的物種重生。他們認為，許多已滅絕動物的DNA都保存得很好，可藉以起死回生[56]。就布卡多山羊的例子而言，就是將已滅絕動物的胚胎，植入和牠們基因最相似的動物體內[57]。如今科學家已在努力為信鴿、黑松雞和一種會從嘴裡產出小蛙的澳洲蛙「去滅絕化[58]」。

這類科技究竟有多神通廣大，還是未知數。讓山羊起死回生是一回事，但說到讓長毛象重返世上，又是另一回事了。假如真的可行（因為連「再生與復興」計畫的科學家都承認，目前的技術或許還辦不到），那麼，我們真的要把時鐘往回撥嗎？這個例子就和開發訂製的嬰兒一樣，科技突飛猛進，讓人類開始扮演上帝的角色。正如同人類的行為改變了地球上的氣候，基因體科技的發展也可能改變地球生態。物種之所以滅絕，通常都有原因。讓滅絕的物種重返世界，將改變食物鏈，引發大自然還無法適應的病毒和細菌。當我們操弄生命的能力愈來愈強時，就必須依靠人類判斷力來加以管理。

中國急起直追

這些不可思議的基因體科技突破大都來自美國，可說其來有自，不過其他國家（尤其是中國）遲早會開始急起直追。

要創造生命科學的重大突破，有三個必要條件：卓越的科學家、充裕的學術研究經費，以及能將學術研究商品化的創投市場。

　　美國今天拔得頭籌的主要原因是，國際頂尖科學家仍然希望進入美國大學做研究。論文最常被引用的科學家有八分之一出生於開發中國家，但其中有八成如今住在已開發國家。美國大學體系提供外國科學家許多他們在祖國得不到的機會。有一項研究調查了16國的17,000名科學家後發現，外國研究人員移民的原因有二：追求更好的事業前途，以及加入傑出的研究團隊。美國在這兩方面都表現出色，也能提供豐碩回報。美國科學相關科系稱霸全球每個聲望崇隆的排名系統[59]。各國科學家移居外國時，幾乎都將美國列為首要目的地。

　　但儘管美國在培養人才和科學研究上都有輝煌成就，卻不一定能永遠保持領先地位。在我有生之年，人類基因體計畫或許是揭開最多科學知識的研發計畫，而參與計畫的科學家來自世界各地——NIH團隊中包含了澳洲、英國和法國公民。這些科學家都來自聲譽卓著的著名學府。但是柯林頓在宣布人類基因體圖譜的草圖繪製完成時，仍不忘提及對基因體定序只有1%貢獻的研究團隊：北京華大基因研究中心（Bejing Genomics Institute，簡稱BGI）。

　　在人類基因體定序的15年長跑中，中國逐漸冒出頭來，取得領先地位。華大基因不再是只有1%貢獻的小角色，目前已成為全球規模最大的基因體研究中心，擁有的定序機數量超出美國所有定序機的總和[60]。有些華大基因的科學家已經開始討論，日後為中國每個孩子都作基因體定序的可能性[61]。

從 1998 年以來，研發經費占中國經濟的比例已經成長三倍[62]，而過去十年來，美國研發經費占全球比例從 37% 下跌到 30%[63]，中國所占比例則從 2% 躍升到 14.5%。中國龐大的 GDP 中有 2% 投入研究與發展，從統計數字看來，中國如今已超越歐洲，而美國仍在努力保住龍頭地位。

中國的研發經費不斷上漲，近年來美國在研發方面的投資卻已低於 2008 年的水平，這是金融危機後美國削減研究預算帶來的副作用[64]。除了房產遭法拍和失業之外，金融機構不負責任的行為還導致癌症研究的經費大幅削減。

美國產出的科學及工程學術論文總數在全球排名第二（假如你把 28 國組成的歐盟算成一個集團的話），美國所貢獻的論文占全球的四分之一。但過去十年來，美國的論文總數一直不斷下降，同時中國的產出則一飛沖天（從 3% 到 11%），成為全球第三大科學論文生產地[65]。

研發經費和科學論文，都是發現新抗癌藥物和醫療突破的基石。

中國的策略乃是由政府高層決定。中國國務院在擘劃二十一世紀產業發展的雄圖大略時，將基因體研究列為重要支柱[66]。中國政府在三年內成功吸引了八萬名在西方受教育的中國籍博士返國效力[67]。

我曾經和一些中國政府官員及企業領導人談過話，他們都從策略觀點來看這個問題。他們認為，未能在網路發展初期取得領先地位，中國因此錯失了很多好處。一位中國企業執行長跟我說，美國成為網路商業化中心所帶來的財富和力量，讓美國多了十年的時間，得以繼續扮演世界超級強權的角色。許多中國最有權勢的領導人都認為，基因體科技將創造下一個兆元產業，他們也決心取得領先地位。中國人看中的其中一個機會與美國的新藥開發流程有關。正如狄亞茲和華特曼所說，基因定序能促使個人化藥物成真，但如果FDA不改變新藥開發程序，加速個人化藥物上市的腳步，病人可能需要到國外（也許到中國）尋求個人化療法。

像華大基因這類公司及研究中心是中國策略的核心重點，他們遊走於公營和私營之間的灰色地帶，名義上是私營機構，卻握有龐大資金，並受中央政府鼎力支持。中國政府為了國家利益，決心看到他們成功。2010年，華大基因從中國國家開發銀行獲得15.8億美元的信用貸款。雖然很難證實，但今天華大基因的營收來自各種不同來源，其中一個重要來源為「匿名捐款」。其他來源包括為製藥公司作數據分析，為研究人員和個人作基因體定序，還有據稱來自市政府和中央政府機關的資金[68]。華大基因公司也得益於低廉的勞工成本，數千名員工每月平均薪資只有1,500美元左右。

我認為中國的競爭其實是好事一椿。人類基因體計畫之所以發展快速，是因為藝高膽大的文特辭職後另起爐灶，與人類基因體計畫競爭。我也認為，挹注基因體研究的資金愈多，我們便能愈快看到造福世人的成果。與中國的網路公司相較之下，華大基因一直放眼世界，從創立之初便自我定位為一家全球性的公司。華大基因與國外的某些合作計畫純粹是為了做善事，例如華大基因和美國非營利機構 Autism Speaks 合作，為一萬名家族中有自閉症患者的人作 DNA 定序。

至於其他國家的情況就不一而足了。目前歐洲的基因體研究在學術界占了一塊版圖，但商業化程度卻遠非美國和中國的對手。印度、拉丁美洲和其他國家的頂尖科學家即使研究基地仍設在祖國，通常都投入美國大學或企業的陣營。

談到國家在未來產業的定位，俄羅斯是最好的例子，而且要追溯到冷戰剛開始時的遠因。俄羅斯領導人只重視少數幾個科學研究領域。雖然俄羅斯產出大量科學家，政府在政治和軍事上的優先順序卻主導了研究重心[69]。美蘇太空競賽為兩國的航太科技都帶來重大進步，但另一方面，蘇聯政權的意識型態卻阻礙科學發展。

李申科（Trofim Lysenko）就是個好例子。李申科是蘇聯科學家，在史達林主政時期，地位扶搖直上。李申科指責遺傳學是「資產階級的偽科學」，他認為生物特性乃是由環境所塑造，並且會傳遞給下一代。根據李申科的科學觀，假如你把樹上的葉子全部拔光，下一代的樹木就不會有葉子，這是極端馬克思—列寧式的科學觀[70]。

李申科認為研究遺傳學對國家有害,並成功說服俄羅斯農業學院,因此學校教科書和教學內容都不能提及遺傳學[71]。俄羅斯科學家有樣學樣,發表論文時提出荒謬的研究成果來呼應李申科的論調。符合李申科論調的研究能得到經費補助和科學獎項肯定[72]。另一方面,和李申科唱反調的科學家則被捕下獄,甚至遭到處決[73]。

今日,俄國之所以在基因體科技的領域毫無建樹,要回溯到李申科的時代。他的觀點在1948年被納入蘇維埃法律,李申科過世後多年,孟德爾的遺傳學才在一九七〇年代重新成為俄羅斯的科學教材。直到2010年,俄羅斯才使用向美國和BGI買回來的設備,為第一個「俄羅斯人種」的基因體定序[74]。

讓人人都能共享的創新

來自中國、歐洲和美國的許多生命科學創新成果,一開始都只嘉惠富裕的家庭和社會。基因體定序之類的科技為華特曼這樣的人提供令人興奮的新解方,但在世界各地,還有數百萬人因為無法接觸到簡單的醫療資訊或療法,而面臨原本可避免的死亡威脅。

當文特之類的頂尖科學家競相追求尖端科技突破時,其他人則在開發中國家積極推動電訊基礎建設,希望以更好的方式滿足日常醫療照護需求。醫療服務從來都無法做到人人平等,但今天的社會努力讓不同社經地位的人民都享有醫療照護，廣泛改善人民生活。

這一切要拜手機之賜。今天，全球70億人口中，有60億人擁有手機，超出有廁所可上的人口[75]。我造訪非洲和東南亞的低收入地區時，曾看到當地衛生人員透過手機，推動一些有效的保健措施，包括診斷、疾病監控和提供專家協助，以及教育大眾，提高對疾病的認知[76]。由於幾乎人人都有手機，大家無論到哪裡，都會帶著手機，而且手機應用程式也很容易因應特殊目的而客製化，所以很適合這方面的用途。在手機上安裝特殊應用程式後，不但能應用手機硬體功能（例如照相功能）和標準應用程式（例如電子郵件、日曆、通訊錄等），同時也能讓手機透過無線網路連結血壓計、心電圖等裝置和其他感測器。我們還沒辦法用手機為個人做基因體定序，但能利用手機將血液樣本資料傳送到地球另一端的實驗室。

其中最有趣的方式之一，是名叫Medic Mobile的公司利用行動通訊來因應健康問題。我和二十七歲的Medic Mobile執行長內斯比（Josh Nesbit）結識於哥倫比亞革命武裝力量出沒的叢林。當時美國國務院和哥倫比亞軍方有個合作計畫，內斯比是我們引進的行動通訊專家，負責教導當地人如何利用行動裝置標出地雷位置，減少人民傷亡。

內斯比在史丹佛大學就讀時，曾在馬拉威鄉下的聖蓋博醫院工作（馬拉威是全世界最貧窮的國家之一）。看到許多病患需要長途跋涉，才能得到簡單的醫療照護，他大感震驚。當地人到醫院看醫生通常都需要辛苦跋涉一百哩路，社區衛生人員也經常為了遞交一份手寫報告而步行數十哩[77]。但他也注意到，身處馬拉威窮鄉僻壤時，他的手機收訊情況反而比在加州時還要好。這倒是不足為奇。根據世界衛生組織的統計，包含36個非洲國家在內，57個開發中國家總共短缺約430萬名醫護人員[78]。但同時，非洲大部分區域都有行動通訊網路。內斯比將兩件事連結起來，決定以善用行動通訊設施為Medic Mobile創立目標。

他回到聖蓋博醫院，為醫院的75名社區衛生人員配備手機，訓練他們如何教導病人利用手機回答醫療問題，並監督病人遵從醫囑。這個實驗計畫為衛生人員節省了2,000小時的時間，讓醫院的肺結核醫療計畫納入兩倍病患。

今天內斯比和Medic Mobil的雄圖大略是開發一種新工具，利用手機光源和照相功能來診斷瘧疾和肺結核，而且價格不到15美元。內斯比告訴我，十年內，「會出現許多採用行動通訊科技的新型態衛生人員。衛生體系會變得分權化、在地化，以及更強調預防。」他又說：「我們將會在更多地方看到健康平權，而最大的進步是能為偏遠社區提供基本服務。每個家庭都能免費獲得基本保健資訊，政府和電信公司都以零費率提供服務。還有，瘧疾、霍亂和其他致命疾病都可以接種疫苗，行動通訊技術在預防接種中也扮演關鍵角色。」

　　過去五年來，由於行動通訊網路開始涵蓋整個非洲大陸，使用率一飛沖天，幾十個像內斯比這樣的健康促進計畫都正在進行實驗。肯亞的Shimba Technologies公司開發的MedAfrica [79]，是一種行動醫療通訊錄和「知識型應用程式」。肯亞4000萬人口，但舉國只有7,000名註冊醫生，MedAfrica就是為了因應肯亞面對的健康醫療挑戰而開發。根據世界銀行的統計，肯亞每千人擁有的醫生數為0.2，美國2010年的數字則為2.4，是肯亞的十餘倍 [80]。

　　為了因應醫生短缺的問題 [81]，Shimba也決定好好利用行動通訊的力量，因為93%的肯亞人都使用手機。Shimba的應用程式可以檢查症狀，提供急救資訊、醫生名錄、醫院位置和警示系統 [82]。肯亞的農村地區十分遼闊，醫護資源貧乏，MedAfrica提供了一種新方式，肯亞人只要擁有手機，都能透過MedAfrica，得到某種形式的醫療照護，讓肯亞各地的村民都能獲得醫療專業的協助 [83]。

　　一位MIT研究生則把目光對準更專業的領域，他所創辦的EyeNetra公司，協助開發中國家二十多億無法作視力檢查的人民驗光。EyeNetra設法將塑膠鏡片（查看器）裝在智慧型手機上。病患只要眼睛注視查看器，就能透過手機上的應用程式，診斷自己有沒有近視、遠視或散光，還可視需要開出處方，說明病患需要哪一種矯正鏡片。如此一來，病患省下長途跋涉看醫生的工夫，也不必動用價值4萬5千美元的自動驗光儀 [84]。

EyeNetra創立後不久，就成功做了三萬次視力檢查，並且從創投界傳奇人物科斯拉（Vinod Khosla）手中籌募到700萬美元的創投基金，得以進一步發展[85]。

這是鄉村地區醫療保健的未來。創業家幾乎針對人體的每個部分或每一種疾病，思考如何應用行動通訊技術，縮短醫療差距。未來二十年，成功的生命科學公司會好好利用日漸普及的行動通訊技術，將更好、也更廣泛的醫療照護資源帶到地球每個角落。

高度連結的世界也為醫療專業化開創新契機，並促進醫療診斷供應鏈的全球化。丹那—法博／哈佛癌症中心人口學暨醫療腫瘤學部門的史拉格博士（Deborah Schrag）認為，如果能在孟加拉之類的地區善用村民的才能，就能真正節省成本，提高效率。孟加拉鄉村地區許多村民根本連中學都沒畢業，更遑論讀完四年醫科了。

人體是複雜的機器，總共有78個器官、206根骨頭、640塊肌肉，更不用說還有25,000個基因。因此，想要充分了解人體，必須接受完整的醫學院教育。傳統醫學教育都訓練醫生成為全面的人體專家。但史拉格博士提出一個簡單的問題：我們能不能透過專業分工，針對和某個特殊疾病相關的人體某個部分，給村民一些訓練，讓他們成為這方面的全球專家？

史拉格以乳癌為例。婦女通常會先做乳房X光攝影檢查，再由醫生診斷是否罹患乳癌。但要判讀乳房X光影像其實並不困難，或許可以訓練某地的廉價勞工來做這個工作。可以讓他們檢視數十張乳房掃描影像，訓練他們根據乳房影像報告暨資料分析系統（BI-RADS）從「無異常發現」到「已知切片檢查為惡性」來分類[86]。或讓他們學習如何辨識異常並提出需進一步檢查的警示，再讓正式醫療人員接手處理。

整合資訊和擬定治療計畫的工作仍需仰賴受過完整醫學院教育及實習醫師、住院醫師訓練的專業醫生。專家仍然持續擔綱，但可以更有效率地運用時間，專注於需要治療的特殊案例，而不必費時檢視一大堆例行性的病例報告。當然，由於自動化浪潮來襲，未來這類辨識工作不無可能由機器人代勞，而不是由人類判讀。

那麼，到醫院接受年度乳房X光檢查的女性，應該如何看待這個趨勢呢？服務將變得更快，也更便宜。她們仍然需要事先預約，填寫醫療保險及病史資料，進行檢查，等待判讀結果。但等待的時間會縮短，醫療費用也降低。美國大多數醫療保險公司為乳房攝影檢查給付的費用平均為170美元[87]。沒有醫療保險的婦女則平均負擔102美元。如果能讓低成本的專才負責篩選一般掃描影像，應該可以降低醫療成本。

這是創新的另外一個面向：雖然從短期來看，富人往往獲益最多，但經過一段時間以後，創新成果可能愈來愈便宜，也更能嘉惠大眾。如果能大幅降低乳房X光攝影的成本，就有更多婦女接受檢查，至少希望如此。

　　雖然長此以往，應該能為醫療機構和病患省很多錢，但要執行這類構想並不容易。首先，要找到這批非傳統人力並施以適當訓練，已非常困難，也所費不貲，而且這樣的檢查流程也必須取得醫療機構和病人信任，讓他們感到安心。想像一下，倘若你的親友一早醒來，發現乳房有腫塊，你們衝去看醫生並做必要的檢查。十五分鐘後，專科護理師進來告訴你，乳癌專家（請注意，不是醫生）說沒事，你們可以回家了。不管這樣做是對是錯，許多人會希望再聽取其他醫生的意見，至少我知道我會這麼做。

　　在正式採用海外篩檢人力之前，要說服所有病患及家屬這種方式的可靠性，對醫院來說是項艱鉅的挑戰。除了考慮優勢之外，也要考慮可能的缺點。不過，美國社會以往也曾接受類似變革。例如過去唯有醫生能行醫，但後來專業護理師也可以執行如注射疫苗等醫療工作。

　　當安心使用、節省成本，以及獲得信任等催生變革的條件都俱全時，新科技的運用終究會水到渠成。

生命科學將掀起翻天覆地的改變

　　戴維斯博士說得沒錯。今天基因體科技的發展就如同1994年商用網路興起的情況。基因體科技對我們的健康帶來的影響，將勝過二十世紀的任何創新。我們將活得更久。但當我們需面對更多資訊和選擇時，生命也變得複雜許多。人類將從生物學的層次更了解我們是誰。未來會變成什麼樣子，將超越今天所有想像。

威力愈來愈強大、價錢愈來愈便宜的網路連結科技（讓我們彼此相連，也連結到各種資訊的技術），將伴隨並促進基因體科技的發展。首先受惠的將是吃藍莓的億萬富豪，但是可能只消二十年的時間，這類科技進步將成為社會上的主流，並為社會大眾所共享。所以本書的大多數讀者應該可在有生之年看到改變。

即將唾手可得的大量資訊，令我不禁想到馬克吐溫在《密西西比河上的生活》（*Life on the Mississippi*）中所寫的：「科學的迷人之處在於，我們只小小投資了些微事實，卻從中獲得如此大規模的猜想。」過去生命科學領域已知的事實，和短短數年後我們將擁有的知識相較之下，還真是微不足道。我們將會讓馬克吐溫的觀察成為歷史的事實，人類未來二十年對自己的了解將勝過從前無數世紀的累積。基因體科技將演變為兆元產業，不但延長人類壽命，也讓目前每年奪走數十萬人性命的疾病近乎絕跡。

第三章

金錢、市場與信任
都變身編碼

信任也有演算法嗎？新的交易方式促使我們改寫
企業、人民和政府之間的契約。

在我成長過程中，金錢一直是放在錢包裡的東西。買東西
意味著你去商店，和店員談話，掏出錢包，把鈔票遞給他。我
還記得父親破舊的棕色皮夾。當時我雖然年紀小，卻已充分了
解皮夾的重要性。父親靠那個皮夾付買菜錢或請我吃飯，皮夾
厚薄決定我們每個星期和每天會吃到什麼樣的菜色。出外度假
時，厚厚的皮夾代表了種種可能性。等到皮夾變薄，也到了該
回家的時候了。

一向以來，金錢都是實物，是你可以拿在手上、掂掂重量
的東西。世界上許多貨幣的名稱都反映了「金錢是實物」的
概念，例如比索（peso）[1]、以色列幣謝克爾（shekel）和英

鎊（pound）都源自代表重量的單字。「盧布」（Ruble）則來自古俄文中的 rubiti [2]，意思是「砍、切、割」，因為最初的金屬貨幣是銀條形式，把需要的數量切割下來。更生動的例子是電影《四海好傢伙》（*Goodfellas*）中，影星布蘭考（Lorraine Bracco）扮演黑幫份子希爾（Henry Hill）的妻子，她向丈夫要錢去購物。希爾問她需要多少錢，她把食指和大拇指張開數时，比著手勢說：「就這麼多。」於是希爾拿了一疊鈔票給她。

但過去半世紀以來，現代金融體系設計了許多方便的措施，讓我們漸漸不再使用實體現金。我和許多成年人一樣，上大學時才拿到生平第一張信用卡。開始四處旅行後，我身上會帶著旅行支票。自動櫃員機在一九六〇年代末期誕生，但直到一九八〇年代才普及，從此我們只要有一張金融卡和一組密碼，不必透過銀行出納員，也能直接取得現金 [3]。這些趨勢如同機器人科技和生命科學一樣，帶來快速轉變。網路銀行在一九九〇年代中期到晚期開始盛行。eBay 在 1995 年推出消費者對消費者交易平台，線上支付服務 PayPal 則在 1999 年創立 [4]。在今天的已開發經濟體，數位銀行的服務已變得十分普遍，而行動銀行服務也隨著無所不在的手機開始盛行。美國有半數成年人使用行動銀行的服務 [5]，全球則有超過 5 億人使用行動銀行，到了 2017 年，行動銀行的用戶更會高達 10 億 [6]。對這類顧客而言，有了行動銀行，便再也不需要自動櫃員機了，正如同當年自動櫃員機誕生後，就不再需要銀行出納員。如今，電話就是銀行。當我為了開一張支票，必須在家裡翻箱倒櫃尋找支票簿時，簡直氣壞了，這種方式還停留在二十世紀。

孩提時，有錢人身上都有一疊疊鈔票和厚厚的皮夾。今天，大多數有錢人幾乎不帶錢包，或他們使用的是虛擬錢包（其他人也愈來愈是如此）。我們的基因體密碼將在未來二十年逐步遭到破解，但同時我們的金錢將變成0與1的電腦編碼，並透過厲害的工具加密保護。我們才剛開始挖掘數位貨幣的種種可能性。但是金錢、市場、支付和信任編碼化將是金融服務史的下一個重要轉折點。無論你是水電工或《財星》五百大企業的執行長，了解箇中意義都很重要。

Square：手機變錢包

要了解金錢編碼化帶來的影響，我特地造訪多爾西（Jack Dorsey）。三十九歲的多爾西是典型創業家。他共同創辦的推特公司（Twitter）徹底顛覆了我們的溝通方式，而後多爾西在擔任推特董事長期間，又共同創辦了第二家公司Square，致力於改變我們使用金錢的方式。我撰寫本書時，多爾西仍身兼推特和Square兩家公司執行長。他絕對是高瞻遠矚的企業家，總是能跟上科技界的最新潮流和最大膽的構想，但他骨子裡仍是位和藹可親、說話溫和的密蘇里人。我們在舊金山市場中街的

推特新辦公大樓碰面，多爾西很快就切入 Square 背後的思維，
以及他為未來商務設定的目標。

多爾西創辦 Square 的初衷，是發明日常支付的新方法，
採用的支付裝置是漸漸變得比錢包還貴重的東西——我們的手
機。每天早上我出門上班前，都習慣把自己前前後後拍一拍，
確定沒有遺漏三樣最重要的東西：皮夾放在後面左邊褲袋裡，
鑰匙在前面的右邊口袋，左邊口袋則特地空出來放手機。多爾
西則希望讓大家以後根本不必帶錢包出門。

有了 Square，顧客買東西及商人賣東西時，都能透過手機
或平板電腦來支付。最初的機制需要在手機中插入小小的白色
方形裝置，才能進行信用卡支付作業——只需在方形裝置的讀
卡器刷一下信用卡就成了。新方式甚至不必在手機插入方形裝
置（也是 Square 名稱的由來），只需把手機拿給收銀員掃描就
好，根本不必掏出錢包。許多知名品牌都渴望降低顧客等候時
間，因此紛紛採用新科技。今天走進任何一家星巴克，都可看
到咖啡客紛紛利用 Square 快速買咖啡和續杯。

Square 的靈感，來自一次失敗的買賣。和多爾西一起創
辦 Square 的麥凱維（Jim McKelvey）是一位創業家兼玻璃藝術
家。麥凱維除了忙於手邊工作（包括撰寫城市設計教科書、在
IBM 上班、創辦數位出版公司），還開了一家玻璃精品公司，
製作世界級的玻璃水龍頭[7]。儘管如此，麥凱維仍免不了因為
無法讓顧客使用美國運通信用卡付費，而損失了一筆 2,000 美

元的交易。

2009年初，麥凱維和老友多爾西談到這件事，當時多爾西剛好離開推特公司，正在尋找新機會。兩人驚訝地發現，信用卡技術遠遠落後近年來迭有突破的行動通訊技術，於是開始討論替代性的支付機制。麥凱維和多爾西在2009年12月創立Square公司，一年內就發表第一個產品，並在2014年11月達到10億美元的支付金額[8]。Square加入的行動支付戰場競爭十分激烈，競爭對手包括Google Wallet和Apple Pay等平台公司，以及Stripe等新創公司[9]。Stripe乃是由一對愛爾蘭兄弟在舊金山創立，每年的交易額幾乎有15億美元。

Square從一開始就把目標放在小型交易上，類似麥凱維失敗的玻璃製品交易金額，試圖降低一般信用卡交易的成本和複雜度。一般而言，商人接受信用卡交易時，會評估兩種費用：他們首先必須付費給商家帳戶服務供應商，這些供應商在商家和管理帳戶的銀行之間扮演中間人角色。零零總總的費用包括[10]：每月對帳單費用（平均每月$10）、每月最低費用（$25）、閘道月費（$5～$15），以及交易費（通常收取每次交易金額的0.5%到5%，加上美金二毛到三毛的固定費用，這也是為什麼許多商家會為信用卡交易設定最低交易金額）。第二類費用是直接付給信用卡公司的費用，其中最大一筆叫「交換費」，是信用卡費用的主要部分。

聽起來簡直一團亂？確實如此。收費會因商家的營業型態、掌握的市場力量,以及信用卡公司提供的報酬等等而異。信用卡公司則幾乎幫倒忙,萬事達信用卡有關交換費的說明篇幅超過一百頁[11]。

Square信用卡讀卡器的設計,就是為了繞過收取費用的中間商,每次支付只收取2.75%到3%的費用,由包括信用卡公司在內的合作夥伴共同拆分。

Square和競爭對手都試圖減少市場上的摩擦,希望化繁為簡,降低成本,因為信用卡費、交換費等種種費用或像麥凱維玻璃製品之類失敗交易的成本,每年都帶來數百億美元的花費。Square的設計完全是為了促進交易流暢,消費者不帶錢包,也能完成交易,商家更毋須受限於傳統收銀機和信用卡刷卡機。

多爾西認為,我們的經濟正重新聚焦於由下而上的創新,而Square正是大勢所趨。他解釋:「就個人而言,強調在地化經驗的趨勢,是我們當初創辦這家公司的原因之一。所以我認為鄰里關係的組成,以及如何透過網路推動更多離線在地經驗,都是非常、非常有趣的趨勢。不只是商務,你還可以在Foursquare或推特等案例看到,在最佳情況下,這類線上活動會促成面對面的互動。所以談到什麼是經濟背後的真正驅動力,我認為是在地賣家和買家形成的網路。目前風向正從跨國企業和大公司轉到在地實業或組織,從數字就看得出來。」本章談到分享式經濟時,會進一步探討這方面的動態。

Square在既有科技中增添了新的商務機制，有助於在地經濟發展。多爾西表示：「Square展現了分散式科技的威力。任何人都可以拿起手邊已有的裝置並加以利用。突然之間，你的手機就變成強大的商務引擎，而且影響還會擴及街坊鄰里、你的城市、你所在的州，甚至全國各地。」

多爾西也努力利用Square，以對抗伴隨創新而來的不均。例如，底特律和聖路易斯等城市，因製造業工作外移而備受打擊，他刻意在這類城市舉辦活動。他認為，Square能幫助陷入困境的城市孵育新事業。「我認為，Square的部分功能，是讓做生意變得更容易。」多爾西說。「我不是指支付，而是指商業往來，讓任何人都有辦法踏出第一步，然後輕輕鬆鬆經營事業和成長壯大。」這是一家為弱勢著想的商業公司。

數位市場往東往南發展

2012年11月，我花很多時間遍訪中東各地，也造訪約旦河西岸地區，發現像Square之類的科技或許能發揮最大助力。

我到希伯崙時，剛好碰到哈瑪斯—法塔聯合大遊行，幾百名男子手勾著手走在希伯崙的主要大道上，揮舞法塔旗幟和高舉哈瑪斯旗幟的男子並肩而行。巴勒斯坦兩大派系哈瑪斯（Hamas）和法塔（Fatah）長期以來的敵對關係雖告緩和，卻令人憂心巴勒斯坦的新局勢，深恐武力對抗趨勢再起。*

經濟成長有助於對抗激進主義，但巴勒斯坦儘管有巨大的發展潛力，經濟卻日益衰退，小企業尤其悽慘。

巴勒斯坦企業家最常抱怨兩件事：缺乏支付機制，以及沒有3G通訊（當時提供無線網路連結的標準）。巴勒斯坦每年都有兩千名理工科系大學生畢業，但只有三成找到相關領域的工作[12]。巴勒斯坦理工大學的一名女學生指出：「經濟必須發展得更好，我們才能過更好的生活；但我們必須有3G，經濟才能發展得更好。」她的推論是，如果沒辦法透過網路相連結，那麼他們連完成工程專案的基本條件都不具備。如此一來，很容易產生大家都不樂見的危險後果：許多年輕工程師無法學以致用。激進化、失業，加上工程技術，是很糟糕的組合。哈瑪斯培養的許多自殺炸彈客和炸彈製造者都出自這樣的背景。如果不想讓約旦河西岸地區淪為加薩走廊，最好的途徑是經濟整合和提高人民福祉。

eBay和PayPal之類的創新，對於開創第一波編碼化市場有重大影響。雖然PayPal的目標是成為全球性的支付系統，但實際上PayPal在許多國家提供的服務都很有限，或是根本沒有提供服務。PayPal引發的疑慮包括，可能造成違法融資或提供

---

* 譯註：哈瑪斯是巴勒斯坦激進組織「伊斯蘭抵抗運動」的簡稱，法塔則代表「巴勒斯坦民族解放運動」。2012年11月，以色列與巴勒斯坦激進組織哈瑪斯爆發激烈衝突，在以色列砲轟下，巴勒斯坦兩大派系展現團結。

恐怖份子籌資管道，因為電子交易比較不受傳統金融體系的約束，因此也不會遭執法單位及情報機關監控。結果，約旦河西岸、巴基斯坦、黎巴嫩、阿富汗等地都禁止PayPal提供服務[13]。

但同時，這些地區其實是最需要P2P（對等式）線上交易平台和金融支付機制的地方。金融體系落後、服務不佳的國家和地區，或許正是PayPal和eBay發揮潛能、開創新機會的舞台。

PayPal和eBay反映了美國在這波潮流中的初始表現，下一波風潮將吹向全球各地，其中總部設在中國杭州的阿里巴巴公司正引領風騷[14]。阿里巴巴目前在全球雇用兩萬六千多名員工，營運範圍遍布亞洲、非洲、歐洲、美洲及中東的48個國家。阿里巴巴的支付系統支付寶（Alipay）每分鐘進行285萬次交易，營運規模超越PayPal或Square[15]。

今日，編碼化的市場將進入全球最偏遠的地區，讓新興市場和全球經濟產生更緊密的連結。

非洲大陸的新綠洲

從1998年以來，剛果不斷陷入二次大戰以來全球最血腥的衝突。為了搶奪天然資源，加上種族分裂和軍閥的虛榮心，剛果東部發生的衝突至少造成540萬人喪命[16]。

雖然近年剛果已宣告和平，並舉行選舉，衝突依然頻仍。

目前的危機導致剛果幾乎完全崩解，經濟也遭重擊。安全防線瓦解時，國外投資人大多數逃離此地——只有啤酒商、電信公司和採礦事業留下來[17]。中央銀行功能失靈，剛果貨幣的幣值瘋狂震盪。由於缺乏資本，幣值也無法維持穩定，剛果的商業機能已崩潰，黑市盛行。剛果仍然是全球最貧窮的國家之一。剛果人口至少有75%每天只靠幾毛錢美元來餬口[18]。三分之一的剛果人是文盲，而且預期壽命只有46歲[19]。

戈馬市（Goma）位於剛果東部與盧安達接壤的邊境，是情況最惡劣的城市之一。這個地區因為戰事頻仍而殘破不堪，兩百萬人流離失所。但我們也在這個地區看到充滿希望的新經濟興起的跡象，以及編碼化市場的無窮潛力。透過行動支付技術，手機可以變成支付工具，為市井小民提供大機會。

2009年8月，我造訪戈馬市北邊的穆剛加難民營。希拉蕊國務卿之前也曾造訪此地，她請我到這裡看看，能否設法運用科技來解決當地的問題。這片臨時搭建的棚戶區收容了七萬兩千名難民，都住在用塑膠防水布和波紋鐵皮搭建的簡陋棚子裡，下面用厚重石塊穩住臨時建築。孩童赤足走在灰黑色的火山岩上[20]。

即使如此，我造訪穆剛加時，手機已非常普遍。剛果的手機普及率為44%[21]。而在穆剛加難民營，手機是經濟體系中少數還能有效運作的部分。大家不只用手機打電話，還用手機來匯款，即使沒有銀行帳戶也一樣。我造訪穆剛加時，難民營居民14%擁有手機,每部手機平均有三人使用,因此功能性普及率為42%。難民營的衛生條件和生活環境都很糟糕,居民卻能使用手機。如果不是親眼目睹,簡直難以置信。

起初我不能理解,在基本需求如此匱乏的情況下,為何還花錢買手機。難民營的一名婦女跟我解釋:「在穆剛加這樣的難民社會,許多人流離失所,唯有靠手機來追蹤家人動向。因村子遭襲而失散的母子,過去可能要花幾個月或幾年的時間才能團聚,現在卻只消幾天或幾星期就能找到彼此。他們需要出去找工作或覓食時,不管離開難民營多久都不打緊,不必再擔心會和家人失散——雖然隨著民兵來來去去,難民營也開開關關。難民可以藉由手機帳戶存下一點積蓄,這些錢安全地藏在手機密碼後面,不像現金那麼容易被偷。」

在戈馬市遍布各地的殘破建築和簡陋小屋中,手機十分盛行。沃達豐(Vodafone)和Tigo等行動電話公司用極具創意的方式四處打廣告。如果你讓他們把廣告漆在住家牆壁上,他們就替你免費油漆房子。三家主要電信公司各有不同的代表顏色,而戈馬市幾乎所有建築都漆上其中一種顏色。

戈馬市和穆剛加難民營為什麼都出現這麼多手機?

不過十年前,行動電話在非洲還十分罕見,但企業很快開始大力開發這塊處女之地[22]。2002年,非洲人只有3%使用手機,今天數字已躍升到80%以上,而且手機族成長速度勝過世界其他地區[23]。除了少數例外,非洲經濟體對支付系統沒有設下什麼法令限制，不像巴勒斯坦、巴基斯坦和其他地區那麼擔心支付系統會成為恐怖份子的籌資管道。

上述趨勢吸引了非洲和世界各地最精明的投資者和創業家，尤其是二、三十歲的年輕一代。我們這一代（我目前四十來歲）談到遠赴非洲工作時，想到的都是慈善工作或調解衝突、維護和平。但我注意到，周遭許多年輕人心目中的撒哈拉以南地區，和我們年輕時對中國和印度的印象一樣──是快速成長的新奇市場，純粹從做生意的角度來看，很值得一探究竟。

伊布拉欣（Mo Ibrahim）的經驗就給許多人莫大的鼓舞。六十九歲的伊布拉欣是蘇丹創業家，他成功把行動電話引進非洲大陸。伊布拉欣在1998年創辦Celtel公司，他領悟到非洲大陸人口高達10億，但大多數人幾乎都沒有電話，因此這裡可能是潛力無窮的電信市場。伊布拉欣剛創業時，剛果民主共和國有5500萬人口，舉國上下卻只有三千具電話。今天的剛果有兩千多萬具電話。行動通訊快速普及的原因之一是，撒哈拉沙漠以南地區的電信市場幾乎沒有什麼管制，任何人只要想投資，都會獲得許可和路權，而且也有現成的市場和顧客。

泰爾（Sheel Tyle）就是一名深受伊布拉欣啟發的年輕投資者，據他解釋：在Celtel將行動通訊引進非洲之前，「在拉哥斯城外開美容院的婦女，每個星期都得走30哩路或設法搭便車進城採購材料。現在她只需打一通電話叫貨就好……據說許多人開始搬到Celtel電信塔附近居住，就好像十九世紀許多美國人搬到鐵路補水站附近一樣。」Celtel電信塔有如沙漠中的泉源，成為新機會的綠洲，不但將非洲社區相互連結起來，同時也連結到外面更廣大的世界。

伊布拉欣雖然建立了網路，但就像十九世紀的鐵路等大眾運輸系統一樣，唯有加上其他創業家的創意和商業模式，才能充分發揮網路的潛能。非洲究竟能從中得到多大益處，端視他們能藉此產出什麼新科技與新發明，以及金融體系和治理機制如何調整適應。

肯亞的M-Pesa：匯款更便利

肯亞的M-Pesa就是運用新科技的最佳範例，讓我們見識到編碼化的金錢與市場日益龐大的力量。Pesa在史瓦希里語中是「金錢」的意思，M則代表「Mobile」（移動式的）。M-Pesa在沒有銀行的地區，讓顧客透過手機匯款和收款，在肯亞經營得非常成功。肯亞有4300萬人口，但截至2012年，已有1900萬名顧客在M-Pesa開戶，肯亞的GNP幾乎有四分之一透過這個網路流動[24]。儘管有不同的統計數字，不過據估計，肯亞農村的家戶所得因為採用M-Pesa而提升了5%到30%[25]。

雖然帶來如此巨大的影響，M-Pesa的營運方式其實很簡單。只要擁有有效的身分證或護照，任何人都可以向當地任何一家M-Pesa代理商註冊[26]。M-Pesa有數萬家代理商，分布於各地的加油站、市場或商店，非常便利。只要交出一些現金，代理商就會幫你載入新開的帳戶。想匯錢的時候，只消點選手機上的M-Pesa清單，發簡訊給收款人，並在簡訊中註明匯款數目，幾秒鐘內，錢已匯出。提款方式也同樣簡單，可以到M-Pesa代理商服務據點或到ATM提款──完全毋須親赴銀行據點[27]。過程非常安全，因為M-Pesa會核對每次交易，把錢存在奈洛比的非洲商業銀行帳戶中[28]。

除了匯款，M-Pesa的服務還包括貸款與儲蓄。Safaricom最近推出名為M-Shwari的新服務（Shwari在史瓦希里語中是「冷或冷靜」的意思），使用者能透過新服務來存錢和借錢，同時賺取利息。透過M-Shwari扮演支付系統，發薪作業也變得更便利[29]。M-Pesa還和西聯匯款公司（Western Union）合作，將45個國家納入M-Pesa網路，方便顧客進行國際匯款[30]。

國際資金流動對開發中國家特別重要，因為移居國外的工作人口需要匯很多錢回家。外匯是非洲很重要的收入來源，海外親人匯款總額近乎400億美元[31]，在某些非洲國家（例如賴索托），外匯幾乎占GDP三分之一。但傳統匯款方式很沒效率。匯錢到非洲的手續費高達12%，讓非洲家庭每年損失數十億美元。由於路途遙遠，還帶來其他問題，許多人必須長途跋涉到匯款銀行領取款項，非常不方便，回家時帶著巨額現金上路，又很容易遇到搶匪[32]。

行動匯款系統提供安全、便利和便宜的選擇。這類服務和Square、Stripe、Apple Pay一樣，努力降低支付和匯款過程中的摩擦和不便[33]。2015年，匯到撒哈拉以南地區的400億美元中，預計有超過一半金額會透過行動支付系統匯款。雖然大多數行動支付系統目前都專注於開發國內市場，像科威特的Zain Zap等公司正積極發展行動匯款服務，日後必然比傳統匯款銀行效率更高[34]。M-Pesa也急起直追：在2014年宣布新的合作計畫，未來將建立新的匯款服務，讓國外客戶可以匯款給肯亞和坦尚尼亞的手機用戶[35]。手機用戶在自己家裡就可以接收匯款，每次手續費最低只有四毛美金。相較之下，採用傳統匯款方式從美國寄錢到肯亞，手續費可能高達匯款金額的8%[36]。

從轉帳到儲蓄到匯款，M-Pesa在肯亞和其他地區提供的服務模式，已經超越上個世代的銀行服務好幾個光年。我大學暑期擔任午夜清潔工的第二年，到西維琴尼亞州颶風市的銀行工作，日復一日地打字，把數字輸入加法器。加法器會輸出一條長長的紙，顯示存入與支出數字，我們再把它塞進信封，郵寄出去。今天看來真是可笑，一個人竟然日復一日，花一整天的時間在沒有連線的電腦上核對數字。金錢變身編碼還不到一個世代，已經在世界各地徹底改變金融服務的面貌。

除了提高效率之外，金錢編碼化還帶來一個重要效應：提高信任度，減少貪腐。我還在國務院上班的時候，伊布拉欣已經把注意力從行動通訊轉到良好的治理，我在出差行程中和他結識。有一次在倫敦共進晚餐時，我和副手史考特（Ben Scott）一直向他推銷我們的想法：利用非洲的新電信基本設施，鼓勵向上的經濟流動。伊布拉欣告訴我們，科技和電信基本上都很好，但唯有改善治理才有用。的確，伊布拉欣言出必行，把錢投入他提出的方向：2005年，他把Celtel賣給一家科威特公司，把獲利拿來設立莫伊布拉欣基金會[37]。他透過基金會大筆投資於改善治理，尤其把重心放在革除貪腐。雖然伊布拉欣過去是科技創業家和電信公司主管，他卻認為非洲如果要經濟起飛，主要繫於能否改善基本治理，而不是靠電訊科技或創新。2007年，他設立了莫伊布拉欣非洲領導成就獎[38]，獎勵能大幅改善國內社會與經濟狀況的非洲傑出領導人，獎額高達500萬美元，而且得獎者終其一生，每年都可領取20萬美元。但獎項設立後，七年內只頒發了三次[39]。

不過，或許有個辦法可以讓伊布拉欣的兩大人生志業變得一致。經由我在剛果的工作，我看到數位網路及對治理的信任攜手並進。不過在戈馬市，當時的同事及好友科恩（Jared Cohen）不斷聽到剛果軍方貪污腐敗的問題。從研究中，我們了解到核心問題：士兵領不到薪水。一捆捆鈔票從剛果首都金夏沙運到978哩外的戈馬市。鈔票運抵後，將軍先拿走大部分的錢，接著上校也拿走他們的那一份，留下一點點給低階軍官。一般士兵則往往數月都領不到薪水。

於是科恩和我建立了一個行動付款系統，此後不必在全國

各地四處運送鈔票，卻落得遭將軍們竊取，政府可以直接以電
子轉帳方式，把薪水匯入士兵的手機。我們的想法是，編碼化
的金錢可以帶來編碼化的信任，降低貪官上下其手的機會。問
題不會在一夕之間消失，我們的團隊設法促使剛果國會通過法
案，讓電子轉帳合法化，但接下來將軍們又企圖賄賂基金管理
人，阻止他們建立這樣的系統。這是很重要的提醒，讓我們看
到在革除貪腐的過程中，科技只能做到什麼地步。但我在美國
國務院任職的最後一年，系統終於建立，第一批電子轉帳的薪
水順利到達士兵手上。

分享式經濟：信任也編碼化

　　數位支付崛起後，一直潛藏著信任的問題。你信任別人用
智慧型手機付錢給你，而不是直接遞給你現鈔嗎？你信任手機
螢幕上顯現的數字，一如皮夾中的鈔票嗎？或假如你是投資
人，你有辦法信任在非洲做生意的安全性嗎？為了有效運作，
將金錢、支付系統和市場編碼之前，必須先弄清楚信任要如何
編碼化。

　　從一開始，電子商務就關乎信任問題——首先必須讓使用
者信任像Amazon等線上公司會確實履行訂單，寄出他們以信
用卡購買的商品，然後從來不曾見過面、談過話的用戶也必須
彼此信任。

　　談到編碼化的信任，eBay最先帶動重大突破。商用網際網路剛誕生不久，eBay就在1995年誕生，開創以信任為基礎的線上交易市場[40]。eBay是P2P對等網路，買家和賣家直接往來，彼此交易，付錢購買商品。eBay的收入來自於每次交易抽取手續費，唯有當買家和賣家都相信會有好的結果時，交易才會成功。

　　根據eBay創辦人歐米迪亞（Pierre Omidyar）的說法，eBay用戶「學會信任完完全全的陌生人，eBay的營運有賴於促使某人和其他人交易，為了達到這個目的，他們首先必須建立某種程度的信任，不管是對其他人或對這套系統的信任。」線上信任的發展是演算法的產物。雖然用戶之間距離遙遠，卻非盲目信任彼此。恰好相反，買家和賣家必須在監督下互相評價。

　　內人經常在eBay上交易，很容易看到這套制度是多麼有效。她不會向任何獲得低評價的賣家買東西；每次成功交易後，她總是在一天內衝去郵局寄東西，好讓自己的賣家評分始終居高不下。她的交易對象遍布美國各地，她和他們素未謀面，但是卻很信任他們。這是演算法促成的信任。

　　信任與市場編碼化的下一步，是所謂的「分享式經濟」。我認為，分享式經濟是促使事事皆可成市場、人人皆可為創業家的方式。分享式經濟是綜合手機應用程式之類的科技平台、行為科學，以及手機訂位數據後創造的P2P交易市場。這類市場把原本未充分利用的資產（例如閒置的公寓、車子裡的空位，或是當數學家教的才能）與尋求特定服務的人連結起來。

最有名的例子就是Airbnb。每次我和Airbnb創辦人兼執行長切斯基（Brian Chesky）談話時，他都一再告訴我當初創業的故事。2007年秋天，住在舊金山的切斯基和好友蓋比亞（Joe Gebbia）正逢失業，付不出房租。當時舊金山即將舉行一場研討會，所有旅館房間都被搶訂一空，所以他們決定善用三張無人使用的氣墊和自己的烹飪技術，做起提供住宿兼早餐的生意。他們推銷時自稱是「氣墊床加早餐」（Airbed and Breakfast）。這門生意幫助他們付清房租，Airbnb的創業構想也於焉誕生：將未充分使用的住處和努力尋找便宜住房的人連結起來。

快轉到今天：Airbnb雖然不曾擁有任何旅館房間，卻已是全球最大的旅館連鎖系統，8萬個房源遍布34,000個城市，接待過2000萬名旅客住宿[41]。今天Airbnb身價高達200億美元，是凱悅飯店的兩倍多，過去連房租都付不出來的切斯基也搖身成為億萬富豪[42]。

切斯基總愛在創業故事尾巴下個結論：「這就好像每家的廚房餐桌都是聯合國一樣！[43]」Airbnb把全球各地的人們串連在一起的想法雖然很可愛，卻掩蓋了經濟上的現實狀況。Airbnb成功把eBay「透過演算法和評價系統取得信任」的模式套用在臨時住宿服務上，並打造出一門大生意。

　　只是在分享式經濟裡，沒有人真的分享任何東西。你可以稱之為分享式經濟，但千萬別忘了你的信用卡。根據最新統計[44]，全球分享式經濟的規模為260億美元，而且成長快速。根據某些機構的預測，在2025年之前，全球分享式經濟的規模可能成長二十餘倍。但切斯特的故事開始令人覺得發膩，部分原因是現在大家住的是城堡，而不是租用別人家客廳的沙發。我最近一次查看Airbnb網站時，發現上面登錄了六百多個古堡，每晚住宿費通常都將近1萬美元。這樣做沒什麼不對，只是Airbnb創業故事背後的科技烏托邦早已不敵經濟現實。在某些情況下，分享式經濟把偶一為之的小惠變成金錢交易，幾乎不能算是「分享」。在大多數情形下，分享式經濟是在商言商。切斯特和蓋比亞並沒有和別人分享他們的氣墊床，而是把床墊出租。背後的意識形態無關乎分享或在早餐桌旁創造社群連結，而關乎新自由主義的經濟理論，鼓勵商品和服務在沒有政府管制的市場上自由流通。

　　還有一家認為分享式經濟和分享毫無關係的公司是優步（Uber）。卡拉尼克（Travis Kalanick）和坎普（Garrett Camp）在2009年以舊金山為總部，創立優步公司[45]。2015年6月，優步在58個國家的250餘座城市提供交通及運籌服務。優步的第一個宣傳口號是：「每個人的私人司機。」[46]但隨著公司愈來愈大，公司口號改成：「生活方式與運籌服務的交會。」

　　優步不僅僅是夜晚回家的交通工具，還帶來更大的衝擊，對於全球交通與運籌的營運模式有深遠影響。今天，優步因為提供和計程車同等的服務而聞名於世。但如果你有機會聆聽優步高階主管及董事的討論內容，就會知道他們的願景是主導都市運籌服務。汽車載客只是起步，優步正在發展汽車共乘模式[47]，希望讓倫敦市區減少一百萬輛汽車，同時創造十萬個就業機會。即使只達成部分目標，仍然有助於減少碳排放和促進就業。

除此之外，可以預期優步也不會放過當日及次日交件的龐大快遞生意。我可以想像想寄包裹時，我只消開啟手機上的優步應用程式，手機程式就會自動標示我的地理定位。我只要按下「立即取件」的按鈕，輸入送件地址，把包裹交給來取件的司機，就可以把事情拋到腦後，他們會直接從我的信用卡帳戶扣款。我可以查看送貨司機的評價，確定他安全可靠，還可以選擇要多快把包裹送到，立即送到的急件需加付一點額外費用。等對方收到包裹，我和收件人都可以替送貨員打分數。如果有朝一日，優步接手快遞披薩和送花的服務，並和藥廠簽約，負責快遞藥物給在家療養的病人，我一點都不會感到訝異。

成立七年的優步公司，在最近一波融資中身價估計為500億美元，是租車公司赫茲（Hertz）和安維斯（Avis）身價加總後的兩倍多。優步的知名投資者包括谷歌創投公司（Google Ventures）和亞馬遜網站創辦人貝佐斯（Jeff Bezos）[48]。

市場更分散，也更集中

像 eBay 和 Airbnb 之類的編碼化市場一方面讓市場更集中，另一方面也分散市場。由於賣家即使規模再小，都能在編碼化市場上交易，經濟交易將愈來愈偏離實體商店或旅館，無論是因地緣之便或靠網路連結，個人與個人的交易成為新趨勢，市場也日益分散。但另一方面，正因為市場分散，促使個人開始透過總部設於美國加州或中國的少數科技平台進行交易，市場又因此集中起來。

宋赫斯特（Charlie Songhurst）是當今橫跨科技、社會和全球經濟領域最有創意的思想家之一，他讓我明白編碼化市場的威力有多大。宋赫斯特還是麥肯錫公司（McKinsey）的年輕分析師時，就了解贏家全拿是線上搜尋領域的典型動態，因此他很早就押寶谷歌。後來他轉換跑道，到微軟主持公司策略部門。如今三十五歲的宋赫斯特忙著管理自己的系列基金。至於生活方式，宋赫斯特沒有自己的車子或房子，也不雇用任何員工，手邊只有幾個裝著個人衣物的行李箱。他仰賴優步和 Airbnb，穿梭世界各地。他的生活就是分享式經濟的一部分。

難怪當全世界都只注意到分享式經濟造成的在地效應時，唯有宋赫斯特指出分享式經濟可能帶來的強大全球衝擊：「在優步誕生之前，不管在義大利的米蘭或法國的里昂，都有兩、三家相互競爭的小型計程車公司。公司老闆的身價大約為一、兩百萬美元，在當地算是有錢人，歐洲每個城市情形都差不多，但如今這些公司都不復存在了，而且全球各地都發生相同的情況。你仍然找得到司機，不過這是最不需要技能的工作。其他的錢都跑到矽谷的優步股東手中。所以義大利GDP也有一大塊流入矽谷人士手中。有了這些平台，矽谷變得有如古羅馬，各地都來朝貢，因為矽谷擁有這些平台事業。義大利人過去都在當地報紙刊登分類廣告，如今廣告統統跑到谷歌那兒去了。Pinterest基本上會取代雜誌銷售。如今優步又主導交通運輸市場。」

他在Airbnb也看到相同趨勢（Airbnb幾乎是宋赫斯特永遠的房東），因為Airbnb「將取代許多精品飯店和自炊式住宿設施」。宋赫斯特觀察到，整體而言，隨著分享平台日益擴大，「價值會流向能產出技術平台的地方，所以全球區域差異將是過去前所未見。」

這股趨勢是一大警訊，而且從某個角度來看，宋赫斯特說得很對。地方中心流失的價值正逐漸流向矽谷。不過有幾個新要素減緩了價值流失。首先幾乎不可避免的是：矽谷大型科技平台多半會上市，因此所有權會比在地計程車公司更加分散，而且受惠於這類早期投資的，多半是投資大型創投公司和私募股權基金的退休基金，而這類基金主要為教師、警官、公務員等工作階級管理退休金，雖然這個事實仍無法完全抵銷流失的價值，也無法消除其中蘊含的諷刺：為優步開車的人根本沒有退休金可領，但面對宋赫斯特的預測，這仍是值得注意的趨勢。同樣重要的是，每當 Airbnb 之類的平台成為選項時，在地的集散中心也能創造新價值。

比切斯特的「每家的廚房餐桌都是聯合國」更有說服力的是，某些關於經濟衝擊的研究指出：分享式經濟的平台大半靠中產階級和勞動階級而壯大。在許多案例中，這類平台銷售原本未充分利用的潛在商品或服務，而且也將經濟活動延伸到不同的社群。以紐約市為例，由於在 Airbnb 註冊的司機有82%在曼哈頓中城以外的地區活動，可以為布魯克林區的貝德福德—史岱文森，以及皇后區的亞斯多利亞等外區挹注觀光收入。就住宿而言，由於供應量增加，Airbnb 讓原本稀少的資源變得更充裕，價錢也更合理。旅館價格因此降低，價值轉移到有空房出租的人，同時也創造新的價值。雖然 Airbnb 如今出租城堡，住宿客包括宋赫斯特之類的有錢人，但數據也顯示，過去沒有能力四處旅行的人，如今因為 Airbnb 而得以成行，而且許多人因此可以延長度假天數。一般觀光客平均在旅館住宿三晚，但使用 Airbnb 的旅客平均住宿五晚[49]。

最後，Airbnb 讓數十萬家庭有機會賺外快。難怪分享式經濟會在經濟危機中快速起飛，當時無論在歐洲或美國，大家都很需要賺取額外收入[50]。Airbnb 的房東半數是中低收入階層。柏林的5,600名 Airbnb 房東，把48%的收入都用來支付房租等基本生活開銷。由於金融危機期間，許多家庭都面臨房租上漲和房子遭法拍的雙重挑戰[51]，47%的Airbnb房東表示，藉由出租空房，他們得以繼續待在原本的家。

難怪這些平台的創辦人大都屬於千禧世代。和我同齡或比我年長的人，很難想像自己利用手機app訂房，以便在素未謀面的陌生人家中住宿一晚。但對千禧世代而言，用手機app處理住宿、人力和旅行問題，是很自然的事。他們也相信，分享式經濟目前才剛萌芽而已。

優步和Airbnb鼓舞了眾多仿效者，分享式經濟在住宿和交通之外的領域也快速成長。許多人創立公司，銷售（而非分享）潛在商品和服務，從家常料理和寵物日托到數學家教無所不包。

接下來，我認為分享式經濟幾乎不可避免地會納入更專業的人力。eBay剛成立的頭幾年，把用戶變成零售商，網站上充斥著各種便宜的小玩意，基本上就好像把自家車庫前的舊貨拍賣搬到網路上。但時至今日，你可以在eBay買到法拉利（Ferrari）的任何車款，是你在任何人的車庫中找得到的最珍貴拍賣品[52]。分享式經濟始於在別人客廳沙發借宿和搭便車。我預測隨著分享式經濟日益成長，你將可以在網路上的P2P市集找到你需要的任何人力，從頂尖工程師到清潔工，都在線上銷售自己的服務，獵才公司和臨時工作介紹所將逐漸淘汰出局。eBay網站如今已出現像法拉利跑車這樣的貴重物品，我相信未來分享式經濟將包含更稀有而昂貴的品項，例如代理孕母，而且所有賣出的商品和服務都透過用戶評價系統，建立起以演算法為基礎的信任度。

接案工作的機會大增其實有得有失。一方面，工作者可擁有更多獨立性和彈性；但另一方面，卻無法享受到一般員工的工作權益和保障。沒那麼重視工作上的權益福利，也不在意常換工作的年輕工作人口，通常比較偏好這種方式。

倘若打零工的人能提供業界迫切需要的寶貴工程技術，或許還可以，但如果清潔工也被迫捨棄固定雇主和職場福利（例如薪酬和醫療保險等），在分享式經濟平台的仲介下，銷售自己的服務，那麼幸福感必然降低。這樣一來，清潔工可能需要在Airbnb網站出租家中空房，才能餬口。這筆收入不是外快，而是救命錢。人到中年，開始養兒育女後，需要的福利會日益增多。如果愈來愈多勞動力都變成分享式經濟中的臨時工，無法享受員工福利，則將嚴重衝擊勞工階級，把他們推入社會安全網計畫。無論分享式經濟的效率有多高，當勞工步入老年，或生病受傷時，政府就得扛起更多責任，必須仰賴稅收支撐的政府福利計畫來保護勞工，而不再僅是雇主的責任。

當經濟出現上述種種變化時，根植於編碼化市場和演算法的新模式也隨之興起，取代了過去由政府建立的傳統模式。消費者對商品的信任衍生自電子平台上的用戶評價，而不是依靠政府提供消費者保護。信任日益編碼化，國家不再扮演管制者的角色。

隨著分享式經濟在整體經濟中逐漸占有一席之地，我們需要搭起更大的社會安全網。為了讓管制鬆散的勞動市場得以順利運作，同時為平台擁有者創造龐大財富，這是必要的成本，而且平台擁有者應該幫忙負擔這筆額外的社會成本。

比特幣和區塊鏈：數位貨幣的案例研究

最能說明國家主權的莫過於貨幣。我們把總統、帝王、首相的圖像印在鈔票上。貨幣基本上和我們對國家經濟、國家權力、甚至國家認同的概念有關。

我們有沒有可能打破貨幣與民族國家的傳統連結？數位科技有辦法取代銀行或國家，成為信任的仲裁，創造全球商務的新形式嗎？

隨著金錢編碼化趨勢愈演愈烈，在2008至2009年金融危機中推出的新式跨國貨幣——比特幣（bitcoin），為貨幣的未來提供了很好的案例研究。比特幣是一種「數位貨幣」，以編碼方式儲存，並在網路上交易。比特幣也是一種「加密貨幣」，這個名詞通常可和「數位貨幣」互換，意思是這種貨幣採取加密方式保護。

比特幣是世界上第一個廣泛使用的加密貨幣。雖然目前有數十種加密貨幣，但比特幣的數量最龐大、也最有影響力。乍看之下，比特幣提供了毋須實際互動、即可在線上購物的支付方式,和PayPal似乎有點像。2014年耶誕季節,有21,000個商家接受比特幣,其中也包括像維多利亞的祕密、亞馬遜網路書店、eBay、Kmart等家喻戶曉的品牌[53]。乍看之下,比特幣的價值會上下大幅震盪,具有投機資產的特性,似乎也可成為投資標的。但比特幣還有很多面向。

今天的世界大體上仍由國家經濟和政府所主導,而比特幣可說展現了數位貨幣在其間的種種矛盾和可能性。比特幣源於一些極端不信任政府、傳統金融機構和「法定貨幣」(透過政府法令規範金錢的價值)的意識形態社群。比特幣網路以線上貨幣為中心發展出新的社群,試圖規避現行機構的管制。

法定貨幣基本上仰賴信任來運行,人們必須共同認定這種貨幣具有價值。比特幣之所以誕生,一方面是金融危機期間,人們對傳統金融體系逐漸失去信任;另一方面則拜科技進步之賜,今天已可開發出值得信任的線上貨幣兌換機制。

2008年10月31日,化名「中本聰」(Satoshi Nakamoto)、不願透露真實身分的神祕作者,在網路上發表了一篇研究論文:〈比特幣:P2P電子現金系統〉(Bitcoin: A Peer-to-Peer Electronic Cash System)[54],呼籲建立全球「第一個去中心化的數位貨幣」[55]。中本聰譴責以國家為基礎的貨幣:

傳統貨幣的根本問題在於,要有效推行,必須有極高的信任度。大家必須信任中央銀行不會讓貨幣貶值,但從法定貨幣的歷史中，可以看到許多違背民眾信任的例子。
我們也必須信任銀行，才把錢交付託管，以及進行電子轉
帳[56]。但銀行把錢借貸出去，經過一波波信用泡沫，幾乎
所剩無幾。

比特幣代表在金融體系中重建信任的新嘗試。在舊模式
中，傳統金融機構扮演信任的媒介，保護各方不受詐騙。發明
比特幣的社群不信任舊秩序，試圖憑藉演算法和密碼學，自己
建立以信任為基礎的金融系統。

網際網路上，幾乎無處不會被駭，所以數位貨幣的根本困
難，在於必須讓新發明不會遭到竊取或仿造。eBay 首先有了
突破，在普遍未受到信任的網路環境中，找出建立信任的新模
式。但是對於需要簽約和進行國際支付的高額交易，取消中間
人的數位交易方式就遇到瓶頸了，因為這類交易必須仰賴高度
信任。我們之所以寧可仰賴銀行和法律公司扮演中間人，也
正是囿於信任問題。比特幣的大膽目標是：不只扮演貨幣的角
色，而且要為可信賴的線上交易開創出前所未有的空間。

比特幣比較像一種公共分類帳系統，而不是實體貨幣。如
果我挖礦或購買比特幣，我不會收到實際的錢幣或代幣，而是
在帳本中取得一個位置。每個位置都有一個公共位址（一長串
數字和字母，說明我的位置在帳本何處），能用來傳送和接收
比特幣。系統透過加密後的「私鑰」來驗證我的所有權——我

在帳本上的帳戶。私鑰就是家父（他是一名房地產律師）稱之為「不記名票據」之類的東西——毋須附上任何人的身分，就能建立財產所有權。如此一來，比特幣就和PayPal大不相同，PayPal需透過電子郵件或銀行帳號來辨識個人身分。比特幣錢包和我們存放現金的錢包不同，比特幣錢包中不會真的放一堆比特幣，而是儲存比特幣的私鑰。如果想使用比特幣來交易，我只需要知道我的比特幣公共位址，以及支付對象的公共位址，然後登入我的電子錢包私鑰，以驗證我的比特幣所有權。由於私鑰經過加密，任何人如果沒有我的私鑰，就無法使用我的比特幣存款，因此保持私鑰的隱密性就非常重要（通常都離線儲存）。

　　但是這一切要如何在數位化的環境中順利運作呢？如何防止有人像複製其他電腦檔案一樣，複製比特幣呢？或依照既有的比特幣模式，設法偽造新的比特幣；或在任何人發現之前，利用兩種不同的裝置，在同一時間重複花費相同的比特幣呢？我賣東西給顧客時，怎麼知道他真的擁有他所宣稱的比特幣？全球最厲害的駭客難道不能駭進這套系統，讓系統門戶洞開嗎？

　　名為「區塊鏈」（blockchain）的加密新發明，就是比特幣系統解決上述問題的方案，也是比特幣建立數位信任的聰明突破。區塊鏈的核心是登記所有交易的大帳本。從第一筆比特幣支付開始，每一筆交易都會以匿名或化名形式登錄在區塊鏈。

區塊鏈具有公共性，因此資料不是儲存在一個中央位置，而會分散到各個比特幣用戶。由於具有公共的特性，區塊鏈大大降低了詐欺的可能性，因為你不可能在眾目睽睽下偽造資產。也因為每個比特幣都有自己的歷史紀錄，詐欺者更加無計可施，因為要偽造比特幣，就必須仿造每個比特幣從誕生以來的譜系。偽幣絕不可能被系統接受，因為在遍布比特幣網路的其他數百萬份帳本上，都找不到關於這枚偽幣的任何紀錄，也看不到捏造出來的歷史脈絡。

分散各處的帳本，讓每個人都曉得什麼東西在誰那裡，同時也防止任何人利用仿冒品侵入。中本聰克服了過去所有加密貨幣無法解決的頭痛問題：如何更新去中心化的帳本。如何確定遍布比特幣網路的幾百萬份主帳本內容完全一樣——同樣正確，全都更新到最新狀況，沒有任何人作假？

這個問題的答案就是區塊鏈名稱的由來，也說明為何我們確實可能建立起去中心化的數位信任。比特幣的軟體在設計時就確保帳目定期更新，上次帳目更新後，通過私鑰驗證、在網路上進行的每筆交易都會登錄入帳，並混成大區塊，加入分類帳（這些區塊加總在一起就形成鏈，這就是區塊鏈的名稱由來）。中本聰想出一個聰明辦法，不需要中央控管或仰賴中央計時器，帳目就會定期更新。為了把區塊納入鏈中，網路上的電腦必須先解開複雜、隨機而耗時的演算法。一旦解開演算法，找到解方的電腦就會把解方連同應納入鏈的最新交易區塊傳送到網路上。由於演算法雖不易破解，卻容易查核，因此可以提供可靠的訊號，告知整個網路何時該更新資料。也正因演算法的隨機性，網路中每一部電腦都有機會解開演算法，如此一來，就可防止任何一部威力強大的電腦取得中央控制權。演算法提供的些微緩衝時間，也可防止用戶重複使用比特幣，因為任何用戶企圖這樣做時，網路都有時間制止。

整體而言，透過中本聰發明的區塊鏈，比特幣系統得以在準確可靠、定期更新的公共分類帳上營運。帳上交易都經過驗證，無需仰賴任何中央機構或中間人維持秩序，這是用編碼打造的信任網路。

由於比特幣系統乃透過去中心化的P2P數位網路來運作，沒有中央銀行扮演增加貨幣供給的角色，需仰賴網路上的電腦不斷「挖礦」，來增加新的數位貨幣。挖礦的數據和用來在鏈中找到下一個區塊的資料打包在一起，也就是說，每當電腦解開演算法，創造新的區塊時，就會獲得新開發的比特幣作為獎勵。比特幣系統透過挖礦，一方面管制貨幣供給，同時也提供誘因，鼓勵大家解開和驗證演算法，不斷更新區塊鏈。解開演算法平均要花十分鐘的時間，由於演算法十分複雜，因此比特幣挖礦過程繁複費力，系統藉此控制新比特幣能穩定產出，同時也防止有人以不正當手段操弄交易。

和國家貨幣不同的是，比特幣有一定的數量。比特幣數量乃依數學方程式決定的速度穩定增加，而且演算法會變得愈來愈複雜，因此透過解方程式產出的比特幣數量也會愈來愈少，目標是在2140年之前靠挖礦產出兩千一百萬個比特幣[57]。到了那時候，就不再增加新的比特幣，唯有靠已在市場上流通的比特幣進行交易[58]。

比特幣迷人之處

無論是對區塊鏈基礎架構的管控，或透過挖礦來增加比特幣供給的做法，都完全去中心化，沒有任何國家或中央銀行牽涉在內。對於當初幕後催生及最早使用比特幣的解密高手和自由意志論者而言，這正是比特幣迷人之處。

但有些人既不關心意識形態，也不那麼在意隱密性和去中心化，只注重商業用途，他們何以對比特幣感興趣？結果，比特幣能帶來的效益可能大得驚人。儘管許多和比特幣相連的輔助架構都曾遭駭客入侵，區塊鏈技術本身卻從未被破壞。如果能結合周邊架構，區塊鏈技術或許能讓日常交易（例如線上購物）變得更加可靠，也讓詐欺者更加無機可乘。今天，防範詐騙已是金融系統中不可或缺的部分，我們也早已接受這種情況，視之為做生意必須付出的成本。但在嚴謹的比特幣系統中，除非某人的私鑰被偷，否則不可能發生詐騙，而且即使私鑰失竊，也很容易找到竊賊，因此會大幅降低詐騙的可能性。區塊鏈模式為高額交易進行信任編碼，可以去除中間人角色和交易時的摩擦，創造消費者剩餘；也能在全球舞台上，協助前沿國家進入經濟主流。

安德森（Marc Andreessen）以創投家的身分表示，還有廣大的空間待比特幣來填滿：「全世界只有20個國家擁有可以稱之為完全現代化的銀行和支付系統，其他約175個國家都還有一段長路要走。結果，西方視為理所當然的商品和服務，還有許多國家和許多人被排除在外，無法享用。即使完全虛擬化的服務Netflix，都只在四十餘國看得到。比特幣是每個人無論何時何地都能使用的全球支付系統[59]，或許可扮演有力的催化劑，把現代經濟系統的種種好處普及於地球上每個人。」

宋赫斯特宣稱：「政府貨幣制度之所以具有優勢，最終是因為該國的法治發揮功效。政府素質不佳的國家，貨幣制度的品質也必然不佳，正是比特幣最可能盛行的國家。在美國、歐洲和日本，法定貨幣可以穩定保值，替代性的分類帳系統就沒什麼價值。但在阿根廷、伊拉克、委內瑞拉等國家，則完全不同。在這些國家，比特幣的角色會變得有如黑市美元（比正式貨幣還管用）。然而和黑市貨幣不同的是，比特幣還可以跨國使用——你可以跨越國界，用電子郵件把比特幣寄給自己；但如果你攜帶美元，在邊界就會被沒收。」宋赫斯特也看到最後可能出現的遠景：「所有的貨幣都將數位化，經過競爭後，缺乏效能的政府推出的貨幣將被淘汰出局。透過網路交易，充分發揮聯合的效益和全球化的力量，最後只剩下六種數位貨幣：

美元、歐元、日圓、英鎊、人民幣，以及比特幣。」

　　還有一些有趣的例子，讓我們看到區塊鏈技術如何提升效率，增進消費者剩餘。安德森的合夥人狄克森（Chris Dixon）談到區塊鏈不收取費用時說：「假設你在網路上銷售電子產品。這些行業的獲利率通常不到5%，換句話說，一般收取的2.5%支付費（payment fee），就會吃掉你半數利潤。原本這些錢可以拿來重新投資，回饋消費者，或繳稅給政府。在所有這些選擇中，把2.5%交給銀行，讓他們把位元在網路上移來移去，是最糟糕的選擇。商家在支付時碰到的另外一個挑戰是，是否接受國際匯款。如果你一直納悶，你最喜歡的產品或服務為何遲遲沒有在你的國家上市，答案往往和支付問題有關[60]。」

　　安德森也看到比特幣在「微支付」（或稱「小額支付」）上的特殊用途。這對諸如報業等內容供應商而言，是件好事，他們正因訂戶和廣告量減少而備受打擊。安德森表示：「報紙等媒體之所以拚命想為內容收費，是因為他們要不就全部收費（所有內容都向訂戶收費），要不就乾脆完全免費（結果就是網頁上到處可見那些可怕的廣告標語）。有了比特幣，突然之間，有一種既經濟又可行的方式，能夠根據讀者閱讀的篇章、時數、觀賞的影片數量、查詢的檔案或新聞提示，來收取小額費用。」

　　甚至可以利用比特幣微支付機制來對抗垃圾信件。倘若寄一封電子郵件會耗費0.0001比特幣的成本，一般用戶根本覺得無關痛癢。但如果寄發幾百萬封垃圾郵件，要求緊急旅遊協助或通知幸運中獎，在經濟上可能就不太划算了。這可能是迄今為比特幣辯護的最有利論點。

其他比特幣愛好者也各有各的古怪理由。我曾問安霍創投公司（Andreessen Horowitz）另一位合夥人盧瓦克（Todd Lutwak），他和安霍創投的其他同事為何這麼熱心為比特幣搖旗吶喊。他回答：「因為信用卡被拒！」他掏出手機，給我看十來封花旗銀行過去幾年傳給他的訊息，警告他信用卡已被拒刷。

「當時我正和谷歌的主管一起在酒鄉買酒，真是太尷尬了！」他給我看這些訊息時，顯然氣壞了。

「我是eBay的副總裁，我經營的事業創造10億美元的營收，我的信用卡卻不斷被拒刷。」他說。這是很特殊的抱怨，但其中有很多可能性。盧瓦克認為，傳統支付系統的詐騙偵測裝置簡直糟透了，在偵測國際交易時，表現尤其糟糕。傳統詐騙偵測裝置扼殺了數十億美元的生意，比特幣能將這類遭拒的交易降為零次。

我可以理解盧瓦克為何感到尷尬，也看到目前的支付模式有許多缺乏效率之處。大力支持比特幣的人士都懷抱遠大的夢想，但必須等到比特幣的電子錢包、交易方式和支付機制都大幅改進後，才足以回應矽谷人士的熱情支持。雖然比特幣區塊鏈從來不曾遭駭，但幾乎區塊鏈周遭的輔助系統都曾被駭，這也是比特幣會引起這麼多爭議和混亂的原因。

我被駭了！

　　許多大學生想像的職業生涯，就是像賽登伯格（Douglas Saidenberg）那樣。賽登伯格在私募股權基金公司里茲投資（Leeds Equity）擔任金融分析師，辦公室位於紐約市曼哈頓的公園大道和第52街，新納入管理的基金金額超過5億美元。賽登伯格擁有金融碩士文憑，由於長了一張娃娃臉，加上紅色的卷髮，二十九歲的賽登伯格看起來似乎才十九歲。他在里茲的職責包括研究新的投資標的，並監督投資組合中既有基金的表現。

　　當他的朋友和媒體都在談論比特幣時，賽登伯格覺得該是投入的時候了。他是個用功的金融分析師，所以在實際下手購買之前，先花一個月時間研究如何購買和儲存比特幣。他在一個叫BitFloor的比特幣交易平台開戶，然後將幾千美元的現金存入帳戶。接著他又在線上賭博網站Seals with Clubs贏了值幾千美元的比特幣。後來，他把現金和比特幣從BitFloor轉移到規模更大、名聲更好的交易平台Mt.Gox。這回他時機抓得很對。兩天後，BitFloor就在2013年4月17日關閉[61]。賽登伯格此時信心滿滿（也覺得自己很幸運），所以他又買了一批比特幣，於是他的帳戶中除了現金，還有67.3個比特幣。

　　5月7日清晨三點鐘，賽登伯格因為睡不著，拿起床邊的手機，查看電子郵件。他注意到Mt. Gox發了幾封電郵給他，內容是關於剛剛進行的幾樁交易細節。賽登伯格的腎上腺素立刻激增，他連忙起身查看電腦，發現他在Mt.Gox網站的用戶名稱和密碼都遭竄改，帳戶中的現金被換成比特幣，而且已經連同其他比特幣一起被轉到其他帳戶。他登入 Seals with Clubs 網站時，會採取雙重認證（除了用戶名稱和密碼之外，還需提供傳送到手機的驗證碼），因為他覺得Seals with Clubs網站似乎不太牢靠。但他從沒想過在Mt. Gox網站上也要這麼做，因為Mt. Gox規模很大，而且看起來很安全。

清晨三點十五分，賽登伯格發了一連串電子郵件給Mt. Gox，寫道：

> 你好：這兩個提款要求都不是從我這裡發出去的！而且我剛剛存進去的款項都被偷了！能不能退款給我？怎麼會發生這種事？？？

三小時又十八分鐘後，終於收到回應：

您好！

> 很抱歉造成您的不便，同時也為遲來的回應向您致歉，知道您的不幸遭遇，我們深感遺憾，也理解您很難面對這樣的情況。不幸的是，正如我們先前所說，比特幣轉帳無法取消，也不能退款，所以非常抱歉，我們無法退回您要求的比特幣。您付出的手續費乃是為了支付我們所提

供的交易服務。不過我們正努力開發新的安全措施，協助客戶避免這類損失。

我們發現提領手續已完成。我們無法追蹤或阻止提款程序，請參考下列網站資訊。

http://blockchain.Info/address/1NRg1LwyyPGA67Sqwc PkRm1e9v2mi5x2rF

請務必立刻修改密碼，不要重覆使用您在其他服務用過的用戶名稱和密碼，確定您的電子郵件帳號為安全的帳號，同時為您在安全中心的帳戶增加軟體或yubikey雙重驗證。

請向警方報案，而且請他們與我們連繫，我們樂於提供警方調查所需文件。如造成您任何不便，我們感到非常抱歉。

另外要提供您參考的是，我們已將您的帳戶餘額更新為0，如果您需要修改提領限制，請和我們聯繫，我們將提供進一步協助。

感謝您！

MtGox.com 團隊

這時候，賽登伯格早已暈頭轉向，不知所措。最初只投資幾千美元，還沒什麼大不了的。但他繼續買更多比特幣，後來比特幣的價格一飛沖天。對二十九歲的年輕人而言（即使是在私募股權基金公司上班的年輕人），如果沒辦法把他的現金和比特幣要回來，他會非常心痛。

沒多久，賽登伯格就知道自己運氣用完了。「我該怎麼辦？」他說。「難道我去警察局，走到桌前跟警察說：『嘿，有一種叫加密貨幣的東西，就是一種虛擬貨幣，不知名的駭客把它從我的帳戶偷走了！』」他很清楚，當地警察甚至不曉得要從何查起。他向美國聯邦調查局的網路犯罪科報案，但沒有獲得任何回應。同時，比特幣的價值持續上升，賽登伯格的損失金額超過7萬美元。他真是運氣不佳。

不久之後，就出現許多和他一樣不幸的同伴。2014年2月，駭客從Mt. Gox交易平台偷走85萬比特幣，價值近5億美元[62]。Mt. Gox執行長卡普勒斯（Mark Karpeles）聲稱駭客利用Mt. Gox系統軟體的漏洞，產生所謂的「交易延展性」（transaction malleability）。由於這個漏洞，在比特幣網路的電腦解開演算法並確認交易之前，駭客可以有短暫時間修改任何交易的ID[63]。從此他們就修正了這個軟體漏洞。

當時究竟發生什麼事，以及有誰從中得利，迄今仍不明朗。瑞士聯邦理工學院（Swiss Federal Institute of Technology）的研究人員一直在追蹤比特幣系統發生交易延展性的情況，他們找到302,000個案例，但大多數都在Mt. Gox團隊2月10日發布新聞稿之後才發生。很可能只是一些仿效者從第一次駭客入侵中撈點油水。在2013年1月到2月發布新聞稿期間，駭客只試圖竊取了1,811個比特幣，其中有25%的時候順利得手。在所有遭竊的85萬個比特幣中，只占了386個[64]。有一份Mt. Gox外洩的文件透露更多證據：原來由於駭客入侵，Mt. Gox其實已虧損多年[65]。究竟Mt. Gox本身是否也牽涉在內，還是純粹因管理太差而受害，情況還不明朗。儘管如此，Mt. Gox仍被迫關閉。

Mt. Gox的故事告訴我們，比特幣真正的安全威脅不在於區塊鏈，而是周遭的基礎架構。在我們這個圈子裡，許多人提及比特幣時，都會聯想到駭客入侵。捍衛比特幣的人口口聲聲說，比特幣區塊鏈從來不曾曝危，雖然就技術而言沒錯，但是當你用來購買、儲存比特幣和轉帳的系統遭受威脅時，這樣區分根本毫無意義。儘管區塊鏈技術有很多優點，仍然需要在比特幣生態系統中包含交易平台、支付系統和訂價指標等機制，才能運作順暢，創造出進行交易所需的高信任度。

備受尊崇的矽谷投資人的態度是，這些早期的比特幣生態系公司紛紛崩盤，未必不是好事。他們表示，為了比特幣的長遠發展著想，必須讓這些公司垮台。

有的人正嘗試用新方法來確保比特幣的安全。一位荷蘭的比特幣迷在自己頭上植入晶片，把他的比特幣加密私鑰藏在裡面[66]。套用矽谷的說法，我不認為這種方法是具擴展性的解決方案，雖然他的做法凸顯了加密的必要性，讓比特幣持有者了解必須確保私鑰的隱密性。

幸運的是，對比特幣持有者而言，其他解決方案也正在開發中。矽谷的金頭腦和大好人霍夫曼（Reid Hoffman）是LinkedIn創辦人，也是創投公司Greylock Partners合夥人。他告訴我，他們投資的Xapo公司正設法因應安全問題。假如系統的弱點在於，駭客有辦法取得私鑰和密碼，因此可以假冒比特幣持有人，把比特幣從合法持有者的帳戶轉出去，Xapo推論，那麼解決辦法就是讓他們無法取得私鑰和密碼。Xapo在保存私鑰和密碼等機密資訊的世界，打造地下金庫網路，把資訊儲存於永遠不和外界網路（包括網際網路）接觸的伺服器中。伺服器靠生物辨識技術和持槍的警衛保護[67]。有些事情永遠不會改變。

其他與比特幣相關的安全顧慮，牽涉到比特幣在網路暗黑世界的應用——Silk Road和Atlantis等網站用比特幣來促進非法活動，包括賣淫、運毒、銷售非法武器。過去還沒什麼人注意到比特幣時，這些暗黑網站曾盛極一時，但執法單位已經完全穿透這個世界，而且透過比特幣，他們的工作變得更容易。雖然區塊鏈透過加密來保護個人身分的隱密性，但為了進入區塊鏈，用戶必須留下數位足跡，也就讓執法者有跡可循。

當權派眼中的比特幣

比特幣最初乃結合矽谷的力量，一起對抗政府、華爾街和頂尖經濟學家中的當權派。然而，如今同一批當權派視區塊鏈技術為許多高成本交易的技術解決方案。無論左派或右派經濟學家、投資銀行家或政府官員，過去都曾質疑比特幣的價值和合法性。在右翼人士中，前美國聯準會主席葛林斯潘（Alan Greenspan）斥之為泡沫[68]，指出比特幣「必須具備內在價值」。他接著說：「你必須真的發揮想像力，推敲比特幣的內在價值到底是什麼。我目前還沒找到。」

左翼學者中，普林斯頓大學經濟學家暨《紐約時報》專欄作家克魯曼（Paul Krugman）提及他對比特幣的看法時，更加不留情面。從他為有關比特幣的專欄文章下的標題，就大致明白他的看法，文章標題包括：「比特幣很邪惡」、「位元與野蠻」、「亞當史密斯痛恨比特幣」，以及「反社會網路」[69]。克魯曼指出，比特幣的崛起，顯示我們已進入「貨幣倒退」的狀態[70]。他描述，比特幣的經濟原理違反史密斯和凱因斯的經濟理論，讓我們退回以貴重金屬為主要保值工具的中古時代。

著名經濟學家魯比尼（Nouriel Roubini）發了一連串推文，攻擊視比特幣為貨幣的觀念[71]。魯比尼在推文中表示：「除了會成為犯罪活動的溫床，比特幣不是貨幣，也不是記帳單位或支付方式或保值工具。」他在隨後的推文中繼續說明他的論點。「比特幣不是記帳單位，因為目前沒有商品或服務用比特幣單位來訂價，未來也不會發生。所以比特幣不是貨幣。」「比特幣不能保值，因為裡面沒有什麼財富或資產。有鑒於比特幣的價格波動大，也是很糟糕的保值工具。」「比特幣不算支付工具，因為很少人會用比特幣交易。由於比特幣價格上下震盪，接受比特幣交易的人通常很快把它換回美金／英鎊／日圓。」

魯比尼還進一步聲稱，比特幣是騙局和邊緣運動：「所以比特幣不是貨幣，而是龐氏騙局，提供了犯罪／非法活動的管道，並不安全，容易被駭。」他最後說：「比特幣蟲（BTCbug）和金蟲（gold bug，極度看好黃金、視黃金為絕佳保值工具的投資人）一樣，都是一群狂熱份子，談起比特幣時，簡直像中了邪。他們也和金蟲一樣，對於美元抱持偏執的陰謀論。[72]」

當我愈來愈了解區塊鏈技術，我對比特幣的看法也隨之改變，從敵視到懷疑，到某種程度的接受。

從聆聽桑默斯（Larry Summers）的談話，我可以察覺當權者在心態上的演變。桑默斯在多年職業生涯中，一直在學術界、金融界和政府部門位居高層。擔任過美國財政部長、哈佛大學校長、美國國家經濟委員會主席、世界銀行首席經濟學家，以及其他高階職位。他也有顆全世界最聰明的頭腦。

我在2013年秋天第一次和桑默斯談到比特幣時，他告訴我：「我懷疑這會是影響深遠的政經事件。」接著又繼續解釋：「這不會是二十一世紀的地緣經濟大事。難以相信無國界

的金錢還會有更戲劇性的遠景，因為宏觀來看，我不認為大家
會那麼熱中於透過黃金保值，來對抗國家經濟的興衰。我認為
在我有生之年，熱中此道的人都寧可押寶於黃金，而不是比特
幣。」

桑默斯是行動支付公司 Square 及 P2P 網路借貸平台
LendingClub 的董事[73]（LendingClub 處理的借貸金額達 60 億美
元），也在安德森的創投公司擔任顧問[74]。一年半之後，桑默
斯看到區塊鏈技術促進金錢的「交易媒介」特性的潛能，他甚
至加入 Xapo 公司的諮詢委員會[75]，Xapo 是霍夫曼投資的比特
幣公司。

雖然華爾街最初的反應頗不友善，如今卻對區塊鏈技術的
潛力深感興趣。2015 年 4 月，高盛公司（Goldman Sachs）和中
國投資公司 IDG 投資 5 千萬美元於比特幣公司[76]，因為他們認
為，比特幣的技術創新，會讓全球金錢流動變得更容易。

IDG 的投資顯示，中國政府也變得愈來愈開明。2013 年
12 月，中國中央銀行曾明令禁止比特幣進入中國[77]，而且宣稱
下達禁令是為了「維護大眾利益和財產權，保護人民幣的法律
地位，防止洗錢，維持金融穩定。」如果不是中國政府睜一隻
眼，閉一隻眼，IDG 不可能在一年半後投資比特幣公司。

面對比特幣的快速發展、利用比特幣為惡的可能性，以及
比特幣價值和持久性的不確定，各國政府一直辛苦調整法令規
章。結果，許多政府自相矛盾，一方面嚴厲打擊比特幣，另一

方面又忙著為比特幣的未來用途打地基；既沒收比特幣，同時又持有和賣出比特幣。

美國政府的因應之道有如精神分裂。就美國對比特幣的官方政策而言，不同機構有不同（甚至自相矛盾）的規定。2014年3月，美國國稅局將比特幣界定為財產，而非貨幣，所以需繳資本利得稅[78]。國稅局在聲明中指出，比特幣「沒有法定貨幣的地位」。然而三個月後，聯邦選舉委員會就同意採用比特幣為選舉捐款貨幣[79]。

在其他國家，比特幣管理措施往往反映了政治制度的特性，以及當權者的人格特質。偏向威權主義的國家很快就會以維護安全的名義，嚴厲打壓比特幣，避免潛在競爭者威脅他們對國家經濟的掌控。西方國家則辛苦研擬一致的法令規範，許多國家也面臨和美國一樣的矛盾狀況。開發中國家則不是覺得無能為力，就是根本對比特幣漠不關心。

有趣的是，天生的逆向操作者宋赫斯特指出，各國政府可能很快就會發現，比特幣是個有用的發展。事實上，加拿大政府曾在2012年短暫試驗了自己的數位貨幣MintChip[80]，宣稱是「貨幣的演化」，但兩年後就因缺乏比特幣的先進技術，而忍痛放棄。宋赫斯特指出，對政府而言，很重要的是不要把加密貨幣技術和最初缺乏規範的無政府狀態混為一談。「從政府角度來看，比起實體交易，監督電子交易反而容易太多了。」

安德森解釋：「就像電子郵件一樣，很容易追蹤，比特幣用戶採用化名，而不是匿名。而且比特幣網路中每一筆交易都會被追蹤和記錄在區塊鏈中，或成為永久紀錄，所有人都看得到。結果對執法機關而言，比特幣比現金、黃金或鑽石還容易追蹤。[81]」安德森進一步解釋：「如果有人以為使用比特幣來交易，比較不容易被政府追蹤，那麼他完全錯了。所有的交易都在眾目睽睽下進行。任何人都能檢視帳本，查核哪個人擁有哪一筆款項。所以如果你是執法人員或任職情報機構，要追蹤比特幣的流向比追蹤現金流向容易多了。所以我認為執法機構和情報機關終究會支持比特幣，而自由意志論者則轉而反對比特幣。[82]」

結果，政府可能是比特幣最大的對手。宋赫斯特形容：「受到政府『充分信任與尊重』的中央銀行電子分類帳系統將達到立即交易的規模。長期而言，可能對比特幣造成最大的威脅。」

區塊鏈帶來的新機會

矽谷要角認為，比特幣正逐漸邁向主流。果真如此的話，比特幣未來會在哪個領域占有一席之地呢？在我看來，比特幣的最佳機會不是成為貨幣，而是靠區塊鏈帶來的新機會而成為一種協定。

和當年HTML成為全球資訊網協定的標記語言一樣，區塊

鏈技術或許能成為可信賴交易的協定。基本上，HTML造就了
全球資訊網。全球資訊網發明人伯納李（Tim Berners-Lee）的
偉大創新[83]，讓網際網路變成看得見、可觸及和容易導航，還
可以在上面加入許多其他創新。區塊鏈也能在可信賴交易的基
礎（協定）上建立其他功能。

在需要第三方中介作為擔保的交易中（例如法律文件、仲
介費和票券購買），區塊鏈可以提供低成本解決方案。

宋赫斯特相信，「從1995年到2010年，網際網路面臨的
問題是，雖然能散播資訊和進行通訊，卻無法在個人與個人之
間轉移價值。從1995年到2010年，所有與資訊服務相關的產
業都徹底改頭換面（包括報紙、音樂、電視等）；任何與個人
通訊和連結相關的產業也一樣（例如電話、傳真、拍賣、招募
等）。」談到缺乏高價值可信賴交易機制的問題，宋赫斯特又
說：「反之，從1995年到現在，網際網路對金融服務或法律業
幾乎沒有帶來什麼衝擊，我們電匯、開戶或設立遺囑的方式都
維持不變。」

MIT媒體實驗室總監伊藤穰一進一步擴大這個概念：「我
的預感是[84]，區塊鏈之於銀行、法律和會計業，正有如網際網
路對媒體、商務和廣告業帶來的影響，能降低成本，消除商務
中介，減少摩擦。大家都曉得，一個人眼中的衝突往往成為另
一人的收入來源。」

宋赫斯特預測，未來買賣股票或債券不必再收手續費，因

為都在分類帳上轉帳。在他想像中，包括像土地等硬資產的所有權證明在內的合約，都可登錄在帳本上。這是另外一個例子，讓我們看到，數位網路和數位信任根本不需要傳統中間人來扮演仲裁和權威的角色。

聆聽宋赫斯特的說明，我知道他說得很對——至少有部分領域已準備轉型。內人和我在2014年夏天購屋居住時，買房的過程和家父母在一九六○年代購屋的程序沒什麼兩樣。有一大堆文件需要簽名蓋章，光整理各種紀錄就耗費幾個星期。成交那一天，我們花幾小時的時間檢視所有文件，人工驗證的過程十分繁複，而且費用貴得離譜。我們為了過程中各種鑑定驗證，花了幾千美元的過戶費，原本如果可應用聰明的新科技，幾乎不費分文就可以完成過戶手續。有了這個念頭之後，我不禁想到，家父四十五年來，正是以此維生。很難想像今天的律師可以靠著為購屋者處理法律文件，持續工作四十五年。

究竟比特幣適不適合成為貨幣，引發很多爭議，但即使批評者都不得不承認，比特幣在技術上的躍進令人讚嘆。安德森形容：「比特幣在最根本的層次上……是電腦科學的一大突破——根植於全球各地數千名研究人員二十年來對加密貨幣的研究，以及四十年來在密碼學的研究成果。[85]」

因此，即使比特幣無法變成通行的貨幣，區塊鏈仍可成為可信賴的交易平台。我可以想像，投資銀行自行建立所謂「高牆內的花園」式區塊鏈，節省高額交易的成本。

當涉及這類重大交易時，比特幣系統面臨的重大變革是使用真實身分，不再有匿名帳戶。雖然在比特幣早期倡議者看來，這樣的想法簡直大逆不道，但解決比特幣所有相關問題的唯一辦法，就是不再把隱密性當宗教信仰般堅持。在美國，土地買賣紀錄是公開資料。儘管比特幣系統不一定需要這麼高的透明度（雖然有也無妨），但至少需要設法鑑定真實身分。如此一來，萬一你的私鑰遺失或遭竊，還可以重新主張所有權，或許可利用先進的生物辨識技術來確認身分。如此一來，詐騙和濫用的情形將大幅減少。許多催生比特幣的網路自由意志論者可能因此離開，但更多主流機構會願意在區塊鏈上做生意。區塊鏈系統仍然去中心化，但需要有一些具多重利害關係的機構協助管理區塊鏈；正如同網際網路雖然也去中心化，但仍然有一些組織負責處理網域名稱註冊等程序。

數位貨幣的未來

如今辯論主題已延伸到數位貨幣的廣大領域。今天全球有數百種加密貨幣[86]，名稱無奇不有，例如Darkcoin、CryptoMETH、BattleCoin、PiggyCoin等。即使競爭者眾，比特幣的市值仍然遠遠超過競爭對手。2015年6月，比特幣總值為32億美元，在後面追得最快的兩大對手為Ripple（總值為2億5千6百萬美元）和Litecoin（7千1百萬美元）。

許多競爭對手都試圖避免比特幣的缺點，包括比特幣有限的供給（因此可能有通縮問題）、比特幣的「不可逆轉性」（因此無法改正錯誤），甚至比特幣帶給環境的負面衝擊。挖礦需要龐大的電腦運算能力，因此會耗費大量能源。認真挖礦的比特幣礦工，每天可能耗費高達15萬美元的電力。整體而言，所有比特幣礦工每天消耗將近1千5百萬美元的電力[87]。2013年，比特幣社群的碳足跡和賽普勒斯幾乎不相上下：8.25百萬噸[88]。要解決電力成本和電腦過熱問題，其中一個辦法是在冷天挖礦，假如附近有便宜的電力來源的話。有一名英國程式設計師決定把礦建於冰島的雷克雅維克[89]，如此一來，他的電腦就可以靠地熱和水力發電來供電，同時借用北極的寒氣來冷卻電腦。

和比特幣相較，Litecoin的市場比較豐足，也較快可挖到Litecoin。前谷歌軟體工程師李查理（Charlie Lee）利用公餘之暇設計Litecoin[90]，並在2011年推出，和比特幣競爭。李說：「人們喜歡有更多選擇，想要多角化投資加密貨幣。[91]」他曾形容：「相對於比特幣是金，Litecoin則是銀。」他設計的Litecoin軟體可產出8400萬Litecoin[92]，相較之下，依照中本聰的設計，總共只會產出2100萬比特幣。李查理還決定採用scrypt密碼演算法，將挖礦耗費的時間降為每單位2.5分鐘，相較之下，挖一個比特幣需將近10分鐘。李也選擇仰賴電腦記憶體的加密演算法[93]，而不是靠處理能力的演算法，以避免他在比特幣礦工社群觀察到的高碳軍備競賽。

Ripple市場是全球性的支付平台，可以讓用戶採用任何貨幣付款[94]——不管是其本身的貨幣Ripple（XRP）或比特幣或國家貨幣。由於顧客幾乎可以採用任何貨幣來支付，XRP的功能有如貨幣兌換和匯款網路。有人把它比喻為阿拉伯傳統匯款系統「哈瓦拉」（hawala），讓無法去銀行的人可利用哈瓦拉來匯款[95]。

和比特幣不同的是，XRP並非靠挖礦產生。Ripple公司只創造出1000億個XRP，把其中800億放進帳本。Ripple實驗室負責維護全球帳本[96]，其伺服器會自動監控交易，以防詐欺。Ripple計畫將800億XRP中的500億拿到網路上分派，獎勵人們協力打造網路。其他XRP則作為公司基金[97]。Ripple的支持者包括安德森的創投公司（安霍創投），以及提爾（Peter Thiel）的創辦人基金（Founder's Fund）[98]。

每當有人提到其他加密貨幣時，矽谷大頭多半興趣缺缺。投資人帕里帕提亞（Chamath Paliyipatiya）認為，比特幣仍會持續主導市場。「我不想評論其他貨幣，因為那些都不重要。」他說：「主要還是看比特幣，所以我們應該談比特幣。」

eBay率先建立起以信任為基礎的線上商務網路，是這個領域的先驅之一。eBay前執行長唐納荷（John Donahoe）曾說：「我不知道十年後比特幣會變成什麼樣子，不過我確實認為，加密貨幣和電子貨幣具有龐大潛能，是不斷成長的新技術。我們理應擁有絕對安全且能夠追蹤的轉帳機制。加密貨幣和數位貨幣會存活下來，而且會日益壯大，而不是漸趨疲弱。」

那麼，未來數位貨幣的世界會是何種景象呢？

每當我思及加密貨幣，就會想到一九九〇年代的網路搜尋引擎，例如WebCrawler、Alta Vista、Lycos、Infoseek、Ask Jeeves、MSN Search、Yahoo!，並且不禁納悶，原本裡面是否也藏了個Google。我認為今天在市場上流通的加密貨幣，大多數日後都會消失不見，但這類貨幣仍會持續存在。脫穎而出的加密貨幣（無論是比特幣或其他貨幣）將擺脫原本的密碼學與自由意志論的根源，在經濟力量壯大後，承擔起應負的責任，包括放棄匿名或化名。尤其在目前貨幣不夠穩定、又高度仰賴匯款的市場上，蘊藏了龐大的經濟效益。區塊鏈技術除了數位貨幣的功能外，還有許多可能性，一旦相關應用問世，達到可觀規模，原本誤解區塊鏈技術或不了解其潛能的當權者就會看到它的效益。就好像在全球資訊網誕生以前，網際網路是個混亂的空間，使用者大都是技術專才；一旦區塊鏈技術開發出更安全、更容易使用的電子錢包、交易平台和計價指數，使用者將不再限於嫻熟技術的高手。

區塊鏈技術起飛後，帶來的衝擊效應將有如分享式經濟和其他去中介化的數位力量，改寫企業、公民和政府之間的契約，在消除中介角色和傳統權威的同時，也將前沿經濟推上全球舞台。

李查理在熱情之餘，仍戒慎恐懼：「這類實驗往往蘊含了無數未知數，我們必須時時切記保持謙虛。」

第四章

電腦編碼也變成武器

世界揮別冷戰，卻進入碼戰。

2012年8月15日，與伊朗政府相關的祕密團體，對全世界最大的能源公司Saudi Aramco（沙特阿美石油公司）發動攻擊，他們選擇的武器是電腦病毒[1]。

在這場攻擊中，有名不肖員工透過USB驅動器，把病毒輸入沙特阿美公司的電腦網路。後來根據在病毒程式碼中找到的幾個字，這次攻擊被稱為Shamoon和Disttrack。就像流感爆發一樣，電腦病毒在一部部電腦間快速散播。沙特阿美公司的龐大電腦網路，很快從「零號病患」到哀鴻遍野。病毒不只感染沙特阿美在沙烏地阿拉伯的總公司電腦，而且蔓延到好幾個國家的工作站，美國和荷蘭辦公室都遭受波及[2]。

Shamoon乃設計來消除沙特阿美電腦系統的記憶。一般而言，我們在電腦上刪除檔案後，仍然可以加以復原。為了永久刪除硬碟中的檔案，Shamoon會以無用的新數據來覆蓋原始數據，防止任何遭感染的檔案復原[3]。任何人企圖開啟受感染的檔案時，就會看到螢幕上出現燃燒美國國旗的圖示。除此之外，Shamoon也覆蓋了沙特阿美的主機紀錄，讓電腦無法重新開機[4]。

Shamoon不只洗刷電腦記憶[5]，還會進一步指示受感染的電腦，為遭破壞的硬碟機回傳確認訊息給指定的IP位址——分派給個別電腦裝置的特定序列號碼。攻擊者收到受感染電腦的IP位址和受損檔案名稱及數量後，會把受害電腦的IP位址公布在網路上，宣告攻擊成功[6]。

第二天，來自美國、俄羅斯和以色列的三家網路安全公司找到這隻病毒[7]。為了遏止病毒傳播，沙特阿美石油公司暫時關閉整個電腦網路，汰換所有受感染的電腦。他們花了兩個星期的時間，才恢復正常產能[8]。當電腦病毒天天蠶食鯨吞數千部電腦時，相關人員也不眠不休地和病毒作戰。等到他們成功遏止攻擊時，沙特阿美公司已經有四分之三的電腦受感染，大約三萬部電腦[9]。兩星期後，Shamoon也對卡達石油公司（Qatari Petroleum）與艾克森美孚（ExxonMobil）合資成立的RasGas公司發動攻擊[10]。

這次攻擊的目的顯然不只是破壞電腦，而是幾乎中斷沙烏地阿拉伯的能源生產，迫使鑽油設施暫時下線。沙烏地阿拉伯政府的收入，有近九成來自沙特阿美公司[11]。假如這次網路攻擊造成的傷害足以中止石油生產，那麼沙烏地阿拉伯的經濟將受到重創，美國油價也會上漲，可說正中伊朗下懷。沙烏地阿拉伯和美國都是伊朗的死敵，正因為沙烏地阿拉伯能供應豐沛的石油，抵制伊朗石油的政策才得以持續。實施伊朗石油禁運是極其艱鉅的挑戰。如果全球最大的石油生產商中斷供應，而且油價上漲，許多國家就會開始質疑伊朗石油禁運的效果和價值。幸好這次攻擊沒有真的中斷沙國石油生產，但重要基本設施遭到滲透，仍然是很嚴重的事情。

沙特阿美公司在沙烏地阿拉伯阿布奎克（Abqaiq）的生產設施，曾在2006年遭恐怖攻擊。雖然沒有成功，但沙特阿美從此加強維安。在Shamoon暴露其在網路安全的弱點之前，沙特阿美公司萬萬沒想到，虛擬世界才是他們更大的罩門[12]。

值得注意的是，這樣的事情竟然會發生在沙特阿美公司身上。在你心目中，哪家公司是全世界最有價值的公司？艾克森美孚？還是蘋果公司？差遠了！沙特艾美公司才是全球身價最高的公司[13]，外界對沙特艾美身價的推估乃是從2兆美元起跳。在我撰寫本書時，沙特艾美的市值是蘋果市值的三倍多，更是艾克森美孚的七倍。

因此，這件事格外受企業領導人矚目。假如在安全環境下營運的全球最大企業都會遭受網路攻擊，那麼同樣的事情可能發生在任何地方的任何人身上[14]。

惡意程式、電腦病毒、蠕蟲、特洛伊木馬、分散式阻斷服

務攻擊、網路攻擊，今天大家對這些密碼戰的名詞都耳熟能詳，但我們其實才剛剛開始了解這些名詞的內涵。

諷刺的是，對某些開發者而言，網際網路最初的目的，是創造去中心化和分散式的通訊網路，以便在核武攻擊後存活下來[15]。然而，這類分散式結構正好方便進行新型態的潛在攻擊。當我們鼓勵愈來愈多個人、企業、政府在網路上轉移資產時，以電腦編碼打造的武器也變得愈來愈有利可圖，破壞力愈來愈大。

不管從個人或系統層次來看，可能造成的實質損害都非常驚人。無論出於政治動機或純為追求利潤或蓄意破壞，每年網路攻擊耗費的成本已超過4千億美元，高於全球196個國家中160國的國內生產毛額[16]。

由於網路攻擊的成本節節上升，對抗這項威脅的花費也隨之大增。企業和政府如今把更多資源用於自我防衛，以降低成本，減少損害。從2000年到2020年的二十年間，網路安全市場將從原本僅雇用數千名資訊部門人員的35億美元市場，逐步成長為1750億美元的龐大市場，為各行各業和大大小小公司提供關鍵基礎設施。

網路如今已變成企業關鍵功能，《財星》五百大企業的董事中都必然納入網路科技專家。十多年前，各企業董事幾乎一定要包含稽核專才。未來五年內，企業董事會如果不納入網路專才，將成為公司治理的一大弱點。

網路空間也為政府和軍方帶來新的混亂及緊張情勢。自從人類把可裂材料（fissile material）打造成作戰武器以來，現代戰爭最重要的發展就是電腦編碼武器化。這類威脅沒有可遵循的模式或通則，成為新興的衝突領域。

網路攻擊的型態

史上最早的駭客攻擊，要回溯到1903年魔術師兼發明家馬斯基林（Nevil Maskelyne）的行動。佛萊明（John Ambrose Fleming）當時正和遠在300哩外的夥伴馬科尼（Guglielmo Marconi）合作，公開展示摩斯密碼無線通訊技術的進步。馬斯基林干擾原本應安全無虞的無線電報通訊，改傳一封侮辱性的摩斯密碼快信給佛萊明，內容如下：「義大利有個年輕人花言巧語欺騙大眾。[17]」他指的是馬科尼。從馬斯基林到Shamoon電腦病毒，從許多方面來看，無論其中牽涉的利害關係或採用的方式都已大不相同。

今天的網路攻擊有三種主要型態，分別針對網路的機密性、可用性，以及完整性進行攻擊[18]。

危害網路機密性的攻擊，企圖以非法或未經核可的方式，竊取或洩漏信用卡或社會安全碼等機密資訊[19]。

2013年聖誕假期，美國零售商Target就遭到這類網路攻擊。駭客侵入Target支付系統，設法竊取四千萬名顧客的信用卡和金融簽帳卡號碼。駭客將惡意程式植入 Target 電腦系統，因此每當顧客刷卡，資料就會自動傳給駭客（據信他們以烏克蘭或俄羅斯為根據地）[20]。除此之外，駭客也竊取七千萬名顧客的個人資料——包括姓名、電話號碼、電郵位址、實際住址等[21]。

當局從未逮到這群駭客，Target 則因資料外洩而受重創。2013 年第四季，Target 的利潤較 2012 年同期減少了 46%[22]。此外，包括訴訟費、顧客信用監測、銀行補發卡等費用還可能造成 4 億 2 千萬美元的損失[23]。Target 的市值蒸發了數十億美元[24]，在 Target 服務長達 30 年的執行長史坦哈菲爾（Gregg Steinhafel）被迫去職。

第二種網路攻擊的型態會破壞網路的可用性——這類攻擊通常被稱為「阻斷服務攻擊」（DoS）或「分散式阻斷服務攻擊」（DDoS）。阻斷服務攻擊的目標，是藉由發送大量請求來癱瘓網路，讓網站無法運作。分散式阻斷服務攻擊的手法如出一轍，只不過攻擊者會動員多個系統來發動攻擊。由於 DDoS 動員的攻擊者數量太多（可能高達數十萬），幾乎不可能將攻擊者的流量和正當流量區隔開來。這類網路攻擊也會劫持其他系統來掩飾真正的攻擊者[25]。可能有數百部、數千部或數十萬部電腦被駭客挾持，形成「殭屍網路」（botnet）發動攻擊。

殭屍網路的攻擊目標，通常都是大公司或政府部門。不過在我任職美國國務院期間，愈來愈常看到公民社會組織和獨立的媒體組織成為DDoS攻擊目標。史上規模最大的網路攻擊之一，是2014年香港民主示威期間，對報導和舉辦模擬選舉的香港獨立新聞網站發動的攻擊[26]。和美國國務院或大企業不同的是，這些資源有限的機構一旦惹上網路霸凌（例如得罪威權政府），網站可能完全癱瘓。不過，儘管網路攻擊的手法日益先進且快速散播，與之抗衡的網路安全技術也日新月異。成長快速的網路公司CloudFlare近來成立伽利略專案（Project Galileo），希望為無法獨力負擔網路防護成本的公民社會和獨立媒體組織，提供複雜的網路防護功能。

網路攻擊也可能影響網路的完整性[27]。這類攻擊比較會造成實體上的破壞，會改變或破壞電腦編碼，目的通常是損害電腦硬體、基本架構或實體系統。遭到完整性攻擊的機器會變得毫無用處，只能報廢。例如Shamoon攻擊就屬於完整性攻擊。

駭客也可能混合不同型態的網路攻擊。我離開國務院後不久，宿敵「敘利亞電子軍」（Syrian Electronic Army）就在2013年4月駭進美聯社（Associate Press）的推特帳戶。這次攻擊屬於小規模的機密性攻擊，目標是破壞媒體公司網路的完整性。當天下午一點鐘過後，美聯社的推特動態信息貼出以下報導[28]：「最新消息：白宮發生兩次爆炸，歐巴馬總統受傷。」從下午1:08到1:10，紐約證券交易所指數下跌150點，股市價值蒸發了1360億美元。等到消息澄清後，股市立刻回升到原先水準。

敘利亞電子軍是怎麼辦到的？他們用的是簡單的電腦技術「釣魚」（phishing）。要釣魚的駭客通常會寄發看似來源合法的電子郵件，要求收信人點開郵件所附連結，在看似合法的網站上輸入個人資料。駭客一旦取得個人資料，就可以啟動間諜程式，對付電郵收件人的網路。之所以用「釣魚」來形容，正是因為駭客以看似無害的電子郵件為餌，來釣取敏感資訊[29]。

就美聯社遭駭的案例而言，一名員工收到一封似乎是同事寄來的電子郵件，裡面附了《華盛頓郵報》一篇報導的連結。他點開連結，登入網站，駭客就取得發動攻擊所需的資訊了[30]。一開始只是單純的機密性攻擊，後來轉變為重創股市的完整性攻擊。

從海陸空、太空到網路空間

正因為即使簡單的網路攻擊都可能造成莫大損害，大多數國家都在發展網路防衛策略。美國、中國、俄羅斯、以色列、伊朗和英國在這方面經驗最豐富。至於哪些屬於正當行為，哪些行為不合法，每個國家都根據不同動機，訂出不同界限。

2011年我還在國務院服務時，美國國防部長蓋茲（Robert Gates）正式宣布將網路和海、陸、空及太空並列為作戰領域[31]；歐巴馬總統也宣布，美國的數位基礎建設為「戰略性國家資產」，為新成立的美國網路指揮部（US Cyber Command）

和美國政府其他部門的各種攻擊與防衛措施建立法源依據。美國認真看待網路作戰，一如傳統作戰模式。比方說，美國在2011年計畫對利比亞空防系統發動第一波攻擊[32]，當時思考的問題之一是，美國能否以網路攻擊取代炸彈，破壞利比亞的空中防禦，因為實體炸彈會帶來更嚴重的人命傷亡。

值得注意的是，任何新法規都不容許商業間諜的行為。竊取外國公司的商業機密，交給美國公司，仍是非法行為。由於這項政策，美國對網路作戰的態度大體上也反映了英國和以色列的態度。以色列更激進些，英國則相對保守些，但對這三個國家而言，安全（保護國土安全及保護友邦的領土與人民）仍是最重要的指導原則。但涉及私人企業時，中國和其他一些國家的做法則更大膽些。

中國從一九九〇年代末期起，就加足馬力發展網路作戰能力。起初中國只針對通訊干擾進行實驗，但進入二十一世紀後，中國開始蓄意採取網路間諜策略，複雜的網路攻擊取代了對台灣和南韓官方網站的簡單攻擊。2002年，達賴喇嘛成為中國木馬程式的受害者，電腦病毒經偽裝後透過Microsoft Word之類的無害軟體，傳遞私人訊息[33]。

中國最厲害的網路攻擊是企業間諜活動：也就是竊取智慧財產後，出售機密資訊給中國國營企業或國家支持的企業。中國的網路政策與其軍事政策和積極扶持本土企業的經濟政策相互呼應，即使可能惹惱其他國家，也在所不惜。

　　美國前企業高官及重要軍事和政府官員領導的委員會，於2013年5月發布的報告中估計[34]，美國每年因智慧財產遭中國竊取所造成的損失，高達3千億美元以上，幾乎相當於美國每年對亞洲出口的商品總額。當時的美國國家安全局局長亞歷山大（Keith Alexander）估計[35]，美國所有智慧財產的總值約為5兆美元，而中國每年從中竊取6%。

　　當然，這類智慧財產偷竊案並非只把美國當作唯一目標。加拿大北方電訊網路公司（Nortel Networks）全盛期曾雇用九萬四千名員工，後來卻以破產告終[36]，原因之一是長達十年的網路間諜活動。從2000年到2009年，在北方電訊網路申請破產期間，曾不斷遭中國駭客侵入，許多智慧財產都流失到銷售類似產品的中國公司手上[37]。

　　包括美國在內，許多國家都曾從事會激怒其他國家的網路活動，但如果談到大量竊取智慧財產的行為，則中國獨占鰲頭。

　　2013年，有一家美國網路安全公司發布報告[38]，詳細列出中國網路攻擊能力的規模和範圍，並聚焦於人民解放軍的61398部隊。據稱駐紮於上海浦東區的61398部隊，是中國二十支網路作戰部隊中技術最先進、資金最充裕的部隊[39]。從2006年開始，這支部隊便針對私人企業（大多數為美國企業）展開網路攻擊，範圍橫跨不同產業，包括資訊科技、交通運輸、金融服務、醫療保健、教育、能源和礦業[40]。

2014年5月，由於美國數家重工業公司〔包括美國鋁業公司（Alcoa）和美國鋼鐵公司（United States Steel Corp.）〕都遭網路攻擊，美國司法部決定起訴人民解放軍61398部隊的五名軍官，起訴書陳述：

> 起訴書指控被告密謀駭入美國企業[41]，在未經許可的情形下，進入企業電腦系統，竊取對包括國營企業在內的中國競爭者有用的資訊。在某些案例中，同謀者被控竊取商業機密，而這些資料在遭竊當時特別有利於中國公司。在其他案例中，同謀者被控竊取敏感的內部通訊資料，以協助競爭者或訴訟中的敵對方洞悉美國企業的策略及弱點。

儘管美國政府和其他單位蒐集了廣泛紀錄，而且由於美國司法部的起訴書，其中許多資料都已公開，中國仍持續否認所有相關指控。中國從未公開承認相關指控，私底下也極少承認。在美國起訴61398部隊的軍官後，中國外交部發言人洪磊表示：「中國政府和中國軍方以及相關人員，從來不曾從事和參與所謂網路竊取商業機密的行為。[42]」

不過儘管中國頻繁竊取資料，他們迄今仍很少發動可能導致市場動盪的完整性攻擊。身為全球第二大經濟體，中國目前幾乎是各類金融資產的主要持有者。儘管他們有能力透過網路突襲搞破壞，但如果地鐵停擺，或公司紀錄外洩到網路上，或世界任何地方發生萬眾矚目的網路攻擊事件，他們也會自食其果。中國正充分利用網路周邊的灰色地帶，所以雖在國際上發動網路攻擊，卻不會因違反條約而引起廣泛制裁或懲罰。由於背負財務及政治風險，他們必須讓情勢保持穩定；他們雖有偷竊的動機，卻無意大肆破壞。

其他政府比中國更快採用網路武器，來摧毀或干擾外國或外國公司的電腦系統。伊朗的 Shamoon 攻擊就是其中之一，還有一個例子發生在「隱士王國」北韓。

北韓有如人間煉獄，人均 GDP 不到 2,000 美元，低於葉門、塔吉克斯坦和查德，差不多只有南韓 GDP 的十六分之一。北韓政府的兩大權力支柱，分別為高壓統治，以及佈下天羅地網的國家宣傳機器。但北韓仍設法以國家經費供養活躍的駭客部隊，包括網路戰在內的軍事活動，估計花掉北韓三分之一 GDP。

2014 年 12 月，駭客對索尼公司（Sony）發動成功的網路攻擊。美國聯邦調查局認為，幕後黑手正是北韓，因為索尼影片部門製作了一部喜劇片，劇情圍繞著暗殺北韓領導人金正恩的計畫打轉，遭金正恩抗議。北韓外交部發言人表示[43]，這部電影為「最赤裸裸的恐怖主義和戰爭行為」。聯邦調查局指控北韓對索尼公司進行機密性攻擊，非法入侵索尼的內部通訊系統和資料庫，並將資料洩漏到網路上。

這時候，發生了一件有趣的事情。歐巴馬總統承諾要對索尼遭駭事件作出「合乎比例的回應」，並表示他已和中國磋商過。兩天後，北韓的網路（只限菁英份子使用的小型網路）停擺。值得注意的是，北韓的網路連結設施完全由中國聯通公司（China Unicom）供應[44]。我相信當時白宮要求中國人懲罰一下北韓，而中國人之所以這麼做，是因為他們也十分惱火衛星國竟然擅自破壞穩定。讓北韓的網路停擺，等於在提醒北韓誰才是網路背後的掌控者，同時也順便幫美國一個忙，正好符合中國的利益。

萬物皆可駭

隨著網際網路不斷成長，不但使用者愈來愈多，而且除了標準型電腦、平板電腦和智慧型手機外，網路也擴大連結各種新裝置。電子通訊設備和電子感測器已經存在好一段時間了，但部分拜雲端運算技術之賜，感測器和資料儲存的成本近年來直線下滑，結果就為所謂的「物聯網」搭起舞台。從汽車到農耕設備到手錶和電器，甚至衣服，所有物品都具有傳送和接收資料的潛能。

幾乎萬物都數位化，將是未來十年最重要的經濟發展趨勢之一。思科（Cisco Systems）董事長錢伯斯（John Chambers）曾經說過[45]：「從今天（2014年）回顧過去十年的發展，你會看到物聯網帶來的衝擊。我預測未來十年，物聯網發威帶來的衝擊，將勝過目前網路的五到十倍。」據估計，從2015年到2020年，無線連結裝置的數量將從160億成長到400億[46]。錢伯斯預測，物聯網將成長為19兆美元的全球市場[47]，而目前全球GDP也只不過略高於100兆美元[48]。

物聯網的快速成長，背後有四股主要的驅動力。第一是行駛在路上、與網路相連的汽車數量[49]，將從2015年的二千三百萬輛增加到2020年的一億五千二百萬輛。第二股驅動力是穿戴式科技來臨，從2013年到2014年，穿戴式裝置的使用加倍成長。第三股驅動力是從自動調溫器到保全系統到幾乎每樣東西，每個人家中都增添許多智慧型控制裝置。瞻博網絡研究報告指出[50]，到2018年，智慧型家庭服務所創造的營收，預期將達710億美元的全球市值。第四股驅動力在於製造業。麥肯錫的報告預估[51]，到2025年，物聯網的各種應用每年將為製造業創造9000億美元到2.3兆美元的經濟效應。麥肯錫的估算基準包括營運成本可能節省2.5%到5%，將物聯網整合到電力網格中，以及在廢棄物處理、暖氣供應、供水系統等公用設施的應用，據信每年可以減少10%到20%的浪費。

但裡面埋藏很大的陷阱：隨著科技快速成長，同時也為我們創造出幾乎難以想像的新罩門，為破壞網路安全的駭客開啟新缺口。網路安全技術至今尚未跟上物聯網的發展速度。「大家往往等到系統設計完成後，才想到安全問題。」美國休士頓大學電腦與資訊系統教授布朗克（Chris Bronk）表示。

從各方面來看，Target機密資訊遭竊是預警，讓我們看到物聯網世界可能發生的種種狀況。在Target遭駭事件中，數千萬筆信用卡紀錄之所以外洩，是因為賓州夏普斯堡有一家做空調和冷藏生意的小公司法奇歐機械（Fazio Mechanical）遭駭客入侵[52]。由於法奇歐公司是Target的供應商，駭客竊取了Target給法奇歐的網路憑證後，長驅直入Target電腦系統，來到整合Target眾多銷售端點控制台的系統（銷售端點控制台就是你在Target商場購物完結帳時刷卡的裝置）。因為所有系統都相互連結，駭客得以在各銷售端點控制台安裝卡片、登入惡意程式。Target的市值高達500億美元，雇用347,000名員工，但龐大規模和高度連結性更加重了它的損失[53]：簡單駭入遠端電腦，竟然就能危害數千萬張信用卡的安全性。

X實驗室（X-Lab）主任曼瑞斯（Sascha Meinrath）以心臟節律器為例，說明駭客入侵物聯網時可能發生的嚴重狀況：「每個人都在談論連上雲端的好處，但先要確定雲端是安全的……許多人也在討論把心臟節律器連上雲端。這樣做不是沒有好處——如果測知你的心臟有什麼不對勁，它會自動施以電擊。但萬一有恐怖份子，或小孩惡作劇，決定對美國所有心臟節律器發動電擊呢？」

他跟我說明時，我正好也在想像，如果家庭照護型機器人的控制系統遭駭，會發生什麼事。會不會也變成一種傷人的方式？2015年7月，駭客透過遠端滲透，關掉在公路上疾駛的切諾基型吉普車（Jeep Cherokee）的引擎。二十年後，當新款谷歌無人車大量在高速公路上奔馳，萬一某人設法駭進谷歌汽車的網路呢？你可以想像整條高速公路上相互連結的汽車全都同時失控嗎？很可能會出現史上規模最大、前所未見的連環追撞車禍。

很快的，我們生活中所有網網相連的「物」，都可能被當成駭客入侵的平台。很難想像家裡的冰箱也會被駭，但這樣的情況已經出現在現實生活中。

2014年1月，資安公司Proofpoint揭發一樁釣魚攻擊事件[54]，攻擊目標是家庭路由器、電視機和冰箱等消費性裝置。Proofpoint公司在報告中指出：「正如同個人電腦可能在不知不覺中受害，形成機器人般的殭屍網路，可用來發動大規模網路攻擊，Proofpoint發現網路罪犯已開始徵用家庭路由器、智慧型家電和其他物聯網裝置，把這些裝置變成『物聯網殭屍』（thingbot），執行相同型態的惡意活動。」

他說的是哪些惡意活動呢？例如，可以利用這些物聯網殭屍的運算能力，來進行DDoS攻擊和大量發送垃圾電郵——能執行任何只需基本運算能力的事情。芬蘭網路安全專家暨防毒資安公司F-Secure技術長希波能（Mikko Hypponen）表示[55]，這類「物聯網殭屍」的另外一個用途，可能是「挖礦」加密貨幣。

「為什麼有人想駭進烤麵包機呢？為什麼有人想駭進冰箱呢？你沒辦法像過去那樣，竊取烤麵包機和冰箱的使用者資料，但烤麵包機和冰箱的確具備一些運算能力，而且也有連線的功能。」希波能表示。「我預測未來將出現烤麵包機殭屍網路——中毒的烤麵包機或家電。為什麼有人想讓這些裝置感染病毒呢？這似乎沒什麼道理，但未來我們會看到，駭客為了利用這些裝置的運算能力來挖礦加密貨幣，會設法讓它們中毒。」

我們擁有的物品連上網路後，會產生種種有趣的可能性，但危險也伴隨而至。從小每當全家出外度假時，我們通常都會取消送報，如此一來，小偷才不會因為看到家門口成疊的報紙，推測這是行竊的好目標。但是等到家家戶戶都連結上網之後，智慧型竊賊只要駭進智慧型家庭網路，就可監測是否有人在家。他們能蒐集每個人在家中出入的確切資料，也可以關掉你家裡安裝的保全系統。今天各種連線系統讓你的生活更加輕鬆便利，但假使落入壞人手中，也可能讓你的生活變得悽慘無比。

可怕的網路祕密行動

新興的網路犯罪，迫使政府必須設法保護重要基礎設施，維護國民安全。為了說明執法和國防的範圍如何擴張，我向中央情報局（CIA）的網路大師高斯勒（Jim Gosler）討教。高斯勒像老爺爺般和藹可親，臉上還有長長的白鬍子。高斯勒以海軍上校的軍階退役，目前在約翰霍普金斯大學應用物理實驗室擔任資深研究員。他創立了中情局資訊科技部門的祕密作戰單位。換句話說，他經常注意防範對政府和軍方基礎設施的威脅。

高斯勒獲獎無數，包括中情局國家情報傑出獎章、唐納凡獎（DONOVAN Award）、情報功績勳章、中情局局長獎，以及祕密行動處大獎章等。他也曾因為表現非凡而獲得軍功獎章[56]（美國軍方頒發的勳章中只有兩種為領章，軍功獎章正是其中之一），他還得過榮譽勳章（Medal of Honor，美國政府頒發的最高獎章）。高斯勒是美國情報界在網路作戰領域得過最多獎章的人。

高斯勒在維琴尼亞州羅斯林市基橋萬豪飯店的大廳裡[57]，分享他對於網路攻擊的憂慮（這家基橋萬豪飯店正是那種平凡無奇的典型郊區飯店，中情局人員很喜歡挑這種地方聚會）。我們其他人都很享受科技（電子商務、網路銀行、優步等）帶來的便利，高斯勒卻著眼於網路的脆弱性：「網路的潛在破壞力之所以如此強大，最主要的原因是，我們在日常生活中做的每一件事，都完全依賴網路。大家很容易掌握和了解（數位科技帶來的）好處，但卻不容易了解我們對網路的依賴程度，以及基於大家對網路不可思議的依賴，無法上網會產生什麼後果。藥物治療、銀行業務、醫療，還只是你知道的部分。……
我比較偏向從情報和軍事的觀點來看事情，但一般老百姓的生
活方式都會受到很大的影響。」

他以衛星導航系統（GPS）為例。海軍曾一度懂得利用星
象導航。他們觀察天上的星星，判斷自己的方位，然後決定行
駛方向。高斯勒說：「現在已經沒有人懂這套方法了。」今天
的海軍都靠GPS航行全球，就好像人手一支智慧型手機一樣。
但高斯勒表示，駭客有辦法入侵GPS，有時只造成輕微損害，
例如在開車趕赴會議時迷路了，但也可能釀成大災難。比方
說，想像一下，萬一有人劫持衛星導航系統，指揮正在巡邏的
部隊往敵人陣地邁進……。

高斯勒深深了解未來產業出錯的可能性。他認為，有些網
路攻擊型態危害甚大，例如駭進電廠或空中交通控制系統。防
止這類攻擊的責任，落在政府頭上。民主國家的政府需要延攬
適當人才，強化社會大眾和私人企業的關係，以防止重大威
脅。當變身武器的程式碼，逐漸將那些與物聯網連結的基礎設
施也納為攻擊目標時，高斯勒呼籲大家要設法招募、訓練，以
及動員新世代網路戰士。

「美國大約有一千名安全人員具備特殊的資安技能，能在
網路空間有效運作。但我們需要一萬到三萬名這類人才。[58]」
高斯勒說。由於專業網路技術人才踏入職場時的選擇，更加劇
了政府欠缺頂尖資安人才的窘境。核子科學家選擇的出路，

通常不外乎當學者或進入政府部門工作。但如果政府想要延攬具網路專業技術的電腦科學家，卻需要和私人企業提供的高薪工作競爭。美國網路安全專才的平均年薪已達 $116,000 [59]，幾乎是美國人所得中位數的三倍。保護企業網路的報酬，比保護 GPS 系統高多了。

高斯勒強調維護國家網路安全的重要性：「你必須假定我們對這玩意的依賴性最大。歐洲也許和我們不相上下，但美國的規模要大多了。再加上今天全球經濟緊密糾結，假如美國銀行系統大舉崩盤，受到牽連的不止美國。或倘若歐洲或日本銀行受到重大衝擊，將出現相當可觀的全球連鎖效應。」高斯勒的看法，反映出全球網路政策充滿著西部蠻荒的氛圍，放任中國和其他強權利用網路界缺乏中央權威或協定的漏洞，以至於難以遏止竊取公司資料等行為。

並非只有高斯勒大聲疾呼[60]，美國國家情報總監克萊伯（James R. Clapper）也在2015年2月對國會提出警告：長期而言，網路攻擊對國家安全的威脅甚於恐怖主義。高斯勒希望在美國政府帶領及企業支持下，大力投入網路防禦，保護美國和其他國家的安全。

如果連高斯勒這樣的前CIA高官都表示害怕，顯然網路攻擊是真實且嚴重的威脅。他的恐懼來自過去的經驗——在沒有窗戶的密閉辦公室中工作，長期接觸到最敏感的資訊。而其他許多曾擔任政府高官的人也都表達相同的憂心。大體而言，官階愈高的人談起網路時，用語中就充斥著更多末日災難的警世意味。

他們和我在矽谷的大多數朋友恰好形成明顯對照，矽谷人士認為美國政府官員太悲觀了。我的矽谷朋友對科技的看法，比軍方、中情局和外交官員都樂觀許多，但這是因為他們從來不曾坐在白宮戰情室中，親眼目睹政府防止了哪些可能發生的災難。他們知道索尼、沙特阿美和 Target 遭駭的事件，也知道必須加強自身的網路防衛能力，但他們大多數人不了解我們漏接了哪些球。

他們知道中國正在竊取他們的智慧財產，但他們不曾深思，萬一中國的網路行為變得愈來愈像俄羅斯，會代表什麼意義。

俄羅斯駭客頻頻出擊

2014年初，示威浪潮席捲烏克蘭首都基輔。美國和歐洲各國都密切注意，俄羅斯有沒有動員烏克蘭邊境的俄國駐軍，介入或入侵烏克蘭。但其實早在烏克蘭總統亞努科維奇（Viktor Yanukovych）被迫下台，以及俄軍占領克里米亞之前，俄羅斯已發動攻擊，只不過發動的不是傳統的陸海空作戰，而是網路戰爭。

烏克蘭電腦網路之前曾遭受名為「銜尾蛇」（Ouroboros）

的網路間諜軟體感染。「銜尾蛇」的名稱源自希臘神話中銜咬自己尾巴的蛇。這個惡意程式會「偷偷侵入系統，安裝後門程式後隱藏起來，利用系統的（命令與控制）伺服器，提供通訊機制，有效促使資料外洩。[61]」「銜尾蛇」病毒的開發者因此得以監看和擷取資訊，並建立起灘頭堡，方便日後繼續攻擊受感染的系統。

2014年，隨著烏克蘭緊張情勢升高，烏克蘭電腦上也出現更多惡意活動。「銜尾蛇」病毒突然活躍起來。從惡意程式開發者的時區（莫斯科），以及程式碼中出現片段俄文等證據，在在都顯示這次「銜尾蛇」攻擊乃源自俄羅斯[62]。當俄羅斯和烏克蘭之間的緊張情勢爆發後，兩國之間的惡意網路攻擊活動也達到高峰。

追蹤這類活動時，必須找到惡意程式的「回呼函式」（callback）。基本上就是從受感染或被駭的電腦，回傳給攻擊者的命令與控制伺服器的通訊資料。全球性的網路安全公司FireEye每年分析數百萬筆這類通訊，追蹤惡意程式回呼函式的演變，發現從烏克蘭傳到俄羅斯的回呼函式總數，和「兩國之間危機惡化」有關聯。

這段期間，我聽到無論是俄羅斯或烏克蘭，衝突雙方都指控對方對己方造成損害。我任職國務院期間，和烏克蘭曾有一段個人過往。我的曾祖父出生於基輔，是個無政府主義者，當時無政府主義還是一種實際的政治運動。後來他為了逃離帝俄警方的追捕，來到美國。烏克蘭駭客社群熱愛我們家族的這段歷史，也樂見我們（我和在美國國務院的同事）和俄羅斯的普丁政府及烏克蘭親俄勢力之間的爭論。示威開始後，烏克蘭禁止我入境。一位親俄國會議員為了合理化禁止我入境的行為，竟然說我是「全世界最懂得透過社群網站來組織革命的專家[63]」。這樣的指控令我受寵若驚，但我可不敢妄自居功。

　　即使在親俄的烏克蘭領導人下台並逃離烏克蘭之後，網路攻擊仍未嘗稍歇。2014年5月烏克蘭總統大選前不久，烏克蘭安全局（SBU）宣布，他們已逮捕一群試圖擾亂選舉結果的親俄駭客。根據SBU局長納里瓦伊辰科（Valentyn Nalyvaichenko）的說法[64]，駭客駭進中央選舉委員會網站的主伺服器，計畫破壞選舉結果，並用自己編造的結果取而代之。大選之夜，正值SBU努力對抗網路攻擊之時[65]，俄羅斯國營電視台1號頻道卻報導，極右派候選人亞羅許（Dmitro Yarosh）以37%的票數領先，而且還在螢幕上顯示烏克蘭中央選舉委員會的網頁畫面，但實際上亞羅許的票數還不到1%，電視播出的畫面乃是受駭網站的截圖[66]。SBU注意到「攻擊者試圖透過之前安裝的軟體，偽造某地區的選舉結果，藉此讓烏克蘭總統大選的結果變得不可信。」親俄駭客團體CyberBerkut後來承認曾駭入網站[67]，1號頻道則盡忠職守地誤導和操弄社會大眾。

　　俄羅斯駭客在俄羅斯與前蘇聯國家發生政治紛爭時駭進對方網站，已有諸多前例，烏克蘭衝突並非他們第一次發動攻擊，愛沙尼亞和喬治亞過去都曾遭受來自俄羅斯的網路攻擊。

2007年，愛沙尼亞決定將爭議性的蘇維埃戰爭紀念碑「戰士銅像」（the Bronze Soldier），從首都塔林市中心遷移到軍用墓地。對許多愛沙尼亞人而言，向紅軍解放者致敬的銅像象徵了二次大戰後蘇維埃占據時期；但在愛沙尼亞的俄羅斯社群眼中，紀念碑象徵蘇維埃擊敗納粹德國的光榮歷史。愛沙尼亞當局遷移紀念碑的舉動惹惱了俄羅斯聯邦，並在2007年4、5月間，引發一連串針對愛沙尼亞政府、銀行和媒體網站的攻擊[68]。愛沙尼亞兩大銀行、所有政府部會，以及好幾個政黨的網站，都因這一波阻斷服務而癱瘓了十天。

愛沙尼亞外交部長巴艾特（Urmas Paet）指控克里姆林宮直接涉入。最後，克里姆林宮支持的愛國青年團體Nashi（「我們的」）承認發動一系列阻斷服務攻擊：「我們要給愛沙尼亞政權一個教訓，假如他們違法行動，我們絕不會手下留情。[69]」Nashi的政治委員哥羅斯科可夫（Konstantin Goloskokov）表示：「我們沒有做任何非法的事。我們只是反覆不斷造訪不同網站，而網站就停止運作了。」

Nashi攻擊愛沙尼亞網站一年後，傳統軍事力量和網路駭客首度聯手出擊[70]。2008年8月，就在俄羅斯坦克開進喬治亞前夕，殭屍網路已搶先一步發動攻擊，以難以應付的龐大流量癱瘓喬治亞政府網站。這次攻擊和愛沙尼亞在2007年遭遇的攻擊一樣，包含一連串阻斷服務攻擊，同時也毀損好幾個公共網站。喬治亞總統網站和外交部網頁，都被換成喬治亞總統薩卡什維利（Mikheil Saakashvili）和希特勒的拼貼圖像。喬治亞國家銀行的網站，則被換上薩卡什維利總統和二十世紀獨裁者肩並肩的照片[71]。兩國衝突期間，網路攻擊持續不斷，直到雙方簽訂停火協定為止。

從烏克蘭到喬治亞到愛沙尼亞，俄羅斯運用網路攻擊的手法令人大開眼界，也顯示戰鬥和戰爭的定義已經改變，因為在實際武裝衝突發生前，各國已在虛擬世界中駁火，或甚至虛擬世界的戰爭已取代了實際的武裝衝突。

從冷戰到碼戰

只要戰爭存在一天，我們的社會就會設法減輕戰爭的效應，包括限制戰鬥的頻率、範圍和方式。綜觀歷史，無論宗教法典、道德規範或騎士行為準則，都對戰爭設下限制。上一個世紀發展出國際法的概念，限制各國相互攻擊。社會也試圖在交戰國和非交戰國、戰場和大後方、正義與非正義的戰爭之間，劃出明顯界線。

網路戰則完全是二十一世紀的新衝突形式。過去數百年發展出來的規範和法律已不適用。自從核子武器問世以來，電腦編碼變身武器，網路戰快速興起形成新的衝突領域，完全沒有通行的標準或規則可循。有些國家設法為國際社會創造足以遵循的法則，但是利害相關的各方想法南轅北轍，因此即使是最簡單的協議都難以達成。

談到應該如何抑制網路武器擴散，外交政策老手大都喜歡拿過去防止核武擴散的做法來類比：也就是制訂軍備控制的協定、條約，達成聯合國協議和國際監督計畫，以管理核子武器的擴散和使用。在這樣的國際架構下，雖然核子戰爭仍然是一大威脅，但大家能充分了解核子武器，也有既定的管理程序。二十世紀也同樣為航太軍備競賽及生化武器擬訂類似程序。

但網路戰爭的干擾因子在於，網路世界的進入障礙比較低。任何國家，或甚至任何個人或流氓團體，只要花一點點時間和心力，都能發展出惡劣的網路攻擊能力。事實上，這和核武的發展幾乎背道而馳。通常需投入數十億美元，進行多年研發，還需擁有最稀有的科學人才，掌握到超釉元素，才有辦法發展核武。

然而任何人只需架設一台電腦，能夠連結上網，並擁有一些程式設計能力，就有可能發展網路武器，而且很難追蹤。正如同高斯勒的觀察，由於網路衝突具有非實體的性質，私人企業也被推上戰場。在網路世界裡，國界不具任何意義，駭客幾乎可以把目標對準寶貴資產長驅直入。因此愈來愈多國家針對企業發動網路攻擊，或企業對國家發動攻擊。

在我任職美國國務院期間，最著名的網路攻擊案例之一是，中國政府以美國34家公司為網路攻擊目標，其中包括谷歌公司和美國最大的幾家國防公司[72]。後來，這些公司的主管到華府對歐巴馬政府施壓，要求把網路攻擊視為嚴重的外交議題，因此催生一系列行政命令和後續行動。網路原本在外交政策中居於邊緣位置，如今躍升為台前要角。

但這不見得能代表企業界的普遍反應。遲早會有一些厲害的工程師在察覺遭網路攻擊後設法阻止，但他們沒有尋求執法單位或政府部門的協助，而是直接反制攻擊者。我很好奇，假如谷歌找出網路攻擊的來源後，予以反擊，設法癱瘓攻擊者的網路及電腦，可能會如何。谷歌工程師可說是世界頂尖人才。中國會把這樣的行動視為攻擊，或某種形式的入侵嗎？

更複雜的是，網際網路的整體設計打破了傳統概念，主權國家和戰爭不再囿於實際地理位置。某家公司可能總部設在某個國家，但在其他國家設有伺服器和網路。假如他們的伺服器和網路遭受攻擊，誰應該負責回應呢？是總部所在的國家，還是伺服器和網路所在的國家？假如沒有任何政府出面扛起責任，這家公司自行發動網路攻擊，捍衛自家網路，那麼又該由誰來解開這團糾結與混亂呢？如果無法在國際間建立規範，制訂協約，為網路衝突設下清楚的定義和界線，那麼就和兩國交戰一樣，國家和企業之間也不無可能開戰。

模糊的界線使得政府保護公民和企業的角色與責任都受到質疑。2014年夏秋，摩根大通銀行（JPMorgan Chase）及其他美國銀行遭駭客入侵[73]，歐巴馬政府視之為需要總統直接介入的嚴重國安威脅。

數百年來,銀行搶匪作案方式通常都是拿著槍走進銀行,然後帶著別人的錢離去。接下來就是政府執法單位的責任了。他們必須找到搶匪,然後逮捕並懲罰他。今天,美國官員在白宮戰情室中討論的是,如果有人對位於美國領土的美國銀行發動網路攻擊,掏光帳戶裡的錢,美國政府應該視之為對美國政府發動攻擊,還是只把它當一般搶案,抑或這屬於其他完全不同的情況?

如今物聯網也為網路攻擊和監控提供平台,情況可能變得更加難以捉摸。「『轉型』是個遭過度使用的詞,但我確實相信,可以把它拿來形容這些技術。」前美國中情局局長裴卓斯(David Petraeus)談到物聯網時說:「尤其會影響到祕密間諜活動的手法,包括透過無線射頻辨識系統、感測器網路、小型嵌入式伺服器和能量收集器,用以定位、辨識、監控和進行遠端遙控,而且都與下一代網際網路相連結,使用充足而廉價的高效能運算能力。[74]」

裴卓斯在2013年發表這番談話後不久,美國政府進行大規模監控的事情就曝光了。國家安全與資訊隱私之間的界線何在,成為國際間激辯的話題。這次事件顯示美國國家安全局(NSA)已有能力對電話通訊和電子郵件進行資料探勘,裴卓斯的談話因此更加帶有預警的意味。物聯網的種種技術突破,也造成我們對隱私權的新憂慮。倘若你的車庫大門知道你何時會從機場返家，那麼政府監控方案可能也會曉得。假如你的手錶不只會報時，還會透露你的所在位置、行程和通訊內容，那麼手錶就變成駭客可能入侵的裝置。

冷戰雖然造成政治和軍事上的緊張情勢，但冷戰期間明顯形成共產集團和西方國家聯盟二元對立的局面。在碼戰中，我們看不到如此簡單的組織架構，因為傳統的聯盟已然瓦解。在史諾登揭密後，歐洲政府和人民都譴責美國的網路監控做法。美國電訊公司和科技公司由於失去歐洲客戶的信任，損失了數十億美元的生意。有一項研究估計，單單美國的雲端運算產業，過去三年來的損失可能在220億到250億美元之間[75]。

不過，短期而言，不太可能透過國際法、條約或其他架構，建立網路活動的規則。美國不會同意歐洲的要求，限制情蒐活動。中國不會承認任何與工業間諜相關的指控。俄國早已發動攻擊。在網路世界引發諸多衝突的非政府團體，絕對不會同意政府提出的種種協議細節。

面對不愉快的現實狀況，美國政府愈來愈傾向與私人企業合作。2015年2月，歐巴馬總統簽署一項行政命令，促使政府與企業分享網路攻擊的相關資訊，並合作推動反制措施[76]。美國陸軍更在軟體合作平台GitHub上，公布數位鑑識分析程式Dshell的編碼。美國陸軍研究實驗室的網路安全部主管高勒克（William Golek）說明，他們為何踏出這不尋常的一步[77]：「外界有各式各樣的網路威脅，和我們在這裡碰到的威脅十分相似……在學界和企業界面臨相同問題時，Dshell可以促進知識的傳播和理解。」

Dshell方案令人激賞，但要建立網路活動的規範，必須倚賴國際法、條約或相關架構上有所改變，單靠Dshell顯然不夠。可能必須等到發生重大網路攻擊，造成大規模傷亡或嚴重衝擊各交戰國的經濟發展時，美國、中國和俄羅斯才會達成有意義的協議。在此之前，網路空間仍是西部蠻荒地區。

網路安全成為未來重要產業

電腦編碼變成武器後，網路安全必然成長為龐大產業。從1994年到2014年的二十年間，網路用戶可以在網路上通訊或進行商務，享受線上生活的種種便利，而毋須太擔心安全問題。但是等到生活中愈來愈多事物都變成0與1，加上物聯網興起後，所有為明天而開發並商業化的產品，都必須把網路安全列為核心特色。

網路安全專家暨電腦與資訊系統教授布朗克（Chris Bronk）認為，網路安全是全球成長最快的產業之一。「假如網路安全的規模在未來十年加倍成長，我不會感到太震驚。」布朗克說：「目前已經是加倍成長。」他又補充說明，某些真正「曉得自己在做什麼」的公司，例如放眼全球的某些《財星》五百大企業「真正了解企業優先順序」，愈來愈把資訊部門的重心放在網路安全議題上。「諸如管理資料中心和電子郵件，以及支援使用者需求等工作，變得不那麼勞力密集，資安工作則愈來愈勞力密集。所以我才會說，（網路安全）在未來五到十年會加倍成長，而這已經是保守的預估了。」

十二年前，網路安全市場只有35億美元的規模[78]。2011年的研究報告估計，全球網路安全市場的價值為640億美元，2015年的估值為780億美元，預計到2017年會進一步成長到1200億美元。「當網路安全市場日益成熟，輪廓也愈來愈清晰時，全球在網路安全上的花費也日益上升。由於網路安全業者能因應不斷演變的網路威脅，快速開發出各種解決方案，未來的發展空間將非常廣闊。[79]」

我預期網路安全市場規模擴大的速度會更快，在2017年底達到1750億美元。

辛格（Peter Singer）是新美國基金會（New American Foundation）的網路安全專家及《網路安全與網路戰爭》（*Cybersecurity and Cyberwar: What Everyone Needs to Know*，中文書名暫譯）一書的作者，他認為網路安全產業的成長正反映了網際網路的成長。「我認為這個產業很可能持續呈指數成長，因為它會依循網路本身的成長速度……。假如網路新增了五十億名使用者，那麼網路上就會增加五十億人的資安問題。[80]」他解釋。「我出生的時候，根本沒有這類問題，如今卻成為全球商務、全球通訊和國際衝突中不可或缺的部分。」

芬蘭網路安全專家希波能說[81]：「我相信不管對國防工業或全世界的軍隊而言，這都是很大的轉變，就如同二次大戰之後我們看到的技術轉變。」他又說：「只要想想我們在二次大戰時使用的裝備，再想想今天的裝備，在技術上有很大的變化。如今我們正踏入類似的新紀元，未來五十年、六十年出現的大轉變，將是網路作戰方式和虛擬武器的發展，完全無法觸摸的虛擬武器。目前只是這波軍事轉變的開端，未來將變得很不一樣，因為……要取得這類武器其實更容易。目前只有不到十個國家擁有核子武器。但理論上，每個國家都能擁有網路武力。」

面對如此巨變，辛格警告大家，網路安全不無可能成為下一個「軍事工業複合體」（military-industrial complex）。網路安全業的成長繫於網路安全專家，處理不當的話，網路安全專家會像駭客一樣，利用一般人缺乏技術知識的弱點來牟利。「和龐大的軍事工業複合體類似，『網路工業複合體』（cyber-industrial complex）同樣利用我們的無知和恐懼。」辛格援引的證據是關於網路安全的遊說金額節節上升：十年前，美國只有4家公司就網路安全議題對國會進行遊說。到了2013年，數字已跳升至1500家。辛格指出：「有些人因此輕鬆發大財，有時還與政府官僚互通聲氣，因為官員希望大家深感威脅，有利於他們爭取龐大預算。」

網路工業複合體和軍事工業複合體一樣，占據了優越地位，發展觸角將延伸到每一位網路使用者的電腦、平板電腦和手機。辛格之所以戒慎恐懼，有他的道理，不過我認為基於以下幾個原因，網路工業複合體不太可能真的發展起來：軍事工業複合體的特色是不惜耗費數十億美元的鉅資，開發武器系統，但這並不符合網路安全領域衝突和武器的本質。爭取網路安全合約時，比較重要的是你是否具備敏捷、靈活、有效應變的能力，而不是你認識哪個國會議員。由於政府日益重視網路安全，確實可以從中賺到一大筆錢，但政府想合作的對象是能快速創新的公司──對行動遲緩、官僚氣息濃厚的軍事工業巨人反而不利。

布朗克則抱持混合的觀點。他預期和過去軍事工業複合體中的國防工業巨人一樣，靈敏的新創公司將茁壯為大企業，只是他們將採取更現代化的做法和矽谷的作風。他說：「我注意到良好的網路安全來自於厲害的研究人員，而厲害的研究人員通常會互通聲氣，匯聚於小團體或新創公司中。」布朗克認為，積極發展網路防衛能力的大企業或國防工業巨人，最後會設法收購或投資這些犀利的研究人員。

「基本上，網路安全業到頭來將十分類似於矽谷的新創公司及收購模式。」布朗克表示。矽谷公司追求創新的方式不外乎自行研發或外包。「但要企業從不同角度思考自己的事業，改變他們在某些領域的營運方式，採取截然不同的做法來賺更多錢，許多公司都沒有這樣的文化。」他補充說道。

　　布朗克還記得，幾年前，他曾和思科高階主管聊到，當企業想打破傳統，追求不同的發展時，可以怎麼做；還談到美國國防部也面臨類似的創新問題。這位主管告訴他，思科的做法是在內部搜尋有好想法的員工；然後讓他休長假，幫他和矽谷創投公司牽線，給他一、兩年的時間實現創意。「假如你成功做出產品，思科可以捷足先登，把它買下來。在我心目中，矽谷主要就是如此運作。」布朗克說。「小公司逐步累積、創新，建立某種新的商業模式或開發出創新的產品。然後要不就是產業巨擘挹注大筆創投資金，小公司成功上市，變成像臉書或谷歌或蘋果之類的巨型公司；要不就是小公司遭大公司收購，成為臉書或谷歌旗下的事業部。」

　　布朗克表示，網路安全公司的發展也如出一轍。「他們努力創新，推出酷炫的裝置，然後惠普之類的大公司會跑來說，『我們的網路管理工具套組正好需要這樣的技術。』於是新產品就變成惠普網路管理產品的一部分，成為裡面的網路安全組件。」

　　我很同意布朗克所描述的矽谷創新活動，以及相繼而來的併購活動。不過我預期未來搶食網路安全大餅的，將是衍生自新創公司的巨型公司（套用布朗克的說法），而不是那些大者恆大的軍事工業巨擘。

自由與安全

　　無論網路安全產業如何成長壯大，我都不曾聽過任何人反駁以下觀點：網路安全產業一定會以極快的速度變得很大。假如有大學生問我，哪一種職涯在未來五十年一定會穩定發展、薪資豐厚，我會告訴他：「網路安全。」這個產業正飛速成長。這方面的需求始終存在、不斷成長，而且需才孔急，符合資格的人才卻十分短缺。

　　美國勞工統計局很不喜歡誇大其詞，但他們在報告中指出，對網路安全技術專才的需求將出現「巨幅躍升」。紐約一家投資網路業的成功避險基金主管告訴我，「有一小群非常厲害的高手，他們真的很懂這些事情，可以實際設計出硬體、軟體解決方案，來因應這些問題。」他解釋，網路安全的特性是，這不單單是某個產業或某家供應商面對的問題，任何與網路相連的公司或個人遲早都需要解決相同的問題：「裡面牽涉到龐大的賭注，而且對每個人的影響愈來愈大……所以問題愈來愈大，機會也愈來愈大，端看你站在什麼角度來看。」

　　千萬別忘了，政府和大企業付出昂貴成本來取得網路安全防護，一般市井小民或小公司根本負擔不起。為了對抗編碼武器而誕生的網路安全產業，一直以來都是以產業的姿態出現。但原本人民的安全應該是政府出面維護的公共利益，而不是在市場上購買的私人商品。近年來，應該如何保護GPS等重要基本設施，以及像銀行之類的大企業成為備受矚目的焦點，但另外還有個無法靠市場力量弭平的巨大落差：市井小民和小公司的安全問題。政府有責任保護人民，而不是只保護大企業和國家基本設施。

政府應該與私人企業密切合作，網羅頂尖人才，發展網路防衛能力。除此之外，政府還有一個尚未履行的義務：好好釐清在這個新衝突領域中，政府對人民應負起的責任。今天的網路安全業有如在仰賴空中轟炸的年代開發高射砲的公司——只知道拚命賣高射砲給市場上的買家，卻沒有好好利用高射砲來保衛廣大的平民。必須靠CloudFlare的伽利略計畫或其他政府領導的方案帶動變革，才能保障所有公民都能享有最基本的網路安全防護。我們都希望能在網路上自由遨遊，但沒有安全的自由其實非常脆弱，沒有自由的安全則帶來壓迫感。未來我們必須在兩者之間求取前所未有的平衡。

第五章

數據：資訊時代的原料

　　土地是農業時代的原料，鐵是工業時代的原料，
數據則是資訊時代的原料。

　　小時候，我們家後門外是一大片樹林。放暑假時，我和死
黨往往一大早就推門出去，跑進林子裡，一玩就是幾個鐘頭，
在方圓幾哩的林子裡四處漫遊，肚子餓了才回家吃中飯。狼吞
虎嚥地吃完乳酪通心粉後，又趕緊回樹林裡玩耍，直到晚飯時
間才回家。爸媽大致曉得我們在哪裡，但不太在意我們的確切
位置，所以沒有人管我們，也沒有人找得到我們。林子裡沒有
大人，只有小孩和動物。爸媽都曉得，等我們肚子餓了，自然
會乖乖回家。

　　這是我們這一代童年生活的常態。郊區孩子會騎上自行車
到處跑；都市孩子則在遊樂場玩耍，或去搭地鐵。然而今天包
括我十三歲的兒子在內，每個小孩都有手機。孩子踏出家門
後，會不斷和父母及朋友通電話或傳訊息，發送GPS訊號，

或在社群網站留下數位足跡。如果他們像我小時候那樣失去聯繫，我想內人和我恐怕會急瘋了，擔心是不是出事了。

今天我們已經習慣隨時都找得到每個人（包括我們的孩子在內），大家也預期並要求我們隨時都在線上。我不知道這種情況到底是好是壞，也許好壞參半。無論如何，我們今天正站在精彩的歷史轉折點上。不同世代之間出現根本差異，我們這一代和更早的世代擁有總是離線的童年，我的孩子及他們之後的新世代則擁有隨時連線的童年。

今天的孩子第一次拿到手機或電玩時，就開始累積與個人相關的各種數據，終其一生，這類數據會不斷增加，而且被拿來比對、編碼、尋找相互關聯性和出售。二十年前我還在讀大學時，從來不曾傳送或接收任何電子郵件或文字訊息，也不曾在社群網站上張貼文章，更沒有手機。即使如此，我現在和大多數美國人一樣，完全成為目錄上的商品，私人公司如今收集和銷售關於一般美國消費者的資訊多達七萬五千個資料點[1]。而這個數目和未來將產生的龐大數據相較之下，簡直微不足道。

資料產量大爆炸是晚近才發生的情況，而且從一開始，資料儲存量就呈指數成長。人類曾有幾千年的時間，都利用泥板、紙草手卷或羊皮紙來保存紀錄。後來開始用木漿或草漿製成現代紙張，是人類的一大進步。但人類大量生產資料的第一個重大里程碑，是發明印刷術。第一部印刷機誕生後五十年間，總共印製了八百萬本書，超越過去數千年歐洲謄寫員生產的書籍總數[2]。

二十世紀，隨著電報、電話、收音機、電視機、電腦等一連串發明，全球資料量快速成長。到了1996年，由於資料和運算能力愈來愈便宜，數位儲存方式首度比紙張紀錄方式更划算，更符合成本效益[3]。

但即使在2000年，仍然只有25%的資料以數位方式儲存。只是不到十年間，數位資料已一飛沖天，占比在2007年達到94%，而且比例持續上升[4]。

大數據：幫歐巴馬打贏選戰的利器

數位化的趨勢為資料收集開創了驚人的可能性。今天全球的數位資料，有九成是在過去兩年產生的[5]。每年數位資料的數量都成長50%[6]。每一分鐘，人類都寄出二億四百萬封電子郵件，張貼240萬則貼文到臉書上，上傳72小時的影片到YouTube，以及把216,000張新照片放在Instagram上[7]。工業公司把感測器植入產品中，以便更有效地管理供應鏈和運籌系統。所有活動在2015年創造出5.6 ZB（zettabyte，皆位元組）的資料量。1 ZB等於1021位元組，或一兆GB（gigabyte，吉位元組，1GB代表十億位元組）[8]。

「大數據」（big data）是個囊括一切的名詞，說明如何運用如此巨量的數據來即時理解、分析和預測趨勢。「大數據」也可以和「大數據分析」、「分析」、「深層分析」等名詞交替使用。但大家普遍有個誤解，以為只要收集到大量數據，就能帶來種種進步。實際上，如果缺乏處理資料的能力，單靠數據量拚命成長，也無濟於事。即使在我相對資訊貧乏的童年，隨著一次次考試和收到成績單，我們仍然累積了許多學業資訊，只不過當時無法把所有資料點連結起來，並加以分析。企業界也是如此。想想看，過去寄發的所有信件和電報裡，蘊含了多少商業資訊。這些資料都包含大量資訊，但因無法搜尋，所以也無法大規模應用。大數據的價值固然有一部分源自龐大的數據量，但同樣重要（或甚至更重要）的是，我們能即時運用這些資料，作出更明智有效的決定。近來由於資料視覺化技術的新發展，我們能看到並理解許多資料型態，因此也進一步促進大數據的應用，過去我們或許無法從滿是數字的試算表上，明顯看出這些型態。

參與歐巴馬兩次總統選戰的經驗，讓我充分理解大數據的意義。歐巴馬陣營運用大數據打選戰的故事，如今已眾所周知。他們在非常激烈的選戰中，運用大數據深度分析如何募款、在哪裡舉行選舉活動、如何打廣告，令對手無從招架。從募款到現場作戰方式到民調分析，幾百名數位高手和數據分析專家組成的團隊，打得共和黨候選人潰不成軍。2012年，歐巴馬陣營的鎖定目標選民及催票計畫獲得卓越成效，羅姆尼（Mitt Romney）陣營潰敗。

在2012年選戰中，歐巴馬的18人電郵小組曾經測試一萬多種不同版本的電郵訊息。例如，有一次他們針對單一電郵，發出18個不同版本的郵件，每個版本都附上不同的主旨，看看哪一種最有效[9]。結果最成功的標題是：「對手經費快超前了」，總共募到$2,673,278。表現最差的是：「民調說中了一件事……」——只募到$403,603。

打選戰時沒辦法單憑直覺得知這些事情。一位電郵小組成員承認[10]：「我們基本上發現，直覺毫無用處。」結果，以數據為基礎的募款活動創造出非凡成果，2012年，歐巴馬陣營總共募到11.23億美元的選舉經費，其中有6億9千萬美元是來自440萬民眾的線上捐款[11]。歐巴馬打選戰的規模是共和黨候選人羅姆尼的兩倍，但創造出四倍的成果[12]。

在歐巴馬陣營中扮演要角的是數據分析總監韋格納（Dan Wagner），他用童年時期的小故事簡要說明了他的策略：「有一次，我在密西根家中和我爸一起操作吊掛工具，我想我大概在做斜坡之類的東西。爸爸看著我說：『孩子，如果你可以用六十秒鐘的時間做某件事，你有十秒鐘時間想清楚該怎麼做最好。[13]』」

韋格納衷心接受父親的忠告，後來並應用在2012年的選戰：簡言之，他所做的一切，都是為了弄清楚如何更有效率、更有效能地把事情做好。如今愈來愈多公司警覺到，應該效法韋格納的做法，尤其是今天數據變得更便宜，使用方式也更有彈性。韋格納表示,在過去,「組織通常不會說:『假如我可以用這麼多經費來做某件事情,我要先拿一部分預算來弄清楚其他的錢花下去會不會有效果。』不幸的是,這不是正常心態,但我認為這種想法正逐漸變成新常態。你必須先挪出一筆預算,以釐清其他預算能否達到你想要的成效。管銷費用雖然增加,卻可能提高資產報酬率。你現在就可以這麼做[14],因為很多過去拿不到的數據,如今都有辦法取得。透過數據分析,可以衡量很多事情。」

除了可以取得大量新數據之外,曾為歐巴馬打選戰的另一位數據專家史拉比(Michael Slaby)指出,電腦運算的新突破,正進一步推動大數據的發展:「我們長期以來,一直在收集大量數據,所以『大數據』的真正意義在於,我們幾乎能即時處理某方面的大量資訊,並設法用來做點事情。因此我們可以根據即時分析,策略性作出不同的決策,而不是純粹仰賴事後的回顧性分析。過去典型的大量數據分析,例如大型研究或有些長期的縱貫性研究,都是事後才進行回顧性分析,而不是現有策略流程的一部分。[15]」

想想看,花多年時間分析人口普查資料,和打選戰時利用即時分析爭取選票,兩者的差異有多大。許多新計畫都因為這樣的速度而變得可能。在史拉比看來,這正是大數據最了不起的地方:「大數據不僅僅是電腦運算能力,加上日益普及的雲端運算能力在商業上的應用。今天我們處理的資料數量夠龐

大，速度也夠快，而且人們也負擔得起……儲存方式變得很
便宜，所以可以儲存大量數據……而且由於處理速度夠快，
我們可以好好利用這些數據。[16]」

數據收集量大增，以及電腦運算能力成長，這兩者恰好互
補。數據量日益龐大時，大家為了分析數據，並從中擷取商業
情報，就會投入更多資金於強大的電腦，並儲存更豐富的資
料。電腦威力愈強，就愈能輕鬆聚積大量數據，產生更多深度
資料集。

大數據其實有其潛在矛盾，因為大數據科技兼具細密和寬
廣的特性，會檢視許許多多的小事實，再集合有限的事實成為
既觀照全面又個人化的資訊[17]。學者把它比喻為兼具顯微鏡和
望遠鏡的功能：一方面協助我們檢視過去觀察不到的小細節，
同時又能理解更大規模的數據，揭露以往因相隔太遠而被忽視
的相關性。

到目前為止，大數據帶給真實世界的衝擊，主要在於運籌
和說服，是供應鏈管理、打選戰和廣告的利器，因為這些領域
都需要大量重覆性、可量化的小行動——亞馬遜和Netflix也因
此採用「推薦引擎」，為顧客提供更準確的建議。但今天的大
數據應用只是開端，等到我的孩子踏入職場時，大數據將不只
是個時髦的名詞，目前似乎和數據分析不相干的生活層面，都
會遭大數據一一滲透。大數據將改變我們吃的食物、說話的方
式，也打破公共領域和私人生活的界線。

你會說幾種語言？

　　未來十年，大數據可以辦到的事情之一，是讓本書每一位讀者都能用數十種不同語言溝通，消除談話時的語言障礙。過去我到國外旅行時，都會隨身攜帶一本袖珍型字典，幫我翻譯慣用詞語。如果我想造個句子，我會花五分鐘猛翻辭典，想辦法用不見得最恰當的動詞和名詞，拼湊出笨拙可笑的句子。然而今天我只要掏出手機，把英文輸入谷歌翻譯功能Google Translate，只要我的網路連線夠快，就會迅速得到90種語言的翻譯。結果通常很不錯，或至少夠好了。每當我覺得有口難言時，我會拿起手機，讓不懂英語的當地人直接在螢幕上閱讀我說不出口的話。當然我的發音很糟糕，簡直語無倫次，而且一次只能說個一、兩句，也聽不懂對方的回答。但基本上，如果只是想問問廁所在哪裡，希望有人指點一下正確方向，這樣已經足夠了。

　　今天的機器翻譯功能突飛猛進，比以往查字典的老方法有用多了，但在準確度、功能性和表達能力上仍有不足。本質上，機器翻譯的問題不僅僅是數據和電腦運算的問題。專業譯者認為，各種不同方言、音調起伏和其他細微差異，對電腦來說都太複雜了，很難完全滿足需求。但他們都錯了。今天的翻譯軟體透過每天為兩億多人處理十餘億筆翻譯資料而不斷發展[18]。由於數據量呈指數成長，上述數字很快就只代表一個下

午的翻譯量，再演變為一小時的翻譯量。大量語言資料不斷進
進出出。當翻譯軟體獲得的資訊呈指數成長，機器翻譯的準確
度也會進步神速，連最微小的細節都納入分析。每當機器翻譯
出錯時，使用者可立即標示錯誤，未來機器翻譯時也會將這項
資料納入分析。所以，我們需要的只是更多的數據、更強大的
電腦運算能力，以及更好的軟體。而經過一段時間之後，這些
都不成問題，將弭平目前機器翻譯在溝通上的落差，例如發音
問題，以及能不能立即翻譯對方的口頭回應。

　　人性化介面將是機器翻譯領域最有趣的創新。不出十年，
每當有人跟你說外語時，你耳中的小耳機會把他的話同步翻譯
成你的母語，在你耳邊輕聲說給你聽，只會因聲音傳送速度而
造成些許延遲，幾乎難以察覺。你耳邊的聲音不會是電腦語
音，而是類似Siri的自然語音。由於測量聲音頻率、波長、聲
音強度，以及其他聲音特性的生物聲學工程技術不斷進步，與
你耳機相連結的雲端軟體會仿造對方的聲音在你耳邊說話，但
說的卻是你的母語。當你回答時，雲端軟體也會把你說的話翻
譯成對方的語言，透過他的耳機說給他聽，或經由你的手機、
手錶或其他2025年個人裝置上的揚聲器播放出來。

　　今天的翻譯軟體只會在兩種語言之間轉換，想要讓它同時
轉換三種不同語言，會變成一團亂。未來則無論幾種語言一起
對話都沒關係。你可以請八個人吃飯，大家在餐桌上用八種
不同的語言聊天，但在你耳中呢喃的永遠只有你想聽的那種

語言。

　　通用的機器翻譯軟體將大規模加速全球化。目前的全球化乃是以英語為通行的商用語言——而說英語的人口中，英語非母語的人口已是以英語為母語人士的兩倍。到了下一波全球化，由於大家不再需要共同語言，將開啟更廣泛的溝通。目前如果講韓語的生意人在巴西的研討會中，碰到說中文的企業主管時，他們多半用英語交談。以後就不需要這麼做了，如此一來，將為非菁英人士及許多不說英語的人打開全球經商的大門。

　　由於語言障礙，某些地區一直被視為難以打入的市場，未來機器翻譯軟體將讓這類市場變得可親，尤其是印尼。在印尼的雅加達市和峇里島，很多人都能說英語、中文或法文，但在其他六千個有人居住的島嶼上，能操流利外語的人就屈指可數了。倘若你毋須精通爪哇語（或七百種印尼語中的任何一種），也能在印尼其他省分做生意，那麼要打進印尼市場就會容易許多，而印尼人也更容易取得外國資金。

　　橫越班達群島、阿拉佛拉海和印尼東部地區，就來到資源豐富的巴布亞紐幾內亞。巴布亞紐幾內亞有豐富的礦藏、適宜農耕的土地，以及蘊含珍貴魚類的水域（鮪魚量占全球18%）[19]，但由於該國有850種不同語言，嚇跑了許多外國投資客。未來，應用大數據的翻譯軟體將能改變這樣的局面，協助世界各地的經濟孤島融入全球經濟體系之中。

　　不過，和任何新科技一樣，通用的機器翻譯軟體也有不好的一面。我特別想到兩個缺點。第一是幾乎會消滅整個翻譯產業。十年後可能唯有從事翻譯軟體相關工作的專業譯者，才得以存活下來。大多數機器翻譯程式（例如Google Translate）仍會持續仰賴人工譯本，不過等到翻譯資料集夠龐大時，就不再需要專業譯者了。專業譯者的工作，變得有如過去負責點亮街燈的燈夫或運送冰塊的販子，或像今天的礦工一樣；今天的礦場雖然仍需要少數礦工，但他們只負責監督機器運作，而不需要自己從地底挖煤。可以想像，未來也會有少數專業譯者和機器合作，處理像俚語或簡寫等不斷進入語言生命系統的語彙。我曾建議國務院不妨考慮在希拉蕊演說時，用機器翻譯講稿，以便即時讓更多人聽到。我還記得國務院外交官聽到我的建議時，簡直目瞪口呆，驚呼：「絕對不可能！」他們說得對，今天的即時翻譯軟體還不夠好，產生的錯誤甚至可能引起外交麻煩。但如果認為這件事絕對不會發生，那他們可就錯了，只是遲早的問題。

　　第二個缺點是提高受騙的風險。如果機器能重組我的聲音，讓別人真假難分，那麼就開啟了新的詐騙機會——而且可以用幾十種不同語言來詐騙。當我們透過翻譯和通訊幾乎可通行全球時，會產生一個十分諷刺的副作用：我們幾乎得直視一個人的眼睛，才能相信他說的話。

九十億人都需要食物

拜大數據之賜，未來烏爾都語（Urdu，巴基斯坦官方語言）、希臘語和史瓦西里語（Swahili，為非洲東部通用語言）都可能進入人類的日常對話，人類世界將因此大幅躍進。更令人讚嘆的是，大數據或許也能在解決人類饑餓問題上扮演要角。饑餓可能是人類面對的最長期挑戰。根據世界食物計畫的報告[20]，全球每九人中就有一人（換句話說，有八億零五百萬人）沒有足夠的食物可吃，無法過著健康活躍的生活。如果在未來三十年，全球人口一如預期增加到90億以上，糧食產量就必須成長70%，否則會有更多人挨餓。再加上由於氣候變遷，氣溫升高，飲用水成為愈來愈稀有的資源（全球使用的淡水，有七成用於農業灌溉）[21]。

要餵飽全球愈來愈多的人口，可寄望於大數據與農業的結合——精準農業。過去幾千年來，農夫耕作時多靠經驗和本能來判斷。綜觀人類歷史，過去人們把月亮陰晴圓缺的變化，當成農耕時最重要的科學依據（因為古人相信，月亮會影響土壤和種子。還有個務實的原因是，需在缺乏時鐘和曆法的情況下管理時間）。二次大戰後的科技創新驅動了綠色革命，農作物產量大增，挨餓和貧窮的人減少了。綠色革命引進雜種種子、灌溉方式、殺蟲劑和肥料等新科技、新做法。從此以後，農夫依照固定時程栽種、施肥、修剪、收割，不再那麼在意天氣變

化或氣候狀態，或農田裡的細微變化；農耕變成工業時代的
延伸。

精準農業會收集有關天氣、水及氮素量、空氣品質和疾病
的大量即時數據，並加以評估，不但能掌握每個農場或每畝農
田的精確資訊，還能精準掌握到每平方吋農田的情況。農田中
將出現一列列感測器，把數十種不同形式的資料傳送雲端，然
後與GPS及天氣模型收集到的數據相結合。收集到的資訊經過
充分評估後，演算法將產生一組明確的指令，告訴農民應該在
何時何地做哪些事情。

我小時候爬進曳引機或收割機時，機具看起來簡單而牢
固：只有個鋼骨架構、巨大的橡膠輪胎和一具引擎。農夫依時
程在田裡耕作，眼睛只盯著眼前那小塊田地。未來的農耕機具
看起來會更像飛機駕駛艙，而不是我兒時記憶中的曳引機。農
夫視線所及之處會有個平板電腦，上面跑著圖形介面軟體。這
部機器不是靠駕駛座上的農夫指揮移動，而是遵從遠端遙控軟
體下達的指令。機器在農田耕作時，頭燈旁的感測器會把作物
冠層的資訊傳給系統。機器在農田中自我導航，不斷吸收和應
用從高高在上的衛星和底下的泥土取得的資訊。這是經過演算
法計算的本能。這部機器能極其精準地從事農作，精確度超越
人類史上任何農夫最狂野的夢想。

從今天的農耕方式幾乎難以想像未來的無窮可能。曳引機
最終將能感測每一吋土地的需求，施肥時灑下為那吋土地特別

調配的肥料。未來的農夫不會對一大片農田施加定量的磷肥和氮肥，而會精準解析出每吋農田需要的肥料量。

全球最大的幾個農業巨擘（包括孟山都、杜邦和農業機械公司John Deere）的早期投資，為精準農業奠定了全球基礎。孟山都很快就對大數據的重要性抱持強烈信念，開始瘋狂灑錢，付出數十億美元收購農業數據分析公司。孟山都估算數據分析能將農作物產量提升30%，創造200億美元的經濟效益[22]。

孟山都有個叫FieldScripts的產品剛展開田野測試，我們可以從中一窺未來可能躍為主流的趨勢。先將某個農場的詳細資料（包括農田範圍、過去產量紀錄、肥沃度測試結果等）輸入FieldScripts，同時把整片農田分成許多小區塊。接著演算法會建議應該採用什麼種子，並提供播種處方（何時在哪裡播下哪一類種子及多少種子），這些資料全都透過一種叫Field View的應用程式，呈現在農夫的iPad螢幕上。農夫再把相關資料傳到一種叫「變率播種機」的大鳥狀農耕機具，播種機有個類似曳引機的操作艙，拖著兩片厚重的鋼翼，可在30呎寬的農田範圍內散播種子。操作艙內的監視器看起來非常複雜細密，有如新型波音787客機的儀表板。在相關數據引導下，播種機會根據軟體為每個小區塊特別調配的處方，進行播種。

未來的農夫會因FieldScripts之類的創新，變得更像坐辦公室的上班族，每天花較多時間整合數據，更新軟體，而不是腳踩泥土，親手耕作。2014年，孟山都技術長佛瑞雷（Robb

Fraley）表示：「可以預見，我們在五到十年內很可能成為一家資訊科技公司。[23]」

大型農業公司洞燭機先，很快看到大數據為農耕帶來的商機。不過，這些公司能否像過去主導曳引機和肥料市場般，在新興市場上稱霸，卻令人懷疑。回顧個人電腦剛誕生時，IBM和康柏（Compaq）等大型電腦公司，由於有完善的企業客戶網絡，因此能及早投資，鞏固市場領導地位。儘管如此，後來他們的市占率仍不斷流失，在硬體領域不敵蘋果（Apple）和戴爾（Dell）等新創公司，在軟體領域則輸給像微軟（Microsoft）等專為個人電腦市場而誕生的公司。如果想在這個變化快速的領域保持領先，孟山都、杜邦和John Deere必須持續收購最具潛能的新創公司——精準農業領域的原住民。

我也認為，小農和擁有數千畝農地的大農場一樣，都能從精準農業中獲益。精準農業並非仰賴占據半個穀倉的大型企業軟體系統，這類昂貴軟體都擺在雲端，農民只需廉價裝置就可取用，例如透過智慧型手機和我在曳引機「駕駛艙」看到的平板電腦。包括感測器在內的硬體會持續降價，所以農民的實際花費將來自訂購軟體服務——也就是精準農業的實質內容。這是農業巨擘目前已在努力推廣的商業模式，未來不僅在大農場工作的高科技農夫會採用這類服務，還將普及於小型的家庭式農場。

這類科技還需要多年耕耘，才能在富裕國家中躍升主流。

但未來一定會有這麼一天，而且之後不久，就會愈來愈普及於
開發中國家和世界前沿地區。精準農業的發展型態將和機器人
的發展相似，雖然最初需投入高昂資本，後來卻能省下龐大營
運費用。隨著設備成本不斷下降，開發中國家的農民將更容易
取得這類服務，創造莫大效益。我腦子裡立刻想到印度，飽受
農業不夠現代化之苦的國家莫過於印度。在印度，由於成本
高，水資源稀少，加上其他因素，農耕是非常艱苦的行業[24]。
據統計，過去二十年來，印度自殺的農夫高達30萬人。更嚴
重的是，全球有25%的饑民住在印度，估計有一億九千萬人，
饑餓是印度頭號死因[25]。由於印度人口成長快速，要生產充足
的稻米、小麥和其他糧食的產量來滿足需求，也變得愈來愈困
難。

精準農業無法終結印度的饑餓問題，也無法讓只能勉強餬
口的印度農民變成農業企業家。但在資源稀少的印度，精準農
業能讓稀有資源（不管是種子、肥料或水）發揮最大的價值。
印度和中國、美國及歐洲不同的是，印度沒有全國性的農藝學
家網路，為全國各地的農民提供專業知識和資源。印度的經費
分配太過分散。精準農業成為主流後，就可以扮演農藝學家網
路的角色，提供印度農業突飛猛進的機會，幫助僅勉強餬口的
農民達到今天難以企及的生產績效，這是印度的最佳契機。印
度有數億人口每天都吃不飽，精準農業代表了餵飽饑民的最大
希望。精準農業將讓農業從工業時代的產業，蛻變為數位時代

的產業。

精準農業也有助於大幅削減汙染。我的第二故鄉馬里蘭州就是好例子。我居住的切薩皮克灣有美麗的水域和美味的藍蟹。但近數十年來，海灣藍蟹和其他生物的數量都急遽下降，因為土壤過度施肥，導致大量的氮汙染海水。肥料中的氮會造成死區，墨西哥灣有一個死區的面積大如新澤西州[26]。肥料不但扼殺此地的水產，也加劇氣候變遷。肥料會產生一氧化氮[27]。一氧化氮是很糟糕的溫室氣體，和二氧化碳及甲烷一樣，會對氣候帶來不良衝擊。農田過度施肥會促使一氧化氮進入大氣層。不過，由於擔心管制肥料會減少糧食供給，讓饑餓問題惡化，目前正在談判的氣候變遷協議都沒有認真考量農業產生的一氧化氮。

精準農業提供了另一種解決方案。農民不必再全面施放定量的肥料、殺蟲劑、除草劑。透過新數據，能大幅降低農民噴灑於農田的化學藥劑，因此也減少水、空氣和食物中的有害物質。農民可以利用感測器蒐集的數據，來決定適當的水量和肥料量。透過精準農業，我們能生產更多糧食，製造更少汙染，這些全拜大數據之賜。

Fintech：金融數據系統

華爾街和所有產業一樣，也在設法充分利用大數據。美國股市每天進出的交易量達70億股[28]，其中三分之二乃透過預編程式的電腦演算法進行交易，處理有關股價、交易時間和交易量等資訊，以追求最大收益和最小風險，這就是所謂的「黑箱交易」或「演算法交易」，如今已成為金融業的常態。

大數據對金融業的下一波衝擊，將發生在零售銀行業——顧客都是一般民眾，而不像投資銀行或商業銀行把重心放在服務企業。所謂「fintech」（金融科技），就是應用大數據來促進零售銀行的營運及產品開發。

今日，支撐銀行系統現有架構的科技早已過時。比特幣新聞網站CoinDesk創辦人可汗（Shakil Khah）形容，審理貸款和管理帳戶等銀行基本功能，其背後的系統「已經非常、非常老舊了。科技公司不斷創新，每半年就推出新產品，銀行卻還在靠一九八〇年代和一九九〇年代打造的系統營運」。

Fintech就是要改變現況。2008年，金融科技公司在全球籌募了9億3千萬美元的資金[29]；2013年，又籌集30億美元的資金；預期到了2018年，數目還會上升到80億美元。金融科技新創公司正迫使匯豐（HSBC）、瑞銀（UBS）、巴克萊（Barclays），以及摩根大通（JPMorgan Chase）等大銀行展開科技大翻修。金融危機時，許多大銀行的笨拙科技可說窘態畢現，銀行執行長和管理當局淪落到只能憑臆測推估出貸款組合。被問到為何不能更準確掌握房貸放款數額，銀行總是怪罪內部數十種老舊科技系統不能互通，無法彼此協作。

「不管是為我們自己，或為顧客、客戶及股東著想，我們都必須廣泛撒網，找出新辦法來解決既有問題，因應新興挑戰。[30]」美國銀行（Bank of America）技術基礎架構主管瑞利（David Reilly）表示。「和新創公司及創投公司合作，迫使我們從不同角度思考創新，更傾向革命性轉變，而不是漸進式演變。」

二十九歲的唐森（Zac Townsend）就是fintech界代表人物之一。唐森是新創公司Standard Treasure的共同創辦人，公司創立宗旨是運用科技協助銀行改進與顧客的互動方式，不久前剛被矽谷銀行（Silicon Valley Bank）收購。我和唐森在舊金山市區共進早餐時，他解釋當初為何投入金融科技的領域。唐森在新澤西州長大，早期在政府部門從事創新工作，先後為紐約市長彭博（Michael Bloomberg）和紐華克市長布克（Cory Booker）效力。但布克當選參議員後，他沒有跟著搬去華府，反而決定前往矽谷闖蕩。「我想，如果要真正了解政府內部的創新，我必須實際去了解創新。」搬到舊金山灣區不到一年，唐森就靠低碳水化合物飲食法瘦了50磅，還籌募了幾百萬美元的創投資金，踏入更大規模產業轉型的核心地帶。

唐森指出，大數據正在劇烈改變消費性銀行業務。「銀行究竟是什麼？」唐森問。「銀行是一本巨大的分類帳，裡面記載人們擁有多少錢，以及欠銀行多少錢。骨子裡，其實都是數據問題。我認為銀行——以及銀行周邊的生態系統——才剛開始了解他們其實是數位公司，是數據公司，也是科技公司。即使銀行所做的事情大都是以數據為基礎，但過去他們壓根沒這麼想過。他們使用彭博終端機接收市場資訊，他們計算風險，分析市場。到處都有這麼多數據。但實際情況是，直到今天，他們才開始把數據視為核心事業。」

唐森認為，金融業一直受到老舊系統的牽制，無法提供顧客透明化的資訊。「醫院和銀行是世界上僅有的兩個地方，你走進去以後，不知道他們到底在賣什麼，因為看不到產品清單、定價表。所以，假設你是奧克蘭居民，很少和銀行往來。你走進銀行，假定是富國銀行的分行好了，那裡有柱子，有地毯，有辦公桌，但是你完全不知道該怎麼辦，也難怪你會感到害怕，連開個銀行帳戶都有困難。而在世界另一端，可能根本沒有完善的銀行設施，居民還需擔心如何儲值或支付的問題。」

唐森創辦的新公司Standard Treasure最初為銀行設計了一種特殊軟體程式API（應用程式介面），讓銀行和顧客更容易取得數據和充分利用數據，並讓數據視覺化。但這只是邁向未來銀行的一小步。唐森認為，起源與大數據相關、而且有能力管理大數據的銀行，將在二十一世紀崛起。「銀行所做的事情——儲存價值、轉移價值，以及為風險訂價——都是數據公司的功能。所以如果谷歌有興趣的話，他們可以把這三件事做得比大多數銀行都好。」

於是出現一個有趣的問題：為什麼谷歌公司或其他數據分析公司迄今還沒有創辦數位化的銀行呢？

唐森常被問到這個問題。他解釋：「問題主要出在法令規章上。買賣銀行是很麻煩的事情。銀行在營運上受到很大的限制，管理當局十分害怕創新，他們很害怕銀行採用不同於其他銀行的方式來賺錢。他們之所以感到不安的原因，也應該令我們其他人不安：因為銀行設立的本意並非賺錢，銀行應該是穩若磐石的金庫，供人們存放金錢。我曾經和美國聯邦存款保險公司（FDIC）的人談過，和金融管理局的人談過，我還和律師及監理當局的顧問談過。最後歸結出來的問題不是：『能不能買銀行？』我或許能籌到幾百萬美元的資金，買下一家小銀行。真正的問題在於：『你真能把銀行當科技公司來經營嗎？』答案也許是否定的。我可以告訴你最簡單的理由，每個監理機構都告訴我：只要銀行每年的成長率超過20%，他們就感到不安。根據過往經驗，飛快成長正是銀行快要破產的頭號指標。但是傑出的矽谷新創公司往往每個月成長20%。」

儘管如此，唐森還是努力投入。由於可以改善的空間太大了，他捨不得放棄。面對美國銀行業務的重重法令束縛，唐森的公司申請成為英國的獨立銀行，形容自己是「以科技為先的批發銀行」。然後他把Standard Treasury賣給矽谷銀行，在「以科技為先」的思維上添增傳統銀行的基本架構。被問到他們要如何與歷史悠久的英國銀行競爭時，唐森表示：「我們的競爭對手包括駿懋銀行（Lloyds）、匯豐銀行、瑞銀等，我希望最終能在美國迎戰摩根大通和富國銀行。他們都是我們的競爭對手，我和每個新澤西人一樣，打算痛宰他們。」根據唐森勾勒的情境，以科技為先的銀行更能提供以人為本的服務，打垮老邁的大銀行。正如同當年愈來愈方便的數位攝影裝置擊潰老牌的柯達，以及谷歌和維基百科幾乎把皮面精裝百科全書淘汰出局。

唐森堅信，倘若歷史悠久的傳統銀行當初能更有效運用大數據，或許就不至於發生金融危機的大災難。他向我解釋他的觀點：「基本上，在有關數據管理和信任的基本問題上，他們做得很糟糕。誰借了這筆房貸？貸款人有沒有按時償付？我們對這名顧客的總曝險額是多少？舉例來說，今天全球金融監管當局都督促大銀行創造：『單一顧客觀點』，基本上就是說：『摩根大通』能不能跟艾克森石油說清楚總負債（存款）和總資產（貸款）有多少？目前要這樣做有困難，因為估算時必須跨越多個傳統系統，很難整合所有的分析數據。難怪他們會惹上麻煩。」

「他們沒有好好管理自己的數據。」唐森又說：「這件事應該把大家嚇壞了。銀行不只是數據，而是大數據公司！你可以取一堆花俏的名字，例如證券化次級房貸或信用違約交換（CDS）之類的，但銀行基本上就是一本巨大的帳簿或合約，上面有未來可能為正或負的現金流量。銀行的整體收入，乃是以這些現金流量的現值時時刻刻的變化為基礎，然而銀行卻無法準確算出究竟誰欠誰多少錢。」

提出批評的人並不只有唐森。許多像唐森這樣的年輕創業家世代都想透過大數據，讓金融系統變得更聰明，改變金融系統運作的方式。唐森的工作和多爾西及其在Square的同事並沒有太大的差別，他們都自認比傳統銀行更有能力判斷應不應該核可貸款申請，因為他們能即時檢視所有申請者的交易紀錄。

Square的融資服務方案Square Capital除了促進交易外，還方便用戶取得周轉資金，讓用戶能隨資金需求增加而逐步成長。多爾西解釋：「他們等於開啟了一部收銀機，供交易往來之用。只要敲下按鍵，就能立即獲得1萬美元的貸款。然後他們可以透過刷卡來償還貸款，利息很低、很低。」換句話說，顧客很容易取得貸款，而且透過每次交易時的小額支付，幾乎自動還款。多爾西指出：「我們之所以能這麼做，是因為我們了解他們的生意。我們可以看到他們所有的現金交易，看到他們的信用卡交易，看到他們的支票交易。所以如果出現上升趨勢，我們會曉得。我們了解他們的領域。所以究竟能借他們多少錢，我們能作出非常明智的決策，如果這筆數目是他們能在合理時間範圍內償還的……所以我們採用這種非常簡單的方式，利用他們生意往來的心跳節奏，也就是收銀機。」

在金錢編碼化的經濟中，由於貸方能即時取得商家帳目，因此有辦法評估商家的真正價值。商家進出的每一塊錢，貸方都能即時取得數據，因此不必仰賴信用評分來作判斷。貸方甚至毋須實際查核商家的會計帳，也能評估商家的價值。Square董事兼投資人波薩（Roelof Botha）表示：「我們掌握了莫大的競爭優勢。沒有人能像我們這樣洞悉Square用戶的生意狀況。」[31]波薩描繪的高能見度，主要來自於Square每年需處理高達三百餘億美元的支付款項，所以Square Capital才能在營運第一年，便小額貸款給兩萬個商家，放款總額超過1億美元。這樣的商業模式讓Square更加有利可圖，勝過從信用卡交易抽取的微薄利潤。

唐森和多爾西都押寶大數據革命將開創金融突破的新契機，超越行動支付帶來的效應。唐森表示：「我想我們正進入一個新紀元，拜大數據之賜，矽谷開始進攻各種值得深思的大問題。乍看之下，我們致力解決的問題似乎頗沉悶——例如改善金融科技——但事實上，有數千萬人由於無法取得高效率而有效的服務，生活日益拮据。有了更好的數據分析方式，我們可以設法改變這樣的情況。」

全知的魔眼石

談到矽谷正在挑戰的「值得深思」、但乍看之下「似乎頗沉悶」的大問題，一家神祕科技公司的產品正是個好例子，可以讓我們一窺可怕的大數據應用程式。

　　我還在國務院上班時，他們派了一名海軍陸戰隊上尉來我的辦公室報到。他是個作戰經驗豐富的狙擊手，被派來學習如何運用科技，協助海軍陸戰隊在阿富汗作戰。他的任務很簡單：設法為在阿富汗偏鄉作戰的美國海軍陸戰隊改善資訊環境，希望促使美軍殲滅更多塔利班戰士，同時減少死於塔利班手中的美軍。

　　上尉和他的同事也支持 Palantir 公司開發的技術[32]。Palantir 是設於加州帕洛奧圖市的科技公司，公司名稱源自《魔戒》（Lord of the Rings）中的全知魔眼石。Palantir 的經營者卡普（Alex Karp）是個古怪的史丹佛社會理論博士，他的嗜好包括解俄羅斯方塊和氣功冥想[33]。卡普師從德國哲學家及社會學家哈伯瑪斯（Jürgen Habermas）[34]。哈伯瑪斯因對公共領域的論述而聞名於世，他強調公共領域是開啟自由討論、形成公共意見的論壇，因此非常重要。從 2005 年到 2008 年，美國中情局是 Palantir 公司唯一的客戶。從 2010 年開始，Palantir 也為美國國家安全局、聯邦調查局和軍方設計軟體系統。

　　Palantir 精於數據管理，能將龐雜的數據轉為視覺化的地圖或圖表。Palantir 針對阿富汗和伊朗設計一種多維地圖技術，能分析關於時間、嚴重程度和攻擊目標等資訊，勾勒出能即時解讀的風險型態。從此，Palantir 的服務就不僅是預測叛亂份子的攻擊行動，他們的技術還可用來分析路邊炸彈、偵查毒販，以及追蹤網路詐騙[35]。今天，卡普即使在還算平靜的矽谷地區走動，身旁都會跟著一名270磅重的保鑣[36]。

　　Palantir也跨入企業界，透過數據分析軟體，協助投入金融服務、法律研究及房貸詐欺、網路犯罪偵防等領域的公司。Palantir形容公司的核心領域為「數據模擬、數據摘要，以及數據視覺化」[37]。這三項功能都是在複雜環境中快速導航的關鍵，也代表大數據有能力做到的事情。僅僅快速檢視大型資料庫還不夠，完成數據分析之後，還必須以淺顯易懂的方式整理摘要，並以視覺化的圖像呈現，讓人類能應用自己的專業知識下判斷。在阿富汗作戰的海軍陸戰隊不可能從滿是數字的試算表，得知他們可能在哪個村子的哪條街遭到伏擊。大數據科技的任務是消化試算表的資料，整理資訊摘要，並且用海軍陸戰隊隊員可以馬上看得懂的地圖、圖表或其他圖像來說明分析結果。Palantir的目標是找出原本可能漏失的型態，然後以絕不可能錯失的方式來展示發現。Palantir在投資人公開說明書中透露，他們的軟體曾被用來搜尋長達40年的紀錄，協助將被控詐欺的馬多夫（Bernie Madoff）定罪[38]。雖然Palantir沒有透露營收數字，但據稱目前公司主要營收都來自私營部門[39]。

　　卡普認為Palantir的工作非常神聖。談起人才招募時，他表示[40]：「我們會告訴他們，你可以幫忙拯救世界。」從某個角度來看，或許他說得沒錯，只是我不相信我們可以一直封鎖這樣的能力，只准用來為公共利益服務。或許Palantir公司不會從事詐騙，但他們不可能永遠壟斷這類情蒐能力，終究會出現一些類似Palantir的公司，運用地圖繪製和鎖定目標技術來達到邪惡的目的，例如不是用這種技術來追蹤詐騙，而是拿來辨識最容易受騙的對象。技術本身沒有絕對的好壞，端視人類如何主導技術的價值和意向。

為了保護海軍陸戰隊隊員，我們會毫不猶豫地把全視型（all-seeing）分析軟體用於作戰領域，然而倘若有人把這種全視型科技用在我們身上呢？前CIA網路安全大師高斯勒把大數據比喻為賽局，他說：「我們因為貪圖它的好處而加入這場賽局後，就讓自己暴露在大數據的尖端分析技術下，因此我們更加了解自己，但同時這樣的剖析已經超越了我們希望讓其他公司或聯邦政府了解我們的程度。」

高斯勒指的是我們自動提供的資料，以及企業和政府記錄下來的個人資訊。我們往往為了獲取免費或便利的服務，加上對方模糊的資訊安全保證，而提供個人資料。但近年來，情勢已愈來愈明顯，一旦我們將資料拱手讓人，就可能遭祕密利用或不當使用。

每個人都醜聞纏身？

由於我們無法銷毀數位資料，所以高斯勒的觀察更加令人困擾。許多人都等到吃盡苦頭才了解，數位資料一旦產生，就幾乎不可能刪除。

我的朋友兼前國務院同事科恩（Jared Cohen）如今負責主持谷歌公司在2010年創設的智庫Google Ideas。他最近初為人父，因此特別關心在這個資料永久保存的年代，應該如何保護兒童隱私。「這個問題最讓父母擔驚受怕。」他說。「無論你住在沙烏地阿拉伯或美國，孩子的上網年齡都愈來愈小，愈來愈快，在歷史上可說前所未見。他們在網路上說和做的事情，遠超過他們的生理成熟度。假如九歲小孩開始在網路上講一堆笨話，這些資料會持續存在，伴隨他一生。假如沙烏地阿拉伯有個十歲女孩和十歲男孩在線上聊天，也許她在懵懂無知的情況下，說了一些不恰當的話，但這些內容會一輩子跟著她，彷彿在她身上烙印了數位紅字。等到她二十歲時，如果這些話脫離當時的背景，被拿出來重新檢視，可能會產生嚴重後果。」我和死黨當年在西維琴尼亞州的樹林中奔跑時，從來不必擔心這種事。

科恩指出，今天像這樣的「資訊教育」，應該成為孩童成長過程中不可或缺的部分，甚至必須比初次家庭性教育的時間更早開始。「父母必須在還沒用蜜蜂鳥兒為例與孩子談性說愛之前，就先和孩子討論資料永存、網路隱私和安全問題，因為事實上，他們會更早接觸到這些問題。從某方面而言，每個父母都必須釐清，他們打算怎麼和孩子來一番嚴肅的對話，討論他們今天所做的事情會如何影響他們的未來。」

科恩的顧慮也更廣泛延伸到課堂上：「我們必須改革教育

制度中關於孩子如何社會化的部分。」他說。「還記得小學時
代，老師上健康教育課時，只一味恐嚇我們不要嗑藥，然後等
到我們長大一點，又恐嚇我們不要發生不安全的性行為。教育
體系中有一種根深柢固的文化，就是恐嚇學生不要做壞事。應
該也要設計一種健康教育課程，教學生了解資料永存帶來的風
險，他們才能自行作出明智的決定。」

但究竟會碰到什麼危險，不見得那麼顯而易見，因此要引
導大家了解資料永存的問題並不容易。就以宣稱為「同意程
式」的手機應用程式Good2Go為例。在Good2Go網頁上，可
以看到一對年輕男女站在陰影中，低頭注視著手中的電話，文
案寫著：「當女孩遇見男孩，擦出火花時，你需要回答這個問
題：可以進一步嗎（Good 2 Go）？這是為性自主同意權而設計
的教育軟體。」這個應用程式背後的概念很重要，鼓勵男女雙
方在發生性關係前，必須得到對方「肯定的同意」（affirmative
consent）[41]。問題是，這個應用程式會記錄用戶的姓名和電話
號碼、確切的「同意」時間，以及當時的清醒程度。於是你和
誰在何時發生過關係，當時你是清醒、略有醉意、還是喝醉
了，都留下永久紀錄。Good2Go能不能把這些資訊賣給市場上
的商人？可以，他們擁有合法權利。他們沒有在網站上清楚顯
示隱私政策，但只要找到條款，就會看到上面註明公司「或許
無法控制你的個人資訊如何遭處理、轉讓或使用」，即使應用
程式本身不復存在也一樣。

　　不只是過往的電郵或戀情可能回過頭來纏著你，你曾經當掉的數學課，在學校打架鬧事，或你在幼兒時期沒什麼朋友的往事，都可能縈繞不去。

　　美國教育部的一項調查就把許多家長嚇壞了，問卷上列出幾百個關於學生的問題，鼓勵教師回答。根據教育部的說法，這些資料有助於提供學生個別幫助，引導教育的整體改善方向——這正是贊同大數據的人士提倡的做法，不過遭到家長團體抗議，認為這樣做侵犯了孩子的隱私權。

　　另外有個相關顧慮是，有些公司在收購和銷售關於孩童的資料時，展現了十足的掠奪性格。價值1億美元的資料庫inBloom曾和私人公司分享學生的機密紀錄，後來遭家長抨擊後，資料庫才關閉[42]。

　　每隔幾個星期，都會出現新的案例，凸顯個人資料廣泛商品化後產生的問題。2013年，美國參議院商務委員會報告曾描述[43]，有一家公司出售罹患特殊疾病的家庭名單（包括愛滋病和淋病）。另外一個例子是，伊利諾有一家叫Medbase200的公司賣給製藥公司的行銷資訊中甚至包括性侵受害者名單，花79美元就可買到一千個名字。他們的名單中還包括家暴受害者、愛滋病患，以及「飽受同儕壓力折磨的人」[44]——唯有當《華爾街日報》記者開始調查後，他們才把名單撤掉。

　　大數據的興起喚醒大家重視隱私權，並視之為重要的公共政策議題。但大數據科技和隱私權的價值很難協調一致，無論

「監控」（surveillance）或「反監控」（sousveillance）都造成問題。政府情報單位和執法機構從上而下透過監控，獲取大量通訊資料。但許多人既不是恐怖份子的目標，也非執法機構調查對象，對他們而言，更大的問題（卻較缺乏討論的）是，利用手機攝影功能和穿戴式科技「由下而上」的反監控，正掌握我們的一舉一動。只要有人透過手機自我發布訊息影像，就可能把我們的私密生活分享給全世界知道，和從上而下的蒐集及發布資訊沒什麼兩樣。問題的源頭來自政府和產業，同時也來自於個人，因為個人現在擁有的科技產品幾乎相當於十五年前軍事等級的技術水準。

為了因應人民對科技侵蝕隱私權的憂慮，許多歐洲政府開始建立嚴格的隱私權規範，但在執行法令時卻碰到雙重障礙：第一，大部分的大數據科技在收集、組織和散布資訊時並不會根據國界來劃分。假使應用程式或其他大數據程式的中央系統和資料儲存庫，乃位於美國這類較寬容又親商的環境，許多公司會假定，他們只需在美國的法律管轄權下營運即可。其次，如果政府禁止企業開發違反隱私法規的產品，該國在全球經濟成長最快速的領域與他國競爭的能力也會隨之下降。在未來的經濟環境中限制資料取用，就好比在農業時代限制土地使用，或在工業化時代規範工廠生產。這些國家發現自己面對雙重束縛：為了公共利益著想，必須訂定充分的法令規章，以維護個人和社群的權益；但又不可過度管制，以免阻礙投資，限制經濟成長。

　　無論我們是否想要有更嚴格的隱私權規範，今天很可能都無法走回頭路了，不可能實現那樣的隱私權觀念。哈佛大學電腦科學教授塞策爾（Margo Seltzer）在2015年達沃斯世界經濟論壇中表示[45]：「我們過去所知的隱私權如今已行不通了……我們對隱私的傳統觀念已死。」無所不在、日益繁多的各種感測器、裝置和網路不斷吸取各種資料，我們可能早已過了能有效遏止資料收集的時間點，也許必須轉而聚焦於如何規範資料的保留和適當使用。換句話說，明訂資料可以保留多久，規範資料使用方式和是否可以出售，以及必須向資料提供者取得哪類同意書。

　　雖然塞策爾認為，今天對於想取得資料的人而言，所有的個人資訊幾乎都拿得到，但我認為我們的生活仍然有部分是非常私密的，必須努力捍衛這部分的隱私。而最好的辦法，就是加緊制訂資料保留和適當使用的規範。目前我們大部分的健康資訊仍然屬於私人資訊，但隨著基因體科技蓬勃發展，保護隱私權的需求也會與日俱增。哈佛大學的計算生物學及生物資訊學教授奎肯布許（John Quackenbush）解釋：「一旦觸及基因體資料，基本上就成為可辨識的資訊，我可以刪除你的地址和社會安全碼及其他可辨識的資料，但除非我把需要分析的資訊全部刪除，否則無法讓你的基因體資料匿名化。[46]」

　　一旦基因體資訊可以輕易取得，會帶來極大的危險。政府和企業會為了各種理由（遠超出發展精準醫學的範圍），設法利用有關我們遺傳特質的私密細節。如果我們必須交出私密資料，才能換取基因體科技的救命療法，那麼就必須制定嚴格法規，規範資料的保留和使用。

　　假如十年後的世界是沒有（我們今天所知的）隱私的世界，那麼社會規範也將改變。在沒有隱私的世界裡，每個人都有醜聞，行為不檢的定義將和過去大不相同。還記得在1992年美國總統大選中，柯林頓抽大麻時究竟是否真的把大麻吸食進去，成為選戰重要議題。但快轉到2008年，歐巴馬坦承過去曾使用大麻和古柯鹼，卻根本不構成議題。就在這十六年間，社會觀念改變了。

　　未來十五年中，隨著大數據科技逐漸掌握我們的生活，社會規範將進一步改變。今天大家認為不檢點的行為，到時候根本司空見慣，不值得大驚小怪。我們愈來愈被迫接受人性中不可靠的一面，因為無法抹滅的資料中記載著每個人所有的過錯、缺失和魯莽。但即使社會規範改變，我們仍然需要努力捍衛基本資訊（例如我們的遺傳結構），不要隨意公開。當大數據日益侵犯隱私時，仍然有一些事情值得我們努力捍衛，保持隱密。

量化的自我

大數據逐漸變成我們生活中不可或缺的一部分，但也帶來不少疑慮。隱私權的問題只是首當其衝，還有許多人反對自我量化的新趨勢帶來的危險。

從哲學層次來看，人類長期以來，一直害怕機器人和自動化興起後，機器會變得更像人——可能接手我們的工作或全面接管，取代我們。

在大數據的世界裡，人類的新恐懼是，人會變得愈來愈像機器。還記得有一位歐巴馬競選幹部曾說過：「我們基本上發現，我們的直覺根本毫無價值。」當演算法取代人類本能，生活也許變得更有效率，但我們也不免擔心，生活日益受演算法控制後，人類最重要的特質——愛、自發性、自主性——可能變得愈來愈糟。

大數據愈來愈無所不在，變成大家習以為常的名詞。隨著大數據深入我們日常生活中各個不同層面，並與行為科學結合，各種數位化「推力」開始引導我們的選擇，讓我們的日常生活與期望都起了微妙變化。

還記得讀大學時，我常站在衣櫃前面思考約會時該穿什麼。未來不難想像，電腦程式會掃描你的衣櫃，查詢約會對象的個人資料，然後建議你該如何穿著打扮才能吸引對方。它也可能試圖向你推銷不在衣櫃中、但穿起來效果更佳的衣服。想想看，假設同樣的演算法會查詢從 Good2Go 買來的資料，它可能根據過去的「同意」地點，建議你該去哪裡約會。你可能透過約會網站的演算法找到這個約會對象，或對方可能是你在公司的同事，而你是透過 LinkedIn 連結找到這份工作。

我們交給演算法掌控的東西愈多，因機緣巧合而意外迸發的火花就愈來愈罕見。演算法大都毫無雜訊，只靜靜引導我們作各種選擇。我們不清楚為何被導向這個方向，或這些演算法如何運作。由於演算法為企業智慧財產的價值所在，因此科技公司通常寧可保持模糊。

讓演算法為我們挑選約會時的穿著，也許扯遠了，但我想問的是：在上面的例子裡，如果讓演算法挑衣服有點扯太遠了，那麼靠月下老人網站的演算法來找對象，又怎麼說呢？我們如此重要的人生大事——和誰約會及跟誰談戀愛——似乎應該多點人類自己的選擇，少一些電腦演算法的干預，然而我們早已把它託付演算法[47]。據估計，今天美國所有婚姻，有三分之一始於線上約會。

維瑟提爾（Leon Wieseltier）等批評者警告[48]：「把資訊當宗教是另一種迷信，另一種變形的極權主義，另一種虛假的救贖。從某個角度而言，科技正把我們變成聰明的笨蛋。」我們不只放棄選擇，往往也放棄了我們的創造力和所有權。如果有人使用手機應用程式，產生的數據應該歸誰所有？使用應用程式和產出數據的人？設計應用程式的人？生產行動裝置的公司？還是傳送數據的網路服務供應商？可能是其中任何一方或所有人，完全要看你同意的條件為何。當你使用Good2Go時，會發生兩種同意的行為：一種是同意發生性關係，另一種是同意讓應用程式設計者銷售上述資訊。

幾乎在每個大數據相關領域，包括精準農業在內，都會發生類似的衝突。大多數的大型農業公司都要求農民簽訂授權協議，讓他們擁有農民的數據，並能任意使用這些資訊。取得各農場資訊後，農業公司便掌握新的訂價力量，並能洞悉每個農場的生產績效和土地價值。於是，農業公司可以把種子和服務的價格訂得恰到好處，一方面讓農民願意掏錢來買，但又不會貴得令他們無法生存。同理，正如同Square透過即時取得小商家的帳目資料，得知商家的信用價值，農業公司也對農民的經濟狀況瞭若指掌，而且可能利用這樣的洞察力在財務上剝削農民。普度大學（Purdue University）的團體針對這種情況，發起開放農業數據聯盟（Open Ag Data Alliance），承諾要「採取以農民為中心的營運模式，中央指導原則是：每一位農民都擁有由他們自己、他們的員工，或是在他們的農場上工作的機器所產生或輸入的數據」[49]。

正如同農業時代誰擁有土地，以及工業時代誰擁有工廠一樣，今天，誰擁有數據也是同樣重要的問題。數據是資訊時代的原料。

笨數據

即使大數據如此厲害，仍然有些事情做不好，或在可預見的將來，不太可能改善。過去我們總認為，機器擅於做人類覺得困難的工作（例如24小時連續工作，或快速破解複雜的數學問題），而人類則擅於處理機器做不好的事情（例如發揮創意或理解社會和文化脈絡）。這是不言而喻的事情，目前大數據的發展似乎還不會改變這種情況。

《紐約時報》專欄作家布魯克斯（David Brooks）曾經指出，大數據無法分析出人際互動的社會面，或辨識情境脈絡。「人類擅於述說交織著複雜因素的故事，機器卻不擅長敘述和創發性思考，連像普通小說那樣娓娓道來都辦不到。[50]」

還有，在分析更龐大的資料集時，得到的結果會有如幾近完美的機器翻譯，產生大量的假性相關。資料集愈大，範圍愈廣泛，就會產生愈多相互關聯，有些是假性相關，有些則為合理的關聯性。大數據分析程式大都難以辨識，哪些可能是假性相關。許多人偏好運用大數據分析來產生即時成果（不管牽涉到股票買賣、供應鏈調整或聘僱決策），卻忽略許多推論還需接受進一步評估和檢驗。透過大數據分析而發現的趨勢並非都根植於現實。從數據分析中得出的所有預測都應該附上誤差槓（error bar）——以圖像方式呈現出因假性相關而預測錯誤的可能性。

我和許多執行長或投資人談話時發現，他們通常都忽視誤差槓或沒有建立誤差槓，他們談論數據分析演算法的口氣，彷彿那是神的創作。但其實不然，演算法是由人類設計的，因此有出錯的可能。例如，大數據沒有準確預測出2014年會爆發伊波拉疫情，而等到疫情爆發後，又嚴重錯估疫情蔓延的程度。大數據之所以沒能及早預測或偵測出疫情，部分原因在於，從西非疫區傳出的資料，用的不是疫情監控計畫選擇的語言。哈佛大學的大數據監控計畫HealthMap後來從法語通訊社（舊媒體）的報導中取得疫情資料[51]，並報告他們的發現，但當時幾內亞政府早已向世界衛生組織提出警告。等到伊波拉明顯發展為流行病，美國疾病預防控制中心的統計預測報告曾估計[52]，在2015年1月底之前，賴比瑞亞和獅子山共和國可能會有140萬人遭感染，結果實際數字還不到25,000[53]。大數據也可能發生大失誤。

人類如何運用大數據產生的推論，也考驗每個人的價值觀。當龐雜散亂的數據變得有系統、有組織時，人類也將自己的價值和偏見注入分析結構中。舉例來說，未來為人力資源專家設計的軟體，可能會交叉比對應徵者的健康指標，評估值不值得雇用。我們是否該採用預測性的數據分析，來決定要不要雇用目前尚未罹病、但未來可能罹患某種疾病的人？這種做法似乎是不公平的歧視。但即使不公開把疾病風險因子納入考量，只要檢視傳統因子，也能得出近似的結果。假如大企業的人資完全根據傳統聘僱標準（例如預估留存率、員工能貢獻的產出等）來評估應徵者，那麼就會對易罹病者（以及其他許多不當的評估標準，包括對育齡婦女不利的統計），產生統計上的偏誤。

大數據產出的相互關聯性可能會強化負面偏見。由於大數據通常都仰賴歷史資料或至少根據現況來分析，很容易複製對弱勢族裔的既有歧視。有些人可能有段時間曾住在低收入地區，許多演算法採用的分析模式可能會對他們不利。事實上，這類演算法都在編碼的煙幕後面隱藏著許多偏見。

但數據在本質上是缺乏靈魂，也毫無創意的。大數據會把我們輕輕推往某個方向，而我們其實不知其所以然；大數據也會剝奪我們的隱私，把我們的錯誤、祕密和醜聞全都暴露在大庭廣眾下；還會強化刻板印象和歷史偏見。我們沒有為大數據設下太多規範，因為我們需要靠大數據來刺激經濟成長，也因為試圖管制大數據，通常沒什麼用；大數據的觸角無遠弗屆，全世界雖有196個主權國家，大數據卻不會去劃分國界。

不過，如果辦得到的話，完全封鎖住這些科技，真的會比較好嗎？不會。大數據在開闢嶄新挑戰的同時，也協助我們克服許多全球性的挑戰。大數據代表餵飽全球90億人口的最佳機會，還能幫助我們解決自古以來語言不通的困擾（這個歷史悠久的老問題，要遠溯到舊約聖經和巴別塔的時代）。透過大數據科技，我們能發現極小的癌細胞（大小只有目前能偵測到的癌細胞的1%），拯救數千萬條人命。

　　最懂得運用大數據的人，或許是歐巴馬競選團隊的技術長史拉比[54]，他曾表示：「你的質化經驗和你的量化經驗將不斷融合，偶爾兩者會發生衝突，偶爾又調和一致。我認為一切都關乎融合。就好像你有個混音台，你有時候要把某個聲音調大一點，另外一個聲音調小一點。你永遠不想只有這個聲音或那個聲音，因為假如只有單一聲音，你會失掉部分靈魂。」史拉比事業很成功，開發了不少大數據工具，但連他都體認到，唯有在人類判斷和管理下，大數據工具才能發揮最大的效用。

　　我們選擇用什麼方式來管理數據，將和農業時代管理土地及工業時代管理工業的決策同樣重要。我們沒剩多少時間了——我猜測在幾乎不可逆轉的新常態建立之前，可能只有幾年時間。希望人類能承擔起決策的責任，不要把一切都交付機器來決定。

第六章
未來市場的地理學

世界領袖要注意了：二十一世紀可不是當控制狂的好時候。

「我們想創造自己的矽谷。」如果說有哪句話我到每個國家都必定會聽到，那麼大概非這句話莫屬了。

矽谷成為科技創新的溫床，已經有很長一段時間了，但從1994年到2014年的二十年間可說十分特別。全世界都目睹美國北加州30哩長、15哩寬的狹長地帶出現驚人的科技創新，創造龐大財富。

多年來，美國各州和其他國家都曾試圖打造「下一個矽谷」，甚至還出現一道公式。安德森寫道[1]：

打造「下一個」矽谷的祕訣如下：
• 建立環境優美、設備完善的大型科技園區；
• 裡面有研發實驗室和大學研究中心；

- 提供誘因吸引科學家、公司和使用者；
- 透過產業聯盟與專業供應商相互連結；
- 保護智慧財產與技術移轉；
- 建立有利的商業環境和法令規章。

雖然全球各地一直想仿造矽谷，卻始終不成功。

每當有人問我：「我們該如何打造自己的矽谷？」我的反應往往令他們大吃一驚：「你們沒辦法仿造矽谷。」我回答。「已經太遲了。矽谷擁有數十年的領先優勢，為網路業創造了完善的環境。不過你們可以做的是，設法在未來的創新領域中找到自我定位，努力競爭和成功。」我指的是本書中描述的未來創新領域。

安德森提到的措施固然有利於基因體、機器人及網路等產業的發展，但想為你的城市或國家打造下一個高科技溫床，還需考慮其他更宏觀的因素。必須具備特殊的文化風格和勞動市場特色，勇於打破社會規範，克制政府領導人喜歡掌控的衝動，才能塑造像矽谷這樣富於創新的環境。本章將探討如何在未來產業中競爭和成功，還有今天哪些社會已站上邁向成功的立足點。

未來產業與領域專長

無論對國家或個人而言，未來產業的新機會都取決於領域專長（domain expertise）——關於單一產業的深度知識，而這類產業通常都集中於特定城市或區域。底特律的領域專長是汽車，巴黎是時尚，矽谷則是以網路為基礎的產業。未來產業的領域專長仍然分布很廣。

要了解領域專長為何，不妨先思考以下問題：當世界各國都投入大量資金，企圖和矽谷一拚高下時，為何出身矽谷的網路公司仍然多得不成比例？可能的原因很多，但領域專長是最重要的因素。二十多年來，全球頂尖電腦科學家大都以矽谷為根據地。他們的出生地可能是任何地方，但後來紛紛來到矽谷求學（史丹佛大學或柏克萊加大）、上班（形成自我強化的人才正向循環）和投資（矽谷無疑是全世界最容易取得早期資金的地方）。而且電腦工程師在矽谷享有最高的社會地位，能充分融入這裡的文化和社群。所以矽谷不僅扮演傳統工業中心的角色，也有如指路明燈——不只承諾新機會，也帶來歸屬感——不斷吸引一波波野心勃勃的創業家。

然而在未來產業的各個領域，迄今尚未出現像矽谷這樣的地方。未來產業最有趣、也最重要的創新分散各處，不像網路創新那麼集中。每個領域都有一些地理區域及早取得領先優勢，但是在爭奪創新搖籃新桂冠的競賽中，究竟誰是贏家，誰是輸家,目前為時過早,還很難說。而且今天的發展重鎮不見得能永久保持優勢。

就目前的局面看來,基因體科學在商業化過程中,最重要的發展仍集中在研發工作起源的大學附近,所以波士頓(因為有哈佛大學和MIT)、巴爾的摩(因為有約翰霍普金斯大學)、矽谷(因為有史丹佛大學及位於舊金山和柏克萊的加州大學)一帶都成為發展重鎮。在這些公司的辦公室走動時,不能不注意到員工的多元化,來自歐洲、亞洲、非洲、南美洲的員工隨處可見,他們都畢業於美國大學,如今定居於波士頓、巴爾的摩或加州。遺傳學研究的另外一個分支在中國。雖然中國各大學沒有頂尖的遺傳學研究計畫,但中國政府成功號召海外學人歸國效力。結果,北京很快成為基因體科學的領域專長中心。

在網路安全的領域,最有趣的公司通常都把根據地設在政府附近,在頂尖執法機構和情報社群中發展出領域專長,發展重鎮包括華府、特拉維夫、倫敦和莫斯科。CyLon是歐洲首家網路安全加速器公司,兩位創辦人都曾擔任英國首相外交政策顧問。全球最大的網路安全公司Kaspersky Lab也充斥著前俄羅斯軍官和情報官員[2]。以色列有許多一流網路安全公司的創辦人出身於以色列國防軍,尤其是專精於信號情報的情報單位──8200部隊。

能在機器人產業建立領域專長,並及早取得市場領導地位

的國家，通常原本就具備電子學和先進製造技術的領域專長
——例如日本、南韓和德國。

矽谷會繼續稱霸嗎？

　　不過，即使未來產業為世界各地的新興創新搖籃提供了許
多新機會，矽谷影響力猶存，並持續吸引各產業的新創事業。
就以融合新舊世界的數位貨幣和金融科技為例好了。今天談到
金融業的領域專長，紐約和倫敦為全球兩大金融中心，也都吸
引了大量資金投入金融科技。過去五年來，英國和愛爾蘭吸引
的fintech資金占全歐洲總額的52%[3]。紐約吸引的fintech資金
甚至超越倫敦，試圖讓銀行變得更聰明的數十家科技公司，共
籌集了數億美元的資金。

　　但是當唐森想創辦這樣的新公司時，卻沒有選擇在紐約或
倫敦創業，反而來到加州。儘管紐約和倫敦的金融專家特別
多，對唐森而言，加州的創新專長和支持創新的文化卻更重
要。他認為，雖然紐約和倫敦是世界金融中心，在fintech融資
方面卻屈居第二和第三位，落後矽谷[4]。在金融科技領域的投
資，大約有三分之一來自矽谷。

　　因此出現一個有趣的問題：未來產業的分布會有多廣。如
果像唐森這種二十來歲的年輕人決定創業時，都認為想成功的
話，就必須搬到加州，那麼自然會形成自我持續的循環。目前

大家對於究竟該如何發展大數據產業的領域專長，以及這方面的發展又會如何影響全球經濟，各有各的看法，唐森決定在矽谷創辦根植於數據的新金融公司，正反映出這場激辯。由於大數據幾乎對每個產業都產生嚴重衝擊，大數據領域專長的發展方式有可能改變商業的本質。目前投資人押注於兩個截然不同的答案：大數據會促使企業更集中化，把更多產業吸引到矽谷？抑或無論企業以哪裡為基地，大數據都能促進創新，在全球更多地方創造出更多前所未有的機會？

宋赫斯特認同其中一派的主張，認為矽谷是新興的全球帝國。還記得宋赫斯特用什麼例子來說明優步對交通的影響嗎？財富逐漸從世界各地計程車公司老闆的手中轉移到優步股東的手中，他將之比喻為對帝王朝貢。宋赫斯特指出，拜矽谷之賜，「全球區域發展不均將達前所未見的地步，可能只有古代羅馬帝國相對於其他地區的龐大勢力足堪比擬。」

雖然我覺得宋赫斯特有點誇大其詞，他的論點仍然值得審視。許多思想家和他一樣，認為矽谷將憑軟體和數據分析的專業稱霸產業界，造成高度集中化。優步創辦人並不具備交通運輸的專業知識，但由於他們有能力打造軟體和數據分析平台，交通方面的專業就變得無關緊要。宋赫斯特認為，矽谷公司最後將踏入所有用到軟體和大數據的產業——基本上也就是地球上每一個產業。

那麼根據宋赫斯特的說法，在這個數據驅動的新帝國中，究竟會發生什麼事呢？

他說：「方程式很簡單。人民教育程度高但薪資水準低的國家將出口IQ，波羅的海三國、中國和印度都屬於此類。當然，如果你住在美國俄亥俄州或英國或法國，或假如你正好是愛沙尼亞人的競爭對手，那可就糟了。世界各地人民的收入將出現大規模均數回歸（mean reversion），矽谷、以色列、中國和某些地區有很高的經濟報酬率，其他地方則開始回歸均數。這種情形又和羅馬帝國時代十分類似。」

而且即使矽谷公司在某些領域（例如精準農業）並非起步最早的先行者，一旦其他公司開始成功，他們不會袖手旁觀，坐視新產業成長茁壯。谷歌董事長施密特（Eric Schmidt）曾延攬以色列創業家伯曼（Dror Berman）到矽谷主持大型創投公司Innovation Endeavors，為施密特的資金尋找投資標的。二十世紀許多偉大的農耕技術創新都發源於以色列。伯曼帶動矽谷對農業科技的好奇心，發展出Farm2050夥伴計畫[5]。他們和谷歌、杜邦和3D Robotics等不同類型的公司合作，結合數據科學和機器人學，致力於改善農耕科技。伯曼體認到矽谷有點過於短視，他告訴我，矽谷有九成創業家把焦點放在全球一成的問題上。他希望Farm2050計畫能成為矽谷切入農業的最佳策略。

矽谷果樹遍布、桃李滿園的歷史早已成為過去，如果未來矽谷在精準農業的創新或投資真能成功的話，就打破了未來產業將由領域專長驅動的觀念，反而呼應了藍尼爾（Jaron Lanier）在《誰擁有未來？》（*Who Owns the Future?*）中的主張：從現在開始，擁有最多數據、最多伺服器、最多資訊處理能力的人將驅動所有的成長。基本概念是：只要谷歌好好應用他們的尖端數據分析能力，他們可以把你的工作、我的工作和其他每個人的工作都做得更好。

不過，愈來愈多人的看法和宋赫斯特背道而馳。他們相信大數據不會吸收和取代其他產業，反而會成為現有產業驅動成長的工具。隨著大數據的使用日益普及，延展性不斷提升，大數據的領域專長將不同於基因體或機器人等進入障礙很高的未來產業。

美西創投老手高仁伯格（Mark Gorenberg）曾經跟我解釋這個概念，他很早就看出數據分析蘊藏的投資機會，並為此成立一家創投公司Zetta Venture Partners。高仁伯格從事創投業已25年，他的時間大部分都花在創投事業、MIT的工作，以及提供美國總統建言上（他是美國總統科技顧問委員會的一員）。高仁伯格認為，大數據經濟將大步跨出矽谷的勢力範圍。他說：「任何地方都會出現數據分析的商機。一方面，各大學培養出一批批懂演算法的專才；另一方面，每個地方都有許多人具備個別產業的領域專長。」

高仁伯格主張，未來數十年，隨著大數據市場成長壯大，可能為擁有本土領域專長的舊工業中心注入新的活力。比方說，美國東北部鏽帶（rust belt）擅長管理工業流程，具備發展數據分析產業的潛能；波士頓身為生物科技重鎮，可成為孕育健康數據公司的溫床；同理，他預測德州將出現能源分析公司。高仁伯格還預測，美國首府華盛頓一帶如能充分利用當地執法機構和情報界的專才，將出現厲害的隱私保護及鑑識公司，為美國國家安全局、中情局和聯邦調查局的人員提供高薪工作。

如果高仁伯格的主張「到處都有領域專長」是對的，那麼我們沒有理由不對大數據公司在美國以外地區的發展，抱持樂觀看法，只需結合演算法專業與其他的領域專長便是。比方說，德國錯過了上一波靠網路創造財富的機會，如今決心善用他們在運籌管理和家用電器的領域專長，在德國擁有傳統優勢的領域稱霸數據分析市場，這個計畫被稱為「工業4.0」[6]。

假如大數據市場的發展一如高仁伯格所料，頂尖公司的總部可能遍布世界各地，那麼大數據帶動的財富創造將完全不同於網路崛起的時代，當時所有的利益幾乎都集中在30哩長、15哩寬的狹長矽谷。

靠大數據養牛

我造訪紐西蘭時，開始對高仁伯格的說法深信不疑，因為有個例子讓我見識到，大數據和領域專長的結合如何決定未來產業的地理學。紐西蘭的乳牛數是人口的兩倍,紐西蘭人很了解牛。我在紐西蘭的時候,看到牧草計量器 Pasture Meter 帶來的影響。牧草計量器是帕默斯頓(Palmerston)開發的一種精準農業技術,帕默斯頓位於紐西蘭北島馬納瓦圖—旺加努伊地區,是只有八萬二千人口的小市鎮,和矽谷相隔一萬多公里。牧草計量器使用先進的感測技術[7],在遼闊的牧地上每秒鐘進行兩百次測量,統計每個圍場有多少青草,然後以最有效的方式分配乳牛吃草範圍。牧草計量器能提醒農民已經餵食的數量,並找出牧草產量較低、需農民介入處理的區域,例如應該加強施肥。傳統評估牧地的技術,例如超音波或升板計量器(rising plate meter),通常只能在一片牧地上取得250個讀數,牧草計量器卻能取得18,500讀數。只要手上有智慧型手機,都能運用這個技術[8],而且不受其他因素(例如天氣狀況)的干擾。

表面看來,監看牧地——實際監看牧草生長狀況——似乎毋須用到即時數據分析技術,但紐西蘭農民比你我更清楚。由於中國出現大規模的向上經濟流動,中國人對牛肉和乳製品的需求日益上升,然而紐西蘭牧業若想將產品銷售到更廣大的市場,勢必得提高效率——擴大規模,降低價格。中國人口是紐西蘭的288倍。紐西蘭牧牛業者和農耕設備製造商有很強的領域專長,他們知道只要能提高飼養效率,就能增加產出,將產品外銷到中國。

　　結果在短短一年內，紐西蘭外銷到中國的牛肉竄升478%。中國超越紐西蘭的鄰居澳洲，成為紐西蘭最大的出口市場，是紐西蘭對美國出口額的兩倍多[9]。

　　我很訝異，原來掌握牧草生長的位置和密度竟然如此重要，而這正是重點所在：紐西蘭農牧業者擁有領域專長，所以他們很清楚應該怎麼做。真要把478%的牛肉出口成長完全歸功於牧草計量器，未免過度誇大，但當地業者確實曾提及這是其中一項重要因素。發生在紐西蘭的事情，也可能發生在其他產業，這些產業雖然與大數據及資料分析沒什麼淵源，卻能根據領域專長找出應該分析的項目，以及如何透過分析，提高附加價值。大數據應用程式本身具延展性，可以廣泛應用於世界各地，即使過去沒有數據分析經驗也無妨，為帕默斯頓牧場製造農耕機具的業者就是很好的例子。

　　矽谷的公司能創造出矽谷需要的產品和服務，例如更好的計程車服務，或是更多的照片分享應用程式。但矽谷的投資人和創業家沒辦法從農民的視角看世界，因此他們不太可能比紐西蘭北島馬納瓦圖—旺加努伊地區的公司更懂得體察畜牧業者的需求，開發新技術來提升紐西蘭對中國的牛肉和乳製品出口。

　　雖然安德森和其他人一樣，對矽谷有強烈的認同感，但他也認為，還在發展初期的新技術應該設法在擁有某個領域深度知識的地方扎根。他曾經提議底特律充分利用汽車機械的專長，成為「無人機谷」（Drone Valley）[10]，他還建議大家不要拚命打造更多的矽谷，而應該規畫出「五十個矽谷的變種，每個都獨一無二，聚焦於不同領域」。

桑默斯很贊同安德森的觀點，他告訴我：「我的看法是，基本上，會出現更多分工方式。每個國家、公司與個人的策略重心，都應該比過去更強調如何建立自己的優勢，而不是彌補弱點。」換句話說，不要一味想迎頭趕上矽谷，而應該聚焦於能在本身專長領域中激發下一波創新的技術和流程。

我認為，有鑒於未來產業的領域專長在地理上的分布情況，下一波全球化催生的創新和商品化中心，地理位置勢必更加分散，不像上一波創新讓矽谷獨領風騷二十年。未來不會再出現羅馬帝國。有的人認為，精通軟體和大數據的矽谷公司及創業家將占有絕對優勢，雖不能說這種想法太過瘋狂，不過我認為隨著大數據的應用日益普及，大數據會變成任何產業都可以應用的大宗商品。因此只要你們具備某方面的領域專長，都可好好把握機會，以各種驚人的方式自行創新。但如果等太久的話，有些才二十八歲的加州小子可能就會採取行動。如果原本的業者調適的步伐太慢，像優步這樣（擁有大數據專長）非本行出身的新公司就會介入，擊敗累積數十年領域專長的老公司。威爾斯（H. G. Wells）有句名言：「不適應，就滅亡。」

把城市當創新基地

　　創新的地理中心幾乎都是城市。明明網路科技已容許我們住得更分散，以遠距方式做更多事情，為何城市依然快速發展？1800年，全球有3%的人住在城市裡。今天，全世界54%的人口為城市居民，100個城市貢獻了全球經濟的三成[11]。

　　從某些角度來看，即使當97%的人口都住在鄉下時，城市仍為社會發展的重要驅動力。帝國的力量一向來自城市。巴格達引領阿拔斯王朝（Abbasids）開創偉業；羅馬之於羅馬人，或是君士坦丁堡之於拜占庭帝國，以及之後的鄂圖曼帝國，都是如此。英國殖民時代建立了一系列城市，連結起大英帝國，包括開普敦（1814年成為英國殖民地）、新加坡（1824年）和香港（1842年）等。今天這些重要城市成為各國和各地區通往世界的重要鏈結，仍呼應他們以往在大英帝國中扮演的角色。

　　城市能產生正向的外部效應或外溢效應，因此驅動成長[12]。各種觀念、勞力、資金都能在城市中快速而高效流動，有效整合人才，發展出更專精的市場[13]。

　　從經濟角度來看，最重要的城市是所謂的「一級城市」（alpha city），比方說上海、倫敦、紐約、東京等大都市向全球輸出先進的服務，本身就是迷你經濟體[14]。在上海或杜拜這類世界一級城市中，我和引領風潮的美國創新家巧遇的機會，可能還勝過我們在美國密蘇里州聖路易市或英國曼徹斯特碰面的機會。他們經常巡迴往返全球20個大都市，包括舊金山、香港、新加坡、首爾和特拉維夫等等。世界各大城市莫不希望晉身這類一級大都市。

第二級和第三級城市則連結較小的區域。例如柏林、法蘭克福和慕尼黑本身不是經濟發動機，但確實對驅動德國成功的區域網路有重要貢獻。每個城市都填補了特殊的利基市場，並共同推動德國走向繁榮[15]。

基礎建設是大城市得以蓬勃發展的重要原因，數據分析程式則容許市民更有效率地使用基礎建設。怎麼樣才能討市民歡心？不外乎清楚知道火車抵達的確切時間；能上網使用政府服務，而毋須大排長龍；政府提供服務時，能即時通知市民服務送達的時間與方式。在哈佛大學甘迺迪政府學院主持美國政府創新計畫的高德史密斯教授（Stephen Goldsmith）指出，通常大城市才有辦法這麼做，而且牽涉到大數據的應用。他主持的「聰明數據城市解決方案」（Data-Smart City Solutions），「聚焦於政府在使用和融合新科技、大數據分析及社群投入所做的努力」。

當城市愈來愈懂得運用科技時，意味著擁有高德史密斯所說的能力和充沛資金的全球中心（例如紐約、杜拜、倫敦、舊金山、東京、首爾等），也可能創造出吸引市民的大數據應用方式，並吸引在「下一波經濟」中引領風騷的新階級。

像雅加達、聖保羅和孟買等有志成為全球中心的城市，必須同時投資於實體基礎建設，以及附加在基礎設施上的大數據應用，才能創造出吸引投資者和創業家的有利條件。

阿拉伯聯合大公國的杜拜市和卡達的多哈市都運用石油創造的財富，成為全球中心。2014年5月，耗資150億美元的多哈機場正式啟用，希望成為全世界最繁忙的機場。多哈機場是你所能想像全球最高科技的地方。由於每年進出的旅客預期將高達五千萬，加上歐洲、印度、中國之間的空中交通日益繁忙，多哈市自我定位為全球人流與金流集散中心。

但僅止於此嗎？基礎建設固然重要，但什麼才是驅動全球主要城市成長的主因？結果，開放的文化是這些城市的共通特色，即使該國政府採取比較封閉的政策也一樣。能在全球經濟體系中邁步向前的城市，通常也是對外界最開放的城市。長久以來一直對外開放的城市有一種共同的文化：歡迎來自全球各地的人們，鼓勵各種觀念和商品自由流通，因此成為吸引人們前來居住和工作的地方。由於擁有一流的基礎建設加上高密度人口，市民很容易和其他人接觸，彼此溝通、聚會、交流。經濟開放也在商業上達到相同的效果，做生意時需花時間與金錢處理的各種摩擦大幅減少。政治開放則達到更高層次的效率，人人都能自由集會、見面、工作、談話，而毋須擔心遭到不當譴責或歧視。我們在思考如何找到未來產業的立足點時，可以從愈來愈高的開放程度中略知一二，即使在沒有一流城市的國家或地區也一樣。

在荒原中大放異彩

　　雖然世界各大都市正驅動全球經濟成長，卻不見得非在一級城市才能成功。事實上，拜網路科技之賜，無論身在任何地方，都能開創成功的事業。然而科技本身不是萬靈丹，即使最熱切的創業家都可能因重重限制而舉步維艱。

　　位於巴基斯坦西北部、接近阿富汗邊界的瓦奇里斯坦（Waziristan）和世界一級城市有天淵之別。這裡景色荒涼，灰岩遍布，幾乎是法外之地。塔利班份子手持槍枝，四處漫步，強制推行嚴格的伊斯蘭律法。無人機在空中嗡嗡飛來飛去，泥土路上隨處可見巴基斯坦軍隊的檢查哨[16]。許多村落都變成鬼域，在多年戰鬥後遭到廢棄[17]。

　　在瓦奇里斯坦身為女性可說束縛重重。你生活在家中「只限女性出入」的小小空間，唯有在男性親人陪伴下，才能出門。但即使成功走出家門，能在外面做的事情依然有限。在最近一次選舉中，清真寺透過擴音器廣播，警告婦女不能出門投票[18]。

　　然而烏瑪（Maria Umar）仍然在這樣的背景下冒出頭來。

　　我和烏瑪初次碰面是在巴基斯坦的伊斯蘭瑪巴德市，她當時身穿紫紅色的巴基斯坦傳統服飾莎麗克米茲（shalwar kameez），在周遭一片深色西裝中顯得格外亮麗，頭髮則鬆鬆挽了個髻。烏瑪說話速度飛快，很愛笑，而且大量使用社群媒體。她是創業家，創辦了一家令人讚佩的公司，連結起社群媒體和巴基斯坦偏遠地區最未被充分利用的資源──婦女。

烏瑪是瓦奇里斯坦人[19]，或套用她自己的話：「是啊，我的父母、姻親、我自己，全都屬於這個叫瓦奇里斯坦的地方。」她住在拉合爾市，丈夫是派駐當地的公務員。但無論身在何處，她都為自己創辦的虛擬事業忙得不亦樂乎。

烏瑪在拉合爾家中兒子臥室裡，用Skype和我視訊，分享她的故事。只有在這個房間，她可以把孩子都支開，安安靜靜地談談話。兒子床邊的牆上掛著巴塞隆納足球隊的隊旗，她坐在兒子床上，述說不可思議的成功故事。

故事要從六年半前開始說起，當時烏瑪正在懷第二胎，同時在當地一所私立學校教書，但學校不肯放她產假，所以她只好離職。

「起先我興奮極了。我想，這下可好了，辛苦工作三年後，終於可以好好放個假，我要去探望家人，要看電視。」烏瑪說。「可是不到一個星期，我已經打完所有想打的電話，看遍所有想看的電視節目。然後呢？」

她曾聽人提到網路上的工作機會，決定自己研究看看。烏瑪找到一個自由工作者的平台，開始申請工作。「單單為了找到第一份工作，我就吃足了苦頭。」她說。「因為工作大部分都在美東時區，而我住在巴基斯坦。」

烏瑪的電腦放在她和先生的臥室裡，早期她為了配合美國客戶的時間表，在半夜趕工，家人也都沒得睡。

初期的工作都來自部落格。她為了把一篇關於直髮電棒的文章寫得「獨特」一點，足足改寫了九次。她住在拉瓦爾品第（Rawalpindi）的時候，在家裡為一個嬰兒潮世代網站撰稿，從宗教聊到夢的解析，又聊到高齡裝置，話題無所不包。「我就從這樣開始。」烏瑪說。「然後我接到的工作愈來愈多，漸漸不堪負荷，所以開始把工作分派給我的表親、姪甥，和他們的朋友。」

請她撰稿的客戶開始要求烏瑪接其他工作——基本網路研究或維護臉書網頁等等——烏瑪照樣透過她的人際網絡分派出去。

最初烏瑪的網絡裡面只有親友，而且都是女性。事實上，有好幾個月，她都沒有意識到她把工作全部發包給女性。但等到她明白這點，「我看到這件事對她們以及對我的人生帶來的衝擊。」她說。「雖然巴基斯坦識字率逐漸上升，但婦女想要出外工作，仍然困難重重。這件事讓我明白，在巴基斯坦這樣的國家，工作能帶來多大的改變。」

開始自由接案兩年後，烏瑪生意興隆。這名瓦奇里斯坦女子促使愈來愈多巴基斯坦婦女為美國客戶工作。

「前輩告訴我，除非你把自己的名字印在名片上，開始介紹你是：『馬麗亞‧烏瑪，婦女數位聯盟的創辦人兼總裁』，否則別人永遠不會真的把你當一回事——不管對你自己或你說話的對象而言，都是如此。」她說。所以她印了名片，從此生意蒸蒸日上。雖然她和遠在數千里之外的美國客戶通常都相隔九到十二個時區，但她逐漸闖出名號。烏瑪利用美國網站LinkedIn與客戶連結，並且請他們在網站上為她的工作表現背書。「透過他們的背書，我接到更多工作。」

接到愈來愈多案子後，她更新LinkedIn上的公司資料，附上最新完成的工作和技能。LinkedIn變成「我可以在上面貼文自我吹噓。如果我們完成一件大案子，我們會把它貼在上面。」她說。

客戶雇用烏瑪和她的自由工作者網絡，來完成與電腦相關的工作。例如有個電子商務團隊需要把公司標誌放在一堆照片上面；有個食品網站想要某個地區所有壽司店的清單，包括地址；還有一家公司需要開發臉書應用程式。

接到案子之後，烏瑪不會上LinkedIn找幫手。她解釋，在巴基斯坦，LinkedIn網站「不是真的用來僱人，大家反而比較會用臉書或推特來做這件事。」她貼出工作時，會使用主題標籤，例如#在家工作及#需要寫手。她每天都更新履歷，目前網絡中有500名婦女。「我們和許多高手都有連繫。」她說。

她說，她的事業從來都關乎女性自主權。大多數巴基斯坦婦女都在二十出頭就結婚了，而且婚後不久就生小孩。烏瑪解釋，因此「婦女數位聯盟提供這些婦女一個平台，讓她們找到全新的工作方式。」

烏瑪希望目前只是開端。「希望能擴展到中東和阿拉伯國家。」她說話時笑得很開懷。「在這些地區,女性在職場受到的對待和面對的挑戰都很相似,我認為這種線上平台讓擁有不同技能的婦女(從最基本的技能到先進的技術)聚集在一起,真正帶來改變,不只是財務狀況改變,而且感覺也和過去大不相同。」

這位來自瓦奇里斯坦的三十六歲成功創業家得出的結論是:「我看到這件事對我的人生造成多大的改變,我想要普及這樣的效應。」

二十一世紀不是當控制狂的好時機

烏瑪的故事是很好的案例研究,讓我們看到開放的重要。她之所以成功,是因為網路開放使用,因此她和其他婦女雖然在巴基斯坦的工作環境中面臨重重限制,卻能與全球各地相互連結,並有生意往來。不過,她得付出三倍的努力,才能成功,因為巴基斯坦政治封閉,經濟也不太開放。所以一個國家如果想要在經濟上成功,很難靠嚴密控制達到目的。

有一次我飛到地球另一端出外交任務,在俄羅斯討論創新和網路自由時,也有相同的感觸。當時我和普丁(Vladimir Putin)的重要政治助手及新聞祕書佩斯科夫(Dmitri Peskov)在俄羅斯白宮開會(俄國人也稱他們的政府總部和總理官邸為

「白宮」)。他們把我們帶到一間非常正式的會議室,我們和佩斯科夫及他的幕僚分坐在長方形會議桌的兩旁,一邊是八個俄國人,另一邊是八個美國人。佩斯科夫和我面對面坐在會議桌中間。我們開了90分鐘的會,大半時間都由我們兩人發言。會議中,佩斯科夫幾度站起身來,從其中一道門走出去(通往普丁辦公室的那道門),幾分鐘後回來,再提出新的問題。

由於俄羅斯貪腐問題嚴重,我和佩斯科夫談到如何利用網路力量減少貪腐。最不可思議的是,對於讓貪腐行為在網路上曝光的想法,他嗤之以鼻:「真正腐化的是網路上那些人!」然後他拿起桌上的筆宣稱:「我可以向你們證明,使用網路會讓大家忘記怎麼用筆。」並在我面前不停搖晃著那枝筆。「我可以引用研究來證明,使用網路會讓你變成弱智。」佩斯科夫堅信,使用網路會讓人忘掉字彙,智力降低,這也代表俄羅斯政府的官方立場。普丁形容網際網路是「美國中情局的特殊計畫」。據說他從來不曾發送電子郵件[20]。

會議結束後,我們和佩斯科夫一起走出會議室,此時他的助理(大約六呎高、有一頭亮麗紅髮的女性)問了我和副手史考特(Ben Scott)一堆關於我們辦公室的問題——包括辦公室的大小、結構,我們在裡面做什麼等等——由於她問得太過詳細,我們禁不住覺得好笑。有一度,她甚至遲遲不肯開門,直到我們回答她的問題,告訴她辦公室裡面有多少員工為止。這就是目前俄羅斯政府處理事情,以及管理政治、社會和經濟的方式。

普丁在1999年上任後,重新掌控媒體,剝奪人民集會結社的自由,派跟班分頭控制經濟體系,自己則獨攬大權。他的政策承襲了俄羅斯數百年來的獨裁領導歷史。俄羅斯一向與外界維持一種精神分裂式的關係。高層熱衷於掌控一切,與要求開放的呼聲相牴觸。雖然彼得大帝、凱瑟琳女皇和戈巴契夫都曾希望打開俄羅斯的大門,接受新的商業思維和做生意的方式,但大多數的沙皇和蘇維埃總理不但想掌控俄羅斯政治,也企圖掌控俄羅斯的社會、經濟,甚至俄國人的思想。曾擔任KGB特務的普丁,正反映出俄羅斯歷史中的這股趨勢。

普丁對外面世界的偏執觀念,違反了現代經濟發展的必要條件。任何社會如果想在下一波全球化與創新浪潮中勝出,就必須保持開放,才能交流新觀念,專心研究而不受政治干擾,努力創新,即使失敗也在所不惜。要創新,就必須開放,不能把外面的市場視為敵軍領土。在普丁隱身幕後、麥維德夫(Dmitri Medvedev)擔任總統的短暫期間,麥維德夫總統曾試圖把莫斯科近郊的斯科爾科沃(Skolkovo)打造成俄羅斯矽谷。斯科爾科沃基金會亦步亦趨地遵從安德森的「如何打造矽谷」處方,總共投入25億美元的資金[21],名單上有長串企業夥伴排隊等著加入,包括微軟、IBM、思科、三星等。只是等到普丁回任總統,俄羅斯營造創新文化的希望隨之破滅,斯科爾科沃的計畫也面臨挫敗。普丁歧視同性戀,禁止俄羅斯女性從事456種工作，種種壓制措施和矽谷自由主義的作風恰好背道而馳[22]。於是斯科爾科沃再也不見外國企業參與。

普丁不明白、或根本不在乎當今全球經濟成長的基本現實，他抱持十九世紀的封閉心態，以為可以實質掌控土地、權力、人民，而沒能看清二十一世紀權力的真實面。在資訊時代，經濟成功的本質完全不同於工業或農業經濟，不再是誰擁有鐵礦和土地就可稱王。

愛沙尼亞：從貧窮線到寬頻連線

究竟要走向開放，還是選擇封閉？有機會從中擇一、作出簡單抉擇的國家或社會十分罕見，但在蘇聯解體，愛沙尼亞和白俄羅斯重新獨立後，就發生這樣的情況。兩國都位於俄羅斯西邊，相隔不過數百公里，發展軌跡卻南轅北轍。

愛沙尼亞是「充滿潛能的小國」，這是愛沙尼亞首任總理拉爾（Mart Laar）為著作取的書名，書中描述1991年蘇聯結束占領後，愛沙尼亞如何從廢墟中崛起，成為今日世界最富創新活力的社會之一。

蘇聯解體，愛沙尼亞獨立後，經濟陷入空轉，大多數人民都過著悲慘的生活。當時愛沙尼亞貨幣變得毫無價值，街上店鋪空無一物，食物需要配給。由於汽油嚴重短缺，殘破不堪的政府打算撤離首都塔林，搬到鄉下。工業生產在1992年劇跌

30%，比經濟大蕭條時期的美國還悽慘[23]。通貨膨脹率則一飛沖天，超過1000%，油價更攀升10,000%[24]。非正式市場是唯一還能正常運作的市場，加上法律保護不彰，邊界防衛鬆散，促使愛沙尼亞及鄰國組織犯罪激增。而此時矽谷正因商用網際網路的發展，即將快速起飛。

三十二歲的歷史學家拉爾在1992年獲選為愛沙尼亞總理，在他領導下，愛沙尼亞新政府立刻規畫發展方向，不浪費任何時間。拉爾表示：「要讓國家脫離分崩離析的混亂局面，必須推動激烈變革──但正如良藥苦口，改革一開始總是令人不快。[25]」

拉爾踏出的第一步是穩定經濟。由於愛沙尼亞還沒辦法印鈔票，也缺乏有效的現金籌募機制，所以政府大幅削減經費，尤其針對過去受保護的部門。拉爾總理停止補貼國營企業，宣布這些公司必須「開始有效運作，否則就自取滅亡[26]」。

愛沙尼亞第二階段改革，則聚焦於塑造創新而開放的商業文化。經濟穩定之後──通膨從1992年的1000%下降到1995年的29%──愛沙尼亞開始對世界經濟開啟大門，降低貿易關稅，終止出口限制，從小國脫胎換骨為貿易中心。愛沙尼亞政府還對投資人伸出雙臂，不但修改公民權法令，對外籍居民提供等同於公民的保護，還通過法案，允許外國人購買土地。同時還廢止既有投資人擁有的所有特權（當時許多投資人都是蘇維埃時期遺留下來的特權份子），確保新投資者能享有公平競爭。

　　蘇聯解體時，只有不到半數的愛沙尼亞人家裡有電話。當芬蘭的通訊系統升級到數位網路時，芬蘭政府為了做善事，願意免費提供愛沙尼亞類比式電話系統。但愛沙尼亞拒絕接受，選擇跳過類比電話，直接採用自行設計的數位網路。愛沙尼亞政府在發展過程中，還跳過以打字機和紙張作業的階段，從一開始就讓政府服務上網。愛沙尼亞的所有學校到1998年已全部都能上網，此時距離商用網際網路誕生不過四年，而愛沙尼亞人脫離汽油嚴重短缺和排隊領配給食物的日子也不過六年。2000年，愛沙尼亞國會更通過法案，將能夠上網視為基本人權[27]。

　　愛沙尼亞很快成為全球投資中心。一九九〇年代後期，愛沙尼亞平均每人獲得的外國資金，超越其他東歐或中歐經濟體。愛沙尼亞因此得以提升科技水準和工業基礎，為創新型經濟奠定良好基礎。

　　自從愛沙尼亞獨立後，技術官僚政府一直引領愛沙尼亞邁向更開放的經濟。2008年，在伊爾韋斯總統（Toomas Ilves）當政時期，愛沙尼亞人投票加入歐盟，開始使用歐元。如今愛沙尼亞是歐盟、經濟合作暨開發組織（OECD）和世界貿易組織（WTO）的會員國，被列為全球整合度最高的東歐經濟體之一。

　　伊爾韋斯總統認為，愛沙尼亞的改革動力來自於「願意實

際採取一些不同的做法，還有巨大的政治勇氣。我們推動乾淨
的私有化過程，遵循德國的信託模式：快速改革稅制，引進單
一稅率所得稅制。我們推動電腦化，是（前蘇聯國家中）第一
個建立自己貨幣的國家。而且我們沒有聽從國際貨幣基金會
的勸告而堅持這樣做，所以在1992年大選中勝出的這批年輕
領導人，真的非常高瞻遠矚。如果你回顧蘇維埃時期的最後階
段，愛沙尼亞人不停提出各式各樣的改革方案，大部分都遭拒
絕，但依然沒有放棄。至少在一九八〇年代末期和一九九〇年
代初期，愛沙尼亞有一種精神，認為我們可以做一些事情，我
們會鼓起勇氣，大膽嘗試不同的做法。」

他們的策略是採取近乎激進的開放政策，但針對何時及如
何開放經濟，制定井然有序、紀律嚴明的架構。結果愛沙尼
亞的生活水準遠遠超越二十年前。今天愛沙尼亞人均GDP為
25,000美元，是蘇聯解體時的15倍，在十五個前蘇聯共和國中
名列第一[28]。

愛沙尼亞真正的成功不僅反映在統計數字上，而在於愛沙
尼亞已躋身全球主要創新中心。愛沙尼亞雖然沒有孕育出像谷
歌這樣的巨擘，卻也達到一些值得注意的成就，包括孕育出
Skype公司。更重要的是，包括矽谷在內，世界每個地方應該
都很羨慕愛沙尼亞的創新模式。在過程中，愛沙尼亞人的公民
生活和政治環境都獲得改善，而且面對未來產業時，愛沙尼亞
已占據優越定位，不會輸給世界上任何國家。

關閉大門的白俄羅斯

愛沙尼亞和白俄羅斯在脫離蘇聯獨立後，地位幾乎相同，但卻對未來做了完全相反的決定。愛沙尼亞選擇開放，白俄羅斯則關起大門。

從1994年開始，白俄羅斯在總統盧卡申科（Alexander Lukashenko）統治下，一直採取嚴密控制的政治和經濟制度。盧卡申科基本上是個控制狂，白俄羅斯彷彿是他的私人封地。在他統治下，異議份子紛紛噤聲，媒體受到嚴密控制，參加抗議活動可能會被貼上恐怖份子的標籤，盧卡申科會（套用他自己的話）「好像扭鴨脖子般，勒住他們的脖子[29]」。

如果用經濟詞彙來形容，可以說盧卡申科是個新盧德派——和現代世界格格不入。即使當時白俄羅斯的經濟不怎麼樣，他仍一手掌控白俄羅斯的經濟，一如他對政治的嚴密控制。過去在農場擔任主管的盧卡申科，可說是白俄羅斯經濟體系中唯一的關鍵要角。當地大部分的企業都是國營企業（事實上都為盧卡申科所有），企業產出和人員聘用都受到嚴格控制。大約四成的工業公司和超過六成的農業公司虧損[30]。白俄羅斯的貨幣為白俄羅斯盧布，相較之下，俄羅斯盧布還強勢多了[31]。

白俄羅斯幾乎不生產任何數據，是一九七〇年代的遺跡，有相當多的企業和政府部門還在使用打字機。白俄羅斯人不但沒有採用「農奴般」的機器人來取代體力勞動，反而堅持停留在奴役人類的時代。白俄羅斯勞工仍然在集體農場或過時的工廠中做苦工，從事單調、骯髒、危險的工作。在較先進的經濟體，這類工作早已由機器人代勞。

白俄羅斯和網路世界最大的交集，大概是個叫莫羅佐夫（Evegeny Morozov）、深諳社群媒體的研究生。他長篇大論發表新盧德派議論，質疑美國科技公司，呼應俄羅斯和白俄羅斯的官方觀點。

愛沙尼亞的伊爾韋斯總統指出：「我不認為1991、1992年的時候，兩國之間有太大差異，但後來獨裁統治造成傷害，而他們沒有推動改革。」

我初抵愛沙尼亞，驅車進入首都塔林時，注意到汽車經過時，路旁行人身上會因車子頭燈的照射而反光，他們的手環項鍊也隨之發亮，有如晚班修路工人身上穿的螢光背心條紋。我最初認識的愛沙尼亞人之中，有一位是Jobbatical公司的執行長辛德瑞克斯（Karoli Hindriks）。Jobbatical公司融合工作和休長假的概念，為雇主和人才媒合短期工作，他們可能把瑞典的軟體開發人員送去泰國「打工度假」三個月。我問辛德瑞克斯，為什麼她和街上其他行人都穿著反光服飾。她告訴我，愛沙尼亞法律明文規定，為了安全起見，天黑之後，所有行人都必須穿戴一些會反光的服飾。她微笑著告訴我，她十六歲就成為發明家，設計可用於服裝或珠寶飾品的反光體，如今她的設計已申請到幾項專利和國際商標。

這個例子正好可以代表我在愛沙尼亞的所見所聞：發明與設計，加上高度秩序。

伊爾韋斯總統和我見過的各國領袖不太一樣[32]。他的穿著打扮（時髦的平頭，配上三件式西裝）和人際風格（帶著點硬漢作風，同時又是個科技迷）都很獨特。伊爾韋斯在美國新澤西州的移民社區長大，直到共產政權垮台，愛沙尼亞脫離蘇聯、重新獨立後，才返回祖國。我在國務院任職期間，曾飛越數十萬哩，見過許許多多的達官顯要，令我印象深刻的是，論及科技議題，在全球196位國家領導人中，伊爾韋斯的相關知識最淵博，無人能出其右。

今日，愛沙尼亞已是全球網路連結度最高的國家之一，而且上網速度最快，還有通用的醫療健康紀錄，這是美國努力多年始終達不到的目標[33]。2007年，愛沙尼亞成為第一個在大選中採用網路投票方式的國家[34]。95%的愛沙尼亞人都在線上報稅——只花五分鐘就搞定[35]。

2014年，愛沙尼亞又跨出大膽的一步，提供外國人所謂的「電子居留權」（e-residency）。由於愈來愈多政府服務項目上網[36]，從設立公司（估計只需花五分鐘，效率領先全球）到驗證電子簽章，愛沙尼亞抓緊機會，自我定位為數位政府服務中心。如果想成為愛沙尼亞的電子居民，只要親赴愛沙尼亞（他們希望未來在大使館即可辦理）遞交你的生物特徵和其他個人資料，以供驗證。你付了註冊費後，會收到一張安全的晶片身分證。你現在可以利用你的愛沙尼亞電子居留權做各種事情，例如在歐盟國家做生意，利用愛沙尼亞的線上方案來簽訂合約和報稅。如此一來，就可避開其他國家費用昂貴、但效率較差的系統，毋須再應付一堆文書作業；稅率更低，而且如果你自己當老闆，還可以享受在歐盟開公司的種種自由。愛沙尼亞建立了一個效率天堂，正如同有些國家為了吸引大筆銀行存款，打造避稅天堂一樣。愛沙尼亞建立的是促進商務安全的系統，而不像避稅天堂會鼓勵犯罪行為。背後的理念乃根植於好的政府。愛沙尼亞得到的好處是額外增加的稅收，以及預期未來幾年一千萬電子居民將繳付五億餘美元的費用。我和每一位領導人談到愛沙尼亞的電子居留權時，他們的反應都一樣：哇！

愛沙尼亞很懂得善用新興的繁榮。今天，愛沙尼亞投入小學教育的經費在GDP的占比超越美國、英國和幾乎每個歐洲國家[37]。學生註冊率和識字率都是百分之百[38]。所有學童從小學一年級就開始學習如何編寫程式。伊爾韋斯總統解釋給我聽：為了保有在未來經濟中競爭的能力，愛沙尼亞必須「改革我們的教育制度，讓學生從教育過程中獲得的技能，能在機器人、電腦化和自動化的時代實際發揮效用⋯⋯我們之所以從一年級就開始教所有的孩子寫程式，這是其中一個原因。我的意思是，我們已經開始及早教孩子外語。電腦語言等於是另外一種有自己文法的外語，只不過正好比法語更有邏輯罷了。[39]」

伊爾韋斯認為，機器人技術的進步對愛沙尼亞有好處，小國因此有機會在全球舞台上力拚中國和印度等要角。他告訴我：「我們的功能性規模因此擴大，機器可以做的事情，就毋須耗費人力去做。」愛沙尼亞只有130萬公民。而中國有98個城市的人口超越愛沙尼亞的全國人口。伊爾韋斯的核心想法是，機器人能大幅提升人均產出。中國的勞動力超出愛沙尼亞一千倍，像愛沙尼亞這樣的小國怎麼可能在同一個全球市場上，和中國競爭？但如果能善用機器人，就能以相對較少的人力達到更高的產出，勝過全部採用人力的產出。如果純粹看規模差距，愛沙尼亞絕不可能是中國的對手，但愛沙尼亞憑藉在機器人領域的尖端地位（無論是做為生產者或消費者），就能在超越規模的層次上，和中國一爭高下。

愛沙尼亞已經證明，在未來產業戮力創新，會比純粹創造財富和增加就業機會，發揮更大的功效，提升我們的公民生活和政治生活。從這個角度看來，我們應該開始思考如何打造下一個愛沙尼亞，不要再追問如何打造下一個矽谷了。

烏克蘭：開放與封閉的衝突

二十五年前，愛沙尼亞和白俄羅斯都還深陷貧窮，經濟殘破。他們當時的選擇代表了今天許多國家在政治和經濟模式上面對的抉擇，而烏克蘭衝突的核心正是：究竟要採取開放的（愛沙尼亞式）或封閉的（白俄羅斯式）經濟模式。

烏克蘭長期以來，一直處於各種地緣政治勢力的分界線：西方與東方，歐洲和俄羅斯，天主教和東正教。傳統上，西部的烏克蘭人較傾歐洲，而東部的烏克蘭人（大多數在種族上屬於俄羅斯人）則較傾莫斯科。烏克蘭（Ukraine）的名字本身就是「邊疆」的意思[40]。

2014年2月19日，在基輔爆發抗議示威後，WhatsApp的烏克蘭裔美籍創辦人科姆（Jan Koum）簽下190億美元的交易，把公司賣給臉書。對烏克蘭而言，同樣的190億美元就能解決他們短期的債券、債務和汽油帳單問題。

烏克蘭經濟命脈的價值居然相當於收購（由烏克蘭移民創辦的）行動簡訊app的成本，正說明烏克蘭的潛能有多大，以及採取俄羅斯模式的前烏克蘭政府白白浪費了多少潛能。科姆出生於基輔郊區的小村子，青少年時期就離開政治動盪的基輔，移民海外。於是，原本可以協助提升烏克蘭經濟的聰明頭腦和創新人才，最後卻楚材晉用。

我的曾祖父同樣出生於基輔，他在二十世紀初也作出相同的抉擇。他因為對威權主義感到幻滅，成為無政府主義者，並因此被迫離開烏克蘭。他後來設法抵達芝加哥，並定居下來，開始做點小生意。

過去一百年來，有太多像我曾祖父及科姆這樣的人拚命想逃離烏克蘭，或其他令人窒息的國家。

　　我在任職國務院期間，見識到烏克蘭年輕人優秀的科技頭腦。烏克蘭是中歐和東歐資訊科技服務外包的首要地點。烏克蘭有許多著名的科技創業家，科姆只是其中之一。我們在第一章提過的 Enable Talk 計畫，用特殊手套將手語譯成口語，就是由四名烏克蘭學生開發的。2012 年，Enable Talk 在微軟潛能創意盃競賽抱回第一個大獎，《時代雜誌》譽為該年度最佳創新之一[41]。

　　PayPal 共同創辦人兼連續創業家列夫琴（Max Levchin）也出身自移民家庭，家人逃離基輔，到美國尋求政治庇護。許多矽谷、倫敦和柏林的科技公司都和烏克蘭工程師合作。烏克蘭有一些黑帽駭客傭兵是全世界最厲害的高手。

　　就在科姆與祖克柏即將達成交易的時刻，烏克蘭的女性創業家正在籌備一場叫「基輔創業週末」的活動。抗爭活動爆發後，這個團體在網站公告：「由於政治局勢混亂，活動延期。」深陷貪腐、盜賊統治和威權政治的烏克蘭，沒有培養出未來的科姆。科姆曾在 2013 年 3 月以有力的推文描述他的第二故鄉：「WhatsApp Messenger：美國製，自由的土地，勇者的家鄉。」

　　在基輔獨立廣場爆發抗爭，親俄政府垮台後，烏克蘭人民試圖開創有利的環境，讓烏克蘭不會再錯失 PayPal 或 WhatsApp 之類的公司在過去二十年中可能創造的效益。

　　親普丁政權垮台後，繼任的烏克蘭總統波洛申科（Petro Poroshenko）體認到，如果能為創新者營造有利環境，可能創造出數十億美元的經濟效益。波洛申科自己就是個富有的生意人，擁有烏克蘭最大的糖果製造公司。他競選時的主要標語是：「新的生活方式[42]」。

　　我後來和波洛申科還滿熟的。美國政府認為，他和另外一位烏克蘭執政者皮丘克（Victor Pinchuk）是「好的寡頭政客」。姑且不論他們如何賺錢（我不太了解這件事，而且我猜除了波洛申科和皮丘克本人，也沒有人真的知道），一般觀感是，他們兩人希望烏克蘭走向更加開放、減少貪腐的道路，希望塑造對科姆們更友善的經營環境。我認為他們有可能成功，而且我選擇相信我乃懷抱希望，而不是過於天真。

　　波洛申科和我曾經針對未來產業和烏克蘭的未來，有過多次討論。他通常會一邊討論，一邊用手指撥弄念珠。他的舉動頗為適切。

不同的選擇

　　愛沙尼亞和白俄羅斯在開放與封閉的軸線上分居兩端。世界上大多數國家都在兩者之間，而且許多國家和烏克蘭一樣，左右拉鋸，難以取捨。即使像土耳其和泰國如此不同的國家，在試圖調和開放與封閉兩種分歧的傾向時，往往都引發騷動。

全世界大多數國家都在全球發展歷程、國際競爭和本土政治變
數等交互作用下，產生各種混合式的制度。包括中國的國營式
資本主義制度；錯綜複雜且偶爾失靈的印度民主政治，以及迄
今仍大幅扭曲的市場經濟；還在努力因應撙節和高齡化挑戰的
西歐社會市場經濟；美國則對於市場在經濟和社會扮演的角
色，在政治上出現日益嚴重的兩極化傾向；以及非洲、拉丁美
洲和亞洲採取的混合式發展策略。

　　無論在任何地方，政治和經濟制度都面臨各種多元但又熟
悉的問題：在日益不均的年代，如何在成長與穩定之間求取平
衡？如何因應下一波全球化與創新浪潮帶來的政治與經濟挑
戰？如何成為孕育創新的搖籃，或創新公司的基地？或即使公
司總部設在他處，至少能打入其供應鏈。

　　各國領導人關注的是，應該對社會施以多大的控制力。我
和世界各國領袖談話的時候，問及過去十五年來，對他們而言
改變最大的是什麼，他們幾乎總是回答感覺失去控制。主因為
何呢？他們幾乎都說網路和社群網站等科技，讓人民與資訊相
連結，也促使人與人彼此相連。

　　媒體與資訊環境、政治議題、社會運動、政府決策流程，
以及對公司品牌的控制，全都因為人民可以運用無數電子裝
置，產生無數網路連結而被打亂。資訊不再一味由主流媒體和
政府部門向社會發布，而是在民眾與消費者的龐大網路中自
由流通，和過去居主導地位的資訊來源互動。民眾在網路上不

斷閱讀、撰文和品評所有事情，形成觀念，引導社會與政治走
向。這些連結科技將過去主流媒體和政府等龐大階層組織獨享
的權力，賦予公民和公民網路。

面對控制權的系統化流失和權力分散的局面，國家採取何
種因應方式，將影響該國的經濟性格和經濟表現。在二十世紀
下半葉，政治上乃是民主制度和共產主義二元對立的局面。二
十一世紀面對的，則是開放與封閉的選擇。沒有任何國家是百
分之百開放或百分之百封閉，可能是選擇性的開放經濟，或更
廣泛的開放社會和政治制度。由於政治體制在某個程度上具有
決定性的影響力，未來產業能夠順利創建、成功融資和上市的
地方，必然是選擇開放制度的國家。

25億人民代表的新勢力

即使在限制重重的社會裡，未來產業的發展中心仍能保持
開放嗎？目前還不明朗。整體而言，政治和社會開放的國家通
常經濟也較能蓬勃發展。但近數十年來，某些國家雖設法開放
經濟和社會，卻仍限制政治上的開放程度。這種策略長期能否
行得通，仍有待觀察，但我們仍應深入檢視這些採取混合模式
崛起的新勢力，尤其是新加坡、中國和印度。

從各方面來看，新加坡都是地球上最創新和經濟發展最成
功的國家之一[43]。新加坡的人均GDP高達78,000美元，超越美

國、瑞士和石油豐沛的阿拉伯聯合大公國。今天有各式各樣的指標衡量一國的創新程度，而新加坡總是高居前十名。

由於人口只有540萬，新加坡雖具有國家政府的體制和責任，卻只有大都市的規模。新加坡限制言論自由和集會自由，但也是全世界宗教最多元的國家[44]。

中國和印度是全球兩個最重要的新興經濟力量，而兩國都以自己的方式努力掌握對開放日益增長的需求。中印兩國加起來占全世界三分之一的人口，達到人類史上最快速的成長與發展。中國的經濟改革成功讓五億人民脫貧，印度則消除一半的貧窮[45]。兩國在二十世紀還因饑荒連連，導致數千萬人民餓死，如今卻脫胎換骨，成為全球兩個最大、也最有活力的經濟體。他們的未來轉變將如同過去三十年般非凡耀眼。

過去數十年來，中國培養出眾多知識工作者，更成為世界製造中心，說明還算開放的經濟加上封閉的政治體系能驅動成長。如今中國更試圖證明，中國能提供創新的環境。就這個目標而言，中國未來面對的核心問題在於，經濟相對開放、但政治嚴密控制的模式能否激發真正的創新。到目前為止，中國的知識經濟似乎已然受阻。舉例來說，中國在網路經濟的輝煌成就幾乎不出兩個來源：針對過去美國或加拿大發明的技術，打造出中國自己的版本（而且往往透過竊取智慧財產來達成），或以低成本製造能力，成為外國公司的硬體生產基地。

不過，北京的控制欲雖然阻礙中國知識經濟的發展，卻沒能扼殺中國人的創新精神。多爾西就體察到中國創業家的活力。他告訴我：「在企業上班的那些人好像覺得他們可以創造出任何東西，真正進軍世界。另一方面，你和政府官員談話時，就比較明顯感覺受到控制，不那麼令人振奮。不過，如果你和其他人談話，他們真的暢所欲言。他們注意到因為推特或Square而發生的種種轉變，也知道這類轉變可能無所不在。我不認為他們真的知道該從何著手，但這樣的感覺確實存在，那裡充滿活力。」

中國政府改變的速度也許很慢，但他們也意識到多爾西所說的活力，知道如果中國要持續成長，不可能一直停留在低成本生產和模仿式創新。由於錯失上一波靠網路創新、投資和商業化創造財富的契機，中國決心這一回要在基因體、機器人等未來產業扮演領頭羊，成為企業總部所在地。中國的目標是成為全球創新中心，鼓勵發展國際市場，並因應快速現代化過程帶來的環境與社會成本，在經濟上重新取得平衡。

隨著經濟成長放緩，中國開始在經濟上進一步開放，但限制政治上的開放程度。上海自由貿易區就是中國為開放所作的早期實驗，在11平方哩的經濟開放區中，實施許多對企業友善的措施。在上海自由貿易區，兌換人民幣更方便，對外國資金的限制減少許多，同時也降低企業進口商品的貿易障礙[46]。最明顯的例子，就是微軟的Xbox在上海自由貿易區開賣，這是十餘年來遊戲機首度獲准在中國大陸合法銷售[47]。

　　許多中國人和外國人仍抱持觀望的態度，因為一如當初的傳言和報導，中國政府仍不願對外國新聞網站和臉書、推特等社群媒體放鬆管制。尤其當扮演中國政府喉舌的《人民日報》報導：「上海自貿區是經濟特區，不是政治特區。只要擁有正常理智，就不可能想像世界第二經濟大國，在經過六十年奮鬥後，竟然會在境內設置新的『政治租界』。[48]」人們的希望進一步破滅。

　　中國政府的策略是啟動七個關鍵產業的發展：節能環保、新信息技術、生物科技、高端設備製造、新能源、新材料，以及新能源汽車。最初乃是由中國國務院在 2010 年 10 月宣布，為中國第十二個五年計畫的一部分，希望提升中國的創新力。目前這些產業占中國 GDP 的 4%[49]，但中國領導人希望在 2020 年之前，提升至 15%。

　　谷歌董事長施密特雖然經常批評中國政府，但他認為中國會維持目前的經濟動能：「純粹從經濟角度來看，未來十年會是中國最強勁的十年。十年後，中國或許會放慢成長腳步，其他亞洲國家逐漸接棒。我們不太清楚印度會怎樣；印度缺乏效率的民主政治或許會造成傷害。」eBay 前執行長唐納荷（John Donahoe）同意他的說法：「未來十五年，我認為中國是非常可敬的全球競爭者。」

　　中國的鄰居印度已經改頭換面，不再是我年輕時代的印度

了——泰瑞莎修女、饑荒和惡劣種姓制度的國度，雖然在部分
地區，貧窮問題依然嚴重。我在國務院任職時，曾到過印度的
大型貧民窟，走過深及腳踝的排泄物，令我想起東剛果最糟糕
的一面。但印度的窮人已經逐漸減少，如果不帶情緒地檢視印
度的經濟統計數字，會看到印度過去二十五年令人矚目的成
就，以及未來二十五年充滿希望的前景。

　　印度無論在語言、種族和宗教上，都非常多元。印度人說
780種不同語言[50]。儘管繁瑣的法規和複雜的政府制度導致效
率不彰，造成市場扭曲，印度始終維持多元而世俗化的民主政
治。印度有29個邦享有憲法保障的權力，在其他國家大都只
有中央政府才擁有這些權力。聯邦立法權限（Union lists）和
邦立法權限（state lists）界定中央政府的統治範圍，因此在印
度市場做生意很不容易。根據世界銀行的經商環境評比，印度
在189個國家中排名第142位[51]。

　　中國的中央計畫經濟與印度較民主而缺乏效率的議題設定
方式，恰成強烈對比。由於中央政府的規畫，中國已經成為重
要的全球製造基地，在基礎建設投資上領先各國，並直接促成
製造業蓬勃發展[52]。中國還強制施行都市化政策，讓製造業得
以持續維持低工資。然而這些政策都付出可觀的人力與環境成
本。經濟學家魯比尼形容：「在中國，如果他們需要把整片社
區夷為平地，每年迫使幾百萬人離開農村，支持都市化政策，
他們大可以這樣做，不顧任何人的反對，因為不是民主政體。

中國的所作所為已經對環境造成巨大而普遍的損害——不管是空氣、水、土地、食物安全。」

印度因為基礎建設不足而阻礙出口，拖慢製造業發展。魯比尼觀察到：「印度忽視基礎建設。在孟買，你會看到高架橋底下有一大片貧民窟簡陋建築，遊民有權拒絕搬離街上的小小棲身之處。想要推動任何事情，都可能花幾年的時間。這是為什麼中國基礎建設的發展超級快，而印度的基礎建設卻發展不足。」

不過印度培養大量的知識工作者，彌補了製造業缺乏中央規劃的弱點。印度每年大約訓練出150萬名工程師，比中美兩國加起來還要多[53]。

印度首任總理尼赫魯（Jawaharlal Nehru）將大量資源投入資訊科技及高等教育。在他主政期間，印度創立了全印醫藥科學院（All India Institute of Medical Sciences）、印度技術學院（India Institutes of Technology），以及印度管理學院（Indian Institutes of Management），在任何新興市場上（或甚至任何市場上）都是頂尖的專業人才培訓中心。龐大的人才庫吸引外商直接投資。過去二十年來，許多跨國企業都把研發部門設在印度。此外，客服中心、醫療帳單處理中心和其他企業行政支援服務也快速發展。不過，印度不重視初等教育，導致人民無法普遍獲得均等機會[54]。假如莫迪總理（Narendra Modi）能像當年尼赫魯投入高等教育般，致力於改善初等教育，將是印度成為未來產業重鎮的最大助力。

經濟學家夏皮洛（Rob Shapiro）十分強調教育在建立創新生態系統扮演的重要角色。他認為由於中國和印度在教育上投資不足，因此兩國都無法在全球舞台上成為創新要角。和小國新加坡恰成明顯對比。中國人口是新加坡的251倍，但兩國在創新場域中激烈競爭。新加坡之所以能和中國競爭，是因為新加坡有全世界最好的初等教育。內人是得獎的中學數學教師。她的祕訣何在呢？她的教學計畫獲准採用新加坡的課程規劃。

雖然夏皮洛對中國的創新潛能評價不高，但他也指出：「在某些情況下，封閉模式也可能非常成功。你仍然必須對這類可能性保持開放的態度。」夏皮洛說，這種情況雖然罕見，但可能扮演轉型期間的過渡形式。「過去五十年來，最成功的國家是南韓，南韓的現代化和高成長都令中國又羨又妒。然而南韓大部分的成就是在可怕的獨裁政權統治下達成的。南韓雖是小國，卻很幸運的有一些非常精明的獨裁統治者，也和平過渡到民主政體，這是非常難得的成就。」

印度的發展則和中韓兩國背道而馳：印度的政治開放程度比較高，經濟也不是在中央政府指揮控制下發展起來的。如今印度卻試圖走向中央管控的經濟發展模式。印度人選出目前的新政府，是希望他們能充分利用印度工程人才，提升行政效率，或許還設法讓施密特和唐納荷等企業家相信，印度的成長將是未來十年備受矚目的經濟故事。

　　總理莫迪正努力達成這些目標，其中一個主要措施，是把12億印度人變成電腦編碼；也就是說，莫迪正積極打造全球最大的生物辨識身分認證系統，用來提供政府服務、發放津貼、發布資訊，完全愛沙尼亞式風格。這種生物特徵辨識卡名為Aadhaar，在印地語中是「基礎」的意思[55]。在莫迪政府開始透過Aadhaar卡發放津貼後，有一億二千萬家庭開啟網路銀行帳戶，迫使印度人開始採用為未來設計的儲蓄、貸款和支付系統[56]。本書撰寫時，已經有七億七千萬印度公民擁有Aadhaar卡，占印度人口的64%[57]。愛沙尼亞憑藉這類系統，成為全世界最創新的政府；身為全球最多元、人口最多的國家之一，印度如今也如法炮製，希望能產生類似效益。印度顯然希望未來變得比較像愛沙尼亞，而不是白俄羅斯。

196個國家，196個選擇

　　全球經濟的未來，大幅取決於中國和印度的發展，但世界各國都面臨相同的困境。有的國家以非凡的創新方式因應挑戰，有的國家則步向衰退，或沒能體認到全球經濟風向的轉變。

　　舉例來說，拉丁美洲的情況有如大雜燴。我看到有的國家（例如智利和哥倫比亞）正向未來飛躍而去，年輕的技術人才忙著打造世界級公司。有的國家（例如厄瓜多爾和委內瑞拉）

卻深陷運作失靈的舊泥沼，部分原因是政府仍嚴密管控。

巴西因其經濟規模，是拉丁美洲最具發展潛能的國家，也正努力找出自己的經濟發展模式，但就和印度一樣，巴西還在辛苦摸索什麼才是正確的模式。二〇〇〇年代，巴西表現亮眼，設法讓三千五百萬巴西人脫貧，晉升中產階級[58]，然而巴西的高度新重商主義阻礙了經濟進一步成長，例如政府控制經濟發展模式，對進口商品施加嚴格關稅，加上管制外國人參與經濟活動等。

巴西的鄰國和競爭對手阿根廷，亦和世界任何國家一樣，因管制經濟而拖慢成長。從1870年到1914年，阿根廷採取極端開放的發展模式，經濟成長率為全球最高。阿根廷主要從心臟地帶——肥沃的彭巴草原（Pampas）——出口牛肉和小麥等農產品，換取外資。部分因為阿根廷（至少對歐洲人而言）近乎開放的移民政策，勞工大批湧至。在這段期間，阿根廷是全球收容移民數量第二多的國家，僅次於美國，許多義大利移民沒有去美國，而選擇到阿根廷落腳[59]。到了1914年，阿根廷已經是全世界最富裕的十個國家之一，超越德國和法國[60]。但從那時起，阿根廷的經濟政策就呈現分裂狀態，在極端開放和嚴密控制之間劇烈拉扯，目前也正為這種情況所苦。

有一次，我和一位歐洲大公司主管一起檢視熱區圖上的各地產品銷售量。我注意到他們的產品在阿根廷周遭國家都有很高的銷售量，唯獨在阿根廷表現不佳。我問他為什麼，他告訴

我，他不會在阿根廷投資，因為當地政府法令嚴格限制資金流
動，所以幾乎不可能把資本移出阿根廷。他說，外國公司在阿
根廷做生意，如果想把錢移出阿根廷，最好的辦法是購買大量
牛肉後出口到國外，換取美元或歐元。對這位歐洲主管而言，
這樣做太麻煩了，不值得嘗試。「我不想跨入牛肉生意。」他
告訴我。由於阿根廷封閉的制度，牛肉竟然變成外幣匯兌的媒
介。在金錢日益編碼化的世界裡，這和你希望看到的景象簡直
有天壤之別。

　　開放模式和封閉模式之間的張力，在穆斯林為主的國家中
達到最高點。到目前為止，沙烏地阿拉伯和科威特等穆斯林國
家由於石油蘊藏豐富，儘管社會封閉，GDP仍然很高。然而隨
著波斯灣的石油藏量逐漸乾涸（有些預估數字顯示，沙烏地阿
拉伯不無可能在十五年後就無法再輸出石油）[61]，這些國家無
法再依賴生產化石燃料來保住財富，必須開始轉型到以知識為
基礎的產業。

　　到目前為止，究竟他們願意朝這個方向走多遠，各國的反
應大不相同。沙烏地阿拉伯政府最近成立阿布杜拉國王科技大
學（King Abdullah University of Science and Technology，簡稱
KAUST），據傳投資金額達200億美元。KAUST從偏遠的漁
村快速竄起，閃閃發亮的新大樓吸引某些全球頂尖學者進駐，
阿布杜拉國王稱之為新的「智慧之屋」[62]。

　　KAUST的運作方式和開放社會的研究型大學不同，而且

往往有害無益。造訪校園必須事先申請。研究人員必須先提案獲准,才能作研究和發表論文,以確保研究「符合沙烏地阿拉伯的利益」。科學探索的目的是為了國家利益,而且最重要的是提升燃油效率。KAUST的學者曾憤怒表示,這裡只不過是「沙烏地阿拉伯石油公司的重要研究實驗室,卻披上大學的外衣」[63]。

就推動社會進步而言,KAUST卻有一點功勞。在沙烏地阿拉伯充滿性別限制的文化中,KAUST對女性師生採開放態度,具有重大意義。但如果無法將這些權益擴展到校園以外的社會,仍然很難吸引企業在此設立營運總部,或成為未來產業供應鏈的重要一環。整體而言,由於沙烏地阿拉伯還太過封閉,很難對未來產業產生重要影響,他們唯有寄望石油能持續不斷湧出來。

半個世界

一個國家向前邁進時,能否把權力賦予所有公民,是成功關鍵要素。即使女性擁有豐富潛能,許多國家在發展過程中往往只聚焦於半數的男性人口,而忽視女性或苛待女性。

我和烏瑪碰面的次日,就在200公里以外的地方,才十五歲的馬拉拉‧尤沙夫賽(Malala Yousafzai)遭近距離開了兩槍,頭部和頸部中彈[64]。根據塔利班發言人的說法,原因是她

「提倡西方思想」，射殺她的包頭巾槍手則說她「進行反阿拉士兵的宣傳」。那麼她當時究竟做了什麼？她只不過要求女性也有受教育的權利，而塔利班認為應該禁止女性受教育。

我和烏瑪初次見面幾小時後，在巴基斯坦參加一個和創業有關的活動。和我同桌的都是企業界人士，半數擁有MIT學位。當然，鄰座的活動主持人說了一句我走到哪裡都聽到的話：「我們想要打造自己的矽谷。」我當時的身分是外交官，不應該說這是不可能的，所以我沒這麼說。我談到激發創新、創業精神和成長的各種因素，同時還恭維巴基斯坦的創業家非常成功。

假如活動在一天後才舉行，在馬拉拉中槍後，我可能會說出我原本該說的話：「別提了。只要這個國家還容許十五歲的女孩遭槍手當面射殺，學校遭到焚毀，這裡就像瓦奇里斯坦的荒原一樣前途黯淡。」

假如巴基斯坦九成的婦女都是家暴受害者，而且只有四成女性識字，即使有再多男性取得MIT學位也無濟於事[65]。為婦女爭取最多權益的國家，也最能在未來產業中取得競爭和成功的有利地位。

善待女性不只是正確的事，也合乎經濟效益。女性代表國家一半的勞動力（或潛在勞動力）。一個經濟繁榮、有競爭力的國家必須能充分運用受過高等教育的人才，如果把潛在勞動力自動削減一半，不啻判自己出局。能致力於弭平兩性差異的國家比較有競爭力[66]，是屬於未來的國家，他們能對男孩和女孩同樣施教，確保全體公民都擁有未來所需技能，為全球經濟做好充分準備。

簡而言之，重視女權的國家好處多多。在開發中世界，女性可能會對經濟的成敗發揮關鍵作用[67]。有些國家自欺欺人，以為毋須提升女權，也能競爭和成功。巴基斯坦就是很好的例子。烏瑪和馬拉拉的家鄉都還停留在中古世紀。在瓦奇里斯坦和史瓦特谷，你走在泥土路上，會看到男人牽著驢，嘴裡埋怨著西方國家，妻子則被他關在家裡。在這樣的社會裡，像烏瑪這樣的女子十分罕見，像馬拉拉這樣受性別暴力迫害的女孩則多得不得了。

根據世界銀行的統計，有93%的中東和北非國家禁止女性從事某些工作[68]。只要這些地區繼續倒行逆施，大多數的歐美投資人和企業主管會繼續避開這些國家，把目光投注於撒哈拉沙漠以南的非洲，以及亞洲和拉丁美洲前景看好的地區。

不過，穆斯林占多數的國家未必都是如此。我看到印尼已經成為全世界最有趣、轉變最快的經濟體。印尼約有兩億五千萬人口，在全球穆斯林占多數的國家中堪稱最大[69]。印尼幅員廣闊，一萬七千多個島嶼綿延三千多哩，比美國從西雅圖到邁阿密的距離還遠。

我在印尼期間，見到許多二十來歲、雇用50到75名員工的年輕創業家，由於無法取得創投資金或銀行貸款，他們完全

靠自己拿現金出來創業。假如公司不賺錢,員工就領不到薪
水。就這麼簡單。儘管面臨這樣的限制,他們仍然打造出充滿
活力的遊戲和電子商務產業。在他們的辦公室裡,女性和男性
程式設計師比鄰而坐,有的人包著頭巾,有的人沒有包。但印
尼的女性技客次文化絲毫不影響他們的宗教信仰或作風。這種
文化也延伸到政府部門,法律規定政黨候選人至少必須有三成
女性[70]。

　　印尼與巴基斯坦、沙烏地阿拉伯等國最終的差異,關乎他
們的社會如何詮釋和應用宗教。印尼選擇信奉伊斯蘭教,但不
實施嫌惡女性的律法。巴基斯坦的宗教詮釋則迫使婦女待在家
中,女性爭取受教權時會遭到鞭打。同時,波斯灣國家雖聲稱
開放,卻只踏出極其微小的一步。在這些國家中,哪個國家最
有可能成為未來產業的基地呢?自然是印尼。

中國和日本教我們的事

　　在上一波全球化中,女性在企業界和社會的地位是最重
要、但最受忽視的驅動力之一,在下一波全球化中,女性的角
色將有增無減。兩性平權不只在穆斯林國家或開發中國家是重
要議題,在全世界每個地方,甚至像日本這樣的先進經濟體,
都很重要。

　　觀察女性在中國和日本企業中扮演的不同角色,就會明白

在職場上提升女權的好處，以及邊緣化女性必須付出的代價。

毛澤東曾說過：「女人撐起半邊天。」毛澤東當政後也努力促進男女平等，鼓勵婦女在家裡或鄰里間做點小生意。在工廠裡，女工和男性勞工待遇相同，還能享有育兒福利和彈性工時[71]。近數十年來，婦女地位大幅提升，是中國經濟力量壯大的主因之一。四分之一的都市女性就讀大學，而且學業表現超越男性[72]。2013年，中國女性高階主管的占比達51%，居全球之冠[73]。全世界最富有的女性億萬富豪有半數住在中國[74]。

阿里巴巴的創辦人兼執行長馬雲有一次在晚宴中告訴我，阿里巴巴能夠成功，女性是不可或缺的力量，無論她們扮演的角色是阿里巴巴的顧客，還是公司內部的領導者。阿里巴巴的董事有三分之一是女性[75]，高層主管中（副總裁以上的職位），女性也占將近四分之一。男女比例依然是50：50，不過已經勝過絕大多數的科技公司了。馬雲告訴晚宴賓客：「借錢給女性創業家最安全不過了，因為她們一定會還錢。」馬雲的論點是，提升女權不是為了公平，而是因為這樣做很划算。

相反的，在日本企業中，婦女角色停滯不前，但統計數字顯示不該如此。日本女性擁有傲視全球的高教育水準，而且日本女人自幼就接受優質教育[76]。在OECD國家中，日本女生在標準化測驗中分數最佳。但等到她們踏出大學校門，女性勞動力就開始大幅流失。日本婦女在生完第一胎後，有七成會辭掉工作，至少花十年的時間照顧家庭，許多人從此再也沒有重返職場。（相較之下，美國只有三成婦女這樣做，而挪威更有81%的母親持續工作。[77]）

這種現象蔓延到各個產業。日本大學的女性研究人員不到14%，女醫生占比更不到19%[78]。日本政府部門的數字並沒有比較好看，他們的性別多樣性表現在189國中排第123名[79]。日本雖然是全球最富裕的國家之一，但2014年世界經濟論壇的全球性別差距報告中，日本在受評估的142國中，排名104[80]。

根據這些統計數字，難怪日本女性很少扮演領導角色，企業高階主管只有1%為女性。日本女性面臨的阻礙包括：對女性持傳統看法的老一輩日本男人依然大權在握。他們認為女性的首要之務是扮演好照顧者的角色，而在組織裡作聘用和升遷決策的正是這些男人。

另外一個阻礙是，日本的工作環境讓女性幾乎不可能兼顧育兒與工作。日本二十至四十歲的全職勞工，有五分之一每週工作超過60小時。所以他們要不是每個週末都需加班，就是每個工作天都額外加班4小時[81]。

除了長工時之外，下班後的喝酒文化也是障礙。日本人通常下班後還要透過喝酒社交。這是日本勞動力向上流動的過程中不可或缺的一部分，而且通常女同事都被排除在外。基本上，如果你已為人母（或為人父），下班後想趕快回家看小孩，那麼日本的職場文化會和你作對。

中國崛起而日本停滯，令日本人十分尷尬。日本首相安倍

晉三受到希拉蕊的影響，開始改變這種情況。安倍在2012年
12月當選日本首相後實施的安倍經濟學計畫，核心就是在日本
經濟中為女性找到新位子。安倍在達沃斯世界經濟論壇演說時
宣布[82]：「日本必須成為讓女性發光發熱的地方。」為了達到
這個目的，安倍把重心放在為一萬名學童增加課後輔導計畫。
日本的孩子日托中心往往大排長龍，擠不進去，因此安倍敦促
私人公司設立托兒中心[83]。相反的，父母出外工作時，中國人
通常都仰賴祖父母照顧孫兒，上海九成的幼兒都託付給祖父母
或外公外婆，北京的比例為70%，廣州則占一半[84]。

eBay前執行長唐納荷就注意到托兒問題對eBay全球員工
的重要性。他告訴我：「我去印度或亞洲某些地區時，對我來
說，其中一件最有趣的事情是，我注意到當地辦公室有很多女
性員工。為什麼呢？因為祖父母會幫忙帶小孩。這些社會發展
出十分有趣的模式。年輕爸媽通常和自己的父母一起住或住在
附近，托兒方式可以順應經濟的發展。所以年輕爸媽二、三十
歲時可以專心工作，賺錢養家；到了五、六十歲時，又幫忙帶
孫子。」

安倍晉三體認到這件事對經濟發展的重要性，開始設法修
改日本稅制和養老金制度，不再只是嘉惠家庭主婦，而不利
職業婦女[85]。他希望在2020年之前，在扮演領導角色的日本人
中，女性的比例能提升至三成[86]。「如果女性的勞動參與情況
能和男性一樣，那麼日本的GDP成長率可能超過16%。」安

倍在達沃斯的世界經濟論壇中表示：「這是希拉蕊‧柯林頓對
我說的話，而我深受鼓舞。[87]」

數位原住民

　　要在未來產業的舞台上競逐和成功，第二個重要條件是，
必須設法資助年輕人發揮創意，同時讓他們在組織中占有一席
之地。任何矽谷人聽到我這麼說，一定覺得很好笑，因為對他
們而言，這是再明顯不過的事情。但對其他大多數人而言，卻
不見得如此。我目前四十三歲，每次在矽谷開會，在場人士
中，年紀都最大的通常都是我。然而到了歐洲，我往往變成最
年輕的與會者。

　　雖然我不認為單看年齡，就能決定一個人掌握科技或經營
未來企業的能力，但我確實認為成長過程中是否採取數位生活
方式至關重要。和我這種大學畢業前從未發過電子郵件或用過
手機的人相較之下，他們必然會從不同角度觀看世界。數位原
住民較不受現有商務模式束縛，更願意冒險追求突破性的創
新。

　　我在歐巴馬2007年和2008年的選戰中，看到明證。當時
我擔任歐巴馬陣營科技、媒體和電信政策小組召集人。選戰開
打時，我才三十五歲。但歐巴馬陣營的技術長、數位長、分析
數據的人、電郵小組的人，以及經營社群媒體的人：每個人都

比我年輕。韋格納在全國展開鎖定目標的催票行動時，才二十四歲。四年後，歐巴馬競選連任時，他已是選戰的數據分析長。今天，三十出頭的韋格納經營一家成長快速的成功分析公司。

韋格納認為，年紀輕與數據分析的才能有密切關係。我檢視他78名員工的資料後，只發現一名員工頭上有些微白髮[88]。我不禁懷疑韋格納的看法是否完全正確，但他的成功讓我啞口無言，尤其我在歐洲看到太多相反的例子。

我完全相信法國和地中海沿岸歐洲國家的經濟之所以持續停滯不前，是因為年輕專業人才必須苦候幾十年，才能掌握實權或取得創業必需的早期資金。也難怪谷歌、臉書、微軟、甲骨文和無數資訊時代的公司，都是由二十來歲的年輕人所創辦，而且都在美國誕生。

正如韋格納所說：「我認為美國文化很特別的一點是，我們重視功績，欣賞最好的創意。無論你在哪裡出生、從哪裡來、是什麼膚色或年紀多大，都沒關係。如果你有好的構想，而且能條理清晰地向一群人完整說明你的想法，照理他們就該接受並採用你的構想，把它拿來當標準。但不見得都是如此，對不對？但我認為大家愈來愈領悟到，假如他們不把這些構想融入他們目前在做的事情，可能會碰到很大的麻煩，因為別人會搶先這樣做。」

矽谷創投家會毫不猶豫地投資二十來歲的年輕人。我離開政府部門後，曾經輔導八家快速成長的公司，背後都有創投家金援。剛開始的時候，八家公司中，有五家的執行長是二十來歲的年輕人，一家的執行長三十來歲，另外兩家的執行長四十幾歲。在義大利這樣的國家，絕對不可能發生這種事情。二、三十歲的義大利年輕人連爭取和創投家開個短短的會，都十分困難，更遑論取得創投家信任，讓他們經營新公司了。我每次造訪西班牙、法國或義大利，都聽到相同的抱怨。如果充滿抱負的年輕創業家愈來愈不願苦候到四十歲，才被認真對待，他可能會離國遠去，到倫敦、柏林或矽谷等對年輕人較友善的環境，創辦自己的公司。

許多亞洲社會也體認到，年輕人是驅動創新的重要力量。上海證交所登錄的上市公司執行長平均年齡為四十七歲。而在階層組織較嚴密的日本，名列日經指數的上市公司執行長平均年齡為六十二歲[89]。中國最大的社群媒體公司是由一名研究生在二十來歲時創辦[90]；最大的電子商務公司初創時，創辦人才三十來歲；最大的行動電話公司設立時，創辦人剛過四十歲，但之前已創辦過好幾家公司。

今天要在全球經濟舞台上競逐，就必須如此。韋格納問：「當你看到在這個世界上，年輕人的表現已經超越你屬下一些在業界打拚了三十年的主管，你要怎麼辦呢？繼續擁抱這些人，還是把他們趕走？」

非洲：突飛猛進，還是永遠落後？

非洲有沒有可能以自己的方式，達到印度和中國在上一波全球化和創新浪潮中的成就？非洲國家人口成長速度居全球之冠，還擁有強大的人才庫，或許能搭乘未來產業的列車快速發展，甚至在飛躍成長階段比中國和印度付出更小的代價。

非洲共有54個主權國家，多元化的程度不輸地球其他大洲，很難用簡單的敘述來概括非洲的特點。不過，從一些幾乎放諸四海皆準的趨勢，我們衡量非洲國家在未來產業的表現時，有充分理由感到樂觀多於悲觀。

我造訪非洲各國時，觀察到愈來愈多儉樸創新的例子。資源稀少的環境往往能激發出天馬行空的創造力。獨立後的愛沙尼亞就是很好的例子。由於缺乏電信設施或政府基礎建設，愛沙尼亞運用極少的資源，發揮創意和效能，打造自己的系統。我在巴西也看到同樣的情形，巴西人用「gambiarra」這個字來代表這樣的概念。而印度鄉村則稱之為「Jugaad」創新，Jugaad是印地語，意思是「靈活運用聰明巧思，找出創新解方」。

M-Pesa這樣的產品就是儉樸創新最好的例子。唯有像肯亞這樣的地方，才會開發出M-Pesa這樣的產品。因為肯亞缺乏傳統銀行，無法滿足勞工階級的日常需求，因此肯亞人利用手機和刮刮卡打造出整個銀行系統。全球大多數國家迄今仍仰賴傳統銀行，肯亞則透過儉樸創新，一舉躍過這個階段。

　　自從2008年爆發金融危機後，全球許多經濟體都陷入停滯，但非洲仍快速成長。愈來愈多非洲人成為創業家，或成為全球供應鏈的一環。愈來愈多精通技術的年輕人進入職場，並創立自己的公司，或為亞洲、美洲、歐洲公司遠距工作。於是，非洲與其他地區的關係開始出現本質上的變化，彼此不再只因慈善活動或開發援助而產生連結，而是基於商業往來。

　　強森（Jeremy Johnson）是美國最聰明的年輕創業家之一，還不到三十歲，就創辦了兩家成功的教育公司。強森後來又創辦安德拉公司（Andela），專門為非洲新崛起的科技人才和一流企業牽線。雖然安德拉公司協助非洲新星找工作，卻完全非屬慈善性質，而是能獲得報酬的投資活動。

　　安德拉公司已開始在奈及利亞為優秀年輕人才推出就業輔導計畫。公司開始營運的頭半年，有9,597位奈及利亞年輕專業人才（平均年齡二十五歲）爭取加入他們的實戰營。要通過實戰營的篩選，簡直比申請進入強森的母校普林斯頓大學就讀，還困難得多。強森設計了連他自己都沒辦法通過的測驗，最後有178位奈及利亞人獲選參加實戰營（三成為女生），展開安德拉會員的訓練流程。入選的年輕人需接受六個月左右的密集程式設計訓練，然後安排他們做技術性工作。在第一批雇用安德拉會員的12家公司中，年輕人百分之百獲得留任，而且其中9家公司幾乎立刻要求他們提供更多人才。強森驕傲地表示：「我們的開發人員不管在非洲或在任何地方，都是最聰明、最努力的年輕人。」

安德拉公司認為，非洲有不少具天分的技術人才，他們需要的只是訓練和工作機會；事實上，非洲有數以千計、甚至數以萬計這類人才。安德拉公司的開發人員，至少都擁有一千小時的程式設計經驗，在研發團隊表現出色。

強森又說：「我預期他們不但能在非洲某些最成功的科技公司裡步步高升，而且有朝一日，還能自己創辦科技公司。為個人創造機會只是第一個階段──真正的希望在於，讓這些年輕人在自己的社區和國家發揮長久的影響力。」

我在東非洲也看到同樣厲害的科技高手。坦尚尼亞有四千五百萬人口，農業是經濟的命脈。坦尚尼亞人稱穀物為「白油」，因為穀物對經濟發展至關重要[91]。農產品占出口的85%，農業更雇用了八成勞動力[92]。坦尚尼亞的整體經濟往往隨著穀物市場的榮枯而上下擺盪。

為了穩定市場和經濟，二十九歲的坦尚尼亞程式設計師穆塔（Eric Mutta）開發應用程式 Grainy Bunch[93]。這是一種大數據工具，透過應用程式來監控坦尚尼亞的穀物採購、儲存、配銷和消費。Grainy Bunch 把古老的供應鏈──栽種穀物、希望豐收、銷售穀物──推進二十一世紀。如今更利用數據分析來管理寶貴資源，並改善糧食供應和農民獲得的報酬。產生的效果是穩定穀物市場，並有助於穩定坦尚尼亞的經濟。

　　我在肯亞也看到一個驚人例子[94]：iCow是可傳送簡訊和語音的行動通訊應用程式，使用者包括一萬一千多個小型酪農。iCow是由一位名叫卡亨卜（Su Kahumbu）的婦女開發出來的，能提供酪農三階段的相關資訊：經期、擠奶期，以及市場。在實務上，iCow應用程式會在母牛妊娠期以簡訊通知農民，同時為酪農收集產乳和飼養資訊，並以簡訊提供酪農最佳飼養方式。一位農民和卡亨卜開玩笑：「iCow會告訴我，什麼時候該讓我的母牛放產假。[95]」

　　iCow也會警告農民，哪些日子牛奶需求量最高，並提供獸醫資訊和市場價格資訊[96]。基本上也就是說，農民現在可以透過手機，與該地區數百名可能的買家連線，進行交易，而不必再花半天時間，辛苦把牛趕到市場上，以對方願意付出的價錢，賣牛奶給廣場上的民眾。需要找獸醫的時候，他們只需發出「VET」的簡訊給iCow，iCow就會列出附近獸醫的電話號碼。

　　使用iCow的農民平均每人擁有三頭牛。使用iCow七個月後，牛乳產量會提升到相當於四頭牛的產量。農民平均花在iCow的每一塊錢，都能額外增加77美元的收入。

　　不管Grainy Bunch或iCow，都是我在美國國務院時推出的Apps4Africa計畫的一部分。Apps4Africa協助勇於創新的非洲新科技公司找到資金，推動事業發展，同時也充分把握非洲六億五千萬手機用戶的優勢（數量比歐洲或美國還多）[97]。

　　Grainy Bunch和iCow的成功除了靠科技專長外，也進一步強化原本的理論：只要具備不同領域的專長，加上有應用大數據的意願，就有機會開創未來事業。加州和德國都有一些大型的供應鏈管理軟體公司，但能開發出Grainy Bunch的環境，必須特別了解穀物供應鏈和穀物市場。iCow則是特別為只養了幾頭牛、又不太識字的酪農所開發[98]，情況和開發出牧草計量器的紐西蘭恰好相反，那裡的乳牛數目動輒數千頭。

　　卡亨卜也反映出撒哈拉沙漠以南地區的廣泛趨勢，那裡和拉丁美洲一樣，創業家的性別平等情況是全球最高水準。婦女和年輕人在經濟發展中扮演愈來愈多的角色，許多非洲國家都從中獲益。非洲婦女日益吃重的經濟角色，正好呼應了非洲近來這波時間最長、規模最大的經濟成長。「私人企業的女性員工代表驅動經濟成長的重要力量和機會。[99]」世界銀行非洲降低貧窮與經濟管理計畫主持人喬蓋爾（Marcelo Giugale）表示。的確，婦女在非洲的飛躍成長過程中扮演核心角色。許多國家的女性創業家人數與男性相當[100]。奈及利亞和迦納的人口占撒哈拉沙漠以南地區的25%，兩國的女性創業家人數甚至超越男性創業家。

　　利用科技推動跳躍式經濟成長，最驚人的例子或許是盧安達。盧安達1994年發生血腥的種族滅絕事件，超過八十萬人喪命。二十年後，盧安達重新出發並自我改造，以知識經濟為發展核心。

從剛果民主共和國進入盧安達，是我這輩子最刻骨銘心的越境經驗。剛果東部邊境簡直一團混亂。長長的隊伍一排就是好幾個小時，持槍男子敲詐索賄，道路看來就像曾遭炸彈轟炸過。等到你從剛果穿越邊界，進入盧安達後，會注意到道路突然平坦許多。盧安達最糟糕的路都比剛果最好的路情況好多了。車子往東駛去，雖然還身在叢林，但我的智慧型手機已開心地重獲新生，手機螢幕顯示五條槓全滿，我又享受到能傳輸數據的高度連結了。

從盧安達西部穿越山區，前往首都吉加利（Kigali）途中，我經常看到路旁排列著與肩同高的光纖管線，盧安達鋪設的光纖網路已超越美國許多鄉村地區。今天盧安達長達一千哩的光纖連結起全國三十個行政區[101]，這個位於非洲中部的小國因此能與更廣大的世界相連結，開啟高科技的商品交易。

如果你看看數字，盧安達的策略奏效了。從 2001 年到 2013 年，盧安達的實質 GDP 年均成長幅度超過8%，窮人大幅減少。包括美國在內，全球許多經濟體雖然整體經濟成長，貧富差距卻日益擴大，但盧安達在過去十五年中，貧富差距卻縮小了[102]。

盧安達總統卡加米（Paul Kagame）雖然不為新聞記者和（某些）人權倡議人士所喜，卻讓這個曾犯下人類最野蠻行徑的內陸國家脫胎換骨，蛻變為經濟有效運作、以創新為核心策略的國家，他致力於讓盧安達跳過工業發展階段，直接從農業經濟進入知識經濟。

結果，盧安達前景看好，而卡加米認為成功的重要因素是，盧安達能系統性消除影響婦女參與的重重阻礙。在衝突後的重建過程中，卡加米領導的政府以推動兩性平權為原則，改革政策和法令，確保婦女享有同等權益，並嚴禁性別暴力[103]。

盧安達長期仰賴農業，政府修改土地產權登記制度，容許夫妻共同登記。這是關鍵的改革措施[104]：用婦女名字登記的農場增加了兩成，同時盧安達貧窮婦女的比例也下滑將近20%。

我和卡加米在他簡樸的家中談話時，他說明如何推動盧安達轉型為知識經濟。當我問到女性在未來經濟扮演的角色時，還被他小小嘲笑了一番，因為盧安達公共部門和私人企業的女性領導人占比遠高於美國。事實上，在盧安達的民選國會議員中，女性議員占多數，放眼全世界可說絕無僅有[105]。

如果盧安達能夠從種族滅絕的巨大創傷中奮起，成為不斷成長、多元化的知識經濟，那麼其他國家也一定辦得到。

安德拉公司的強森表示：「今天的非洲正見證人口結構、經濟和科技趨勢的融合，為非洲的未來創造無窮希望。結合年輕的人口、高速成長的經濟，加上能快速運用新科技，成為促進企業投資的一大動力。」

基於在非洲的所見所聞，我相信不同於過去二十年矽谷獨霸的局面，未來產業創新和財富創造中心將更廣泛分散世界各地。非洲新崛起的企業能聰明運用大數據，毋須仰賴矽谷打造的平台。他們的解決方案讓我懷抱希望，大數據將容許更多企業在地創新，在世界更多地方創造出更多前所未見的機會。

非洲經濟也讓我更加堅信，樂於開放的社會也最能在未來數十年有效競爭並獲致成功。許多非洲國家在政治上的開放程度仍然遠遠不足，但採取經濟開放政策的國家、能提升婦女權益的國家，以及能為創業家創造發揮空間的國家，將是成長最快的國家。正如同印度逐漸擺脫泰瑞莎修女、饑荒和惡劣種姓制度的國家形象，非洲國家也正重塑自己在世界舞台的角色，成為投資的機會，而非接受援助的國家。

在非洲證實的道理，在其他國家也應如是。當各國領導人思考如何在未來產業中自我定位時，他們必須敞開心胸，揚棄控制狂的心態。二十一世紀不是扮演控制狂的好時機；未來的成長取決於能否讓人民擁有更多自主權。

結語

　　我們年老力衰時，將由機器人照顧；我們的家遭到網路攻擊；無所不在的感測器剝奪我們今天所認知的「隱私」。這些改變令我們茫然不知所措，甚至擔驚受怕。本書從經濟和地緣政治的角度探討上述種種變化，但深入思考這些問題時，真正讓我豁然開朗的，是從父親的角度來檢視這些趨勢（我有三個孩子，年齡分別是十三歲、十一歲和九歲）。

　　當爸爸是我這輩子最重要的職務，我忍不住思考，即將來臨的轉變——本書所預料和沒料到的種種變化——對下一代的經濟前途會帶來什麼影響。我的孩子面對的機會與挑戰，將和在西維琴尼亞州長大的我截然不同。他們應該怎麼做，才能擁有競爭力，成功迎向未來？

　　我對本書每一位採訪對象都提出一個問題：今天的孩子需要具備什麼特質，才有辦法因應明天的經濟情勢？結果，大家沒什麼共識，找不到足以拿來當大標題的共同結論。但等到我和愈來愈多人交談後，一些共同的想法仍漸漸浮現，而且對其中一、兩件事情幾乎找到一點共識。

　　本書兩名年輕採訪對象的故事，可以讓我們一窺今天的孩子在迎接未來時應具備的特質。先回顧一下二十四歲創投家泰爾的成長歷程。泰爾乃是受到蘇丹行動通訊富豪伊布拉欣的啟發，走上目前的生涯發展方向。泰爾的父母都來自印度，後來赴美留學，接受高等教育。泰爾的母親塔努（Tanu）是家族中第一個搭飛機的人，她在印度求學時，同屆1000名學生中，只有15個女生，促使她決定赴美留學。泰爾的父親普拉文（Praveen）當年只挑選不收他申請費的大學來申請。後來因為俄亥俄州立大學除了提供全額獎學金，還給他免費機票赴美，他決定到俄亥俄州大求學，沒有選擇其他大學（包括長春藤名校）。

　　泰爾的雙親晉升美國專業人士階級後，決定經常帶泰爾和弟弟蘇杰（Sujay）四處旅行，希望他們了解自己的生活條件比很多人都優越，一方面促進他們的情緒發展，也讓他們更通世務。泰爾說：「我們小時候從來不曾去歐洲或加勒比海旅行，爸媽只要一有空，就想讓我們看看真實世界怎麼運作。」

　　一九九〇年代，泰爾的雙親帶他們去巴西和肯亞旅行，當時兩國還被列為未開發國家。泰爾七歲時，全家去參觀一家為盲童而設的孤兒院，其中八成的盲童原本都可治癒，卻因缺乏經費，無法恢復視力。

　　泰爾的父母雖然不是有錢人，卻把收入的一大部分都拿來旅行，希望開拓孩子的視野，讓他們了解更寬廣的世界。泰爾和弟弟年紀雖小，卻已能從全球觀點想像未來的生活和職業生涯。這也是為什麼伊布拉欣成功將行動通訊引進非洲，會影響泰爾踏上投資人這條道路。

廣大世界就是他的家

一、二十年前投入中國和印度市場的許多創業家、企業和投資人都建立起龐大的事業。同樣的，今天誰能放眼世界，看到下一波高成長市場蘊藏的機會，也能成為稱霸市場的巨人。泰爾投注時間精力在奈洛比等地，也是同樣的道理。當他對準加密貨幣、潔淨科技、消費者網路和行動通訊等領域，進行矽谷最熱門的早期投資案時，他做的是只有矽谷一小撮投資人會做的事情：投資於今天的前沿市場，例如肯亞、烏干達和孟加拉。隨著這類市場日益成長，像泰爾這樣了解這類市場的人將搶先跨步，開始建立人脈，尋求合作夥伴，挖掘優質投資標的。他們會在市場評價最低時就及早投入，正如同一九九〇年代的中國和1994年網路業的情況。

泰爾把廣大的世界看成他的家，想像自己總是在全球各地工作。他說：「我不像圈子裡其他朋友那樣，總是渴望找個地方真正安定下來。我們經常都在舊金山─波士頓─紐約─華府之間穿梭往來，還飛到新興市場的各大都市。對我而言，家不只是一個地方，還代表一種感覺──而我和至親好友在一起時，最有家的感覺。」

今天，泰爾是矽谷重要創投公司裡扮演高階角色的最年輕創投家。他的弟弟蘇杰十五歲時就收到哈佛大學的入學許可，在哈佛讀了兩年半以後，獲得提爾獎學金（Thiel Fellowship）。由PayPal共同創辦人提爾設立的提爾獎學金，頒發10萬美元給年輕大學生，鼓勵他們輟學創業。於是，蘇杰往西部發展，成為工程人才線上聘僱平台Hired.com的營運長和某個行動娛樂網站的副總裁。他最近決定重返校園，設法拿到環境科學及公共政策的學位。

科恩比泰爾年長十歲，但三十四歲的科恩在我眼中依然年輕。歐巴馬總統走馬上任後，我開始到國務院為希拉蕊工作時，認識科恩。當時他才二十七歲，是少數布希時代延任的官員之一。我見到科恩的時候，他已是羅德學者（Rhodes scholar），還寫了兩本書。科恩和泰爾一樣，在史丹佛大學接受大學教育。我和科恩密切共事一年半後，他辭去公職，開始為谷歌董事長施密特工作，並建立Google Ideas。我和科恩一起出差與共事的經驗，讓我對於可以從泰爾身上學到的教訓更加篤定。

科恩的父母是康乃狄克州的心理學家及藝術家，他從小就對外語及外國文化充滿好奇。他十六歲的時候，開始靠書本自修史瓦希里語。於是，他的母親帶他去耶魯大學上史瓦希里語的私人課程，他也開始到非洲旅行。十九歲時，他曾和肯亞

Mesai部落的村民一起住了一段時間。

我們一同造訪東剛果和西盧安達山區時，同行者中有人能操流利的史瓦希里語，帶來很大的好處。我們因此得以避開大使館的翻譯安排——當地人先對一名非洲翻譯用史瓦希里語說一遍，這名翻譯把他的話用法語講給使館人員聽，使館人員再為我和科恩從法語翻譯為英語——直接和當地人溝通，其中包括遭遣返回盧安達的民兵，以及東剛果難民營的性暴力受害者。

我們能在這個地區成功推動計畫，要歸功於我們既懂科技，又能說當地語言和了解本地文化。蘇丹行動電話巨擘及億萬富豪伊布拉欣也因為如此，方能在包括剛果在內的前沿市場大展鴻圖。如果你有意願、也有能力投入今天的前沿市場，就能開創明天的大企業。像泰爾和科恩這樣的人會先看到機會，而且他們有才幹，也有人脈，能充分利用機會。諷刺的是，在愈來愈虛擬的世界裡，你的護照上卻是能蓋愈多章愈好，這點比過去任何時候都重要。

學習外語之外的第二種語言

大多數人都沒辦法像泰爾這樣，從小就全家一起去前沿市場旅行；或像科恩那樣，到耶魯大學去學史瓦希里語。但今天的父母手邊擁有很多泰爾和科恩小時候沒有的工具。網路上的語言學習課程幾乎和私人家教的教學效果一樣好。搭機飛到前沿市場，親自了解這些地方，是無法取代的經驗，但泰爾和科恩的中產階級父母所作的選擇，讓他們得以在陡峭的經濟與社會階梯向上攀升，享受今天的成就。

如果說，科恩和泰爾給我們的重要一課是，在愈來愈全球化的商業世界裡，精通多元文化也變得日益重要，其他許多思想家和專家強調的卻是其他技能——或他們會說，外語能力只是其中一部分。許多人認為，今天的孩子必須精通科學、技術或程式設計的語言。如果大數據、基因體科技、網路、機器人是未來高成長的產業，那麼靠這類工作維生的人就必須精通背後的編碼語言。

「如果我現在才十八歲，我會主修電腦或工程，並選修中文課。」前eBay執行長唐納荷告訴我。「我的小兒子在達特茅斯讀大一。他已經學中文四年了，還可能主修電腦科學。」

投資人和創業家帕里哈畢提亞（Chamath Palihapitiya）也和我分享他及妻子（也是電腦工程師）教養孩子的方式：「我覺得，至少要懂另外兩種語言真的很重要：一種是傳統的外語，另一種是技術語言。因為人力資本市場正在改變，你必須有能力和全球各地的人交談，了解他們的文化，了解他們的語言，同時還能進行技術上的對話。我們家採用的方式是，我的孩子都必須學習兩種語言：一種是西班牙文——他們從小就學；第二種語言是Python等程式語言或其他技術語言，等他們六歲之後，就會開始學。我們覺得這件事非常重要，學習語言是讓孩子了解世界的重要方式，不管是我們生活的實體世界或我們生活的科技世界都一樣。」

大家一再強調學習技術語言的重要性，宋赫斯特卻提出有趣的反論。他認為今天對高技術能力和高超數學能力的需求是短期現象。「某段時間會出現對某些技能的需求。」他說。「目前需要的是亞斯伯格式的數學頭腦。但我認為這類亞斯伯格式經濟只會再維持十年左右，因為一旦技術平台都建立完成，就不會再重新創造。」

多爾西則抱持相反的看法，他認為精通程式語言的好處不只是懂得編碼而已。「我不認為你學程式語言只是為了當工程師或成為程式設計師；而是因為你能從中學習非常、非常不同的思考方式。程式語言會教你如何抽象思考，把問題分解成小的部分後逐一解決，還教你理解系統，看到系統如何相互連結。所以，這些是你走到哪兒都用得著的工具，尤其當你思考如何創業和經營事業，甚至如何在企業裡工作時。如果你能把十分龐雜的系統綜合歸納為幾個根本概念，同時簡潔扼要地把它說清楚，這正是你從程式設計學到的本事。」

谷歌的施密特也呼應多爾西的看法：學習如何理解複雜問題，非常重要。當我問道，他認為我的孩子最需要學習哪些技能時，他告訴我：「最重要的是培養分析能力。人們現在做的例行工作，以後大部分都會交由電腦處理，但我們周遭的電腦還是需要有人操作管理，所以分析能力永遠不會過時。」

因此，許多和我談話的人都提倡傳統博雅教育，篤信「學習如何思考」的重要性。許多人還認為，傳統博雅領域和工程領域的鴻溝將逐漸消失。科恩問：「為什麼我非得是政治科學家或電腦科學家？為什麼不能綜合兩種專長？為什麼我一定要成為歷史學家，或主修英文，或當電機工程師？為什麼不能混合兩種領域？你知道，兩者其實都是語言。問題在於，必須有更多跨領域的嘗試，融合科學與人文，才能協助孩子為未來做好準備，因為在未來世界中，各領域之間的藩籬早已開始倒塌崩解。」

科恩指出，今天的父母應該學習泰爾的父母教育他和蘇杰的方式，把泰爾送去大學研讀人類生物學和公共政策，讓蘇杰主修環境科學和公共政策。

愛沙尼亞總統伊爾韋斯也抱持類似的觀點。他指出，過去清一色由文科畢業生擔綱的職務（例如政府部門的工作），未來將逐步讓位給具科學技術背景知識的人才。他以自己的兒子盧卡斯為例[1]。盧卡斯精通科技，目前任職於政府部門。「他永遠不會設計出價值10億美元的應用程式，但是他參與政策的形成，了解政策的意涵和影響，而我認為，這正是目前我們面對的其中一個問題：至少在歐洲，我們在制定政策的層次，缺乏了解資訊科技的人才。」

數位原住民的世界

但世界各地還有許多孩子，根本沒辦法上大學，他們又該怎麼辦呢？近來有許多新興資源，促進重要程式設計技巧的普及化。Codeacademy就是其中之一，這是由Y Combinator輔導、兩名二十三歲的年輕人共同創辦的網站，以免費線上教學的方式教大家寫程式。全球已有二千四百萬人使用過Codeacademy的教學資源[2]。另一個不可思議的資源是Scratch，這是MIT媒體實驗室終身幼稚園研究團隊的非營利性專案，是免費的程式設計教學，而且毋須下載，因此很適合在低頻寬的環境下學習，有超過40種不同語言的版本。今天，利用Scratch開發的專案高達五百餘萬個，分布於150個國家[3]，所以真的是無所不在。

今天的年輕人將成為未來的職場主力，他們必須更靈敏，更熟悉廣大世界的運作方式，才能找到適合自己的利基。隨著機器人技術的發展，認知型、非體力勞動的工作也將逐漸自動化，而家父做了五十年的工作（房地產相關法務），對於今天的法學院畢業生而言，可能是糟糕的生涯選擇。人類和機器人的競爭將成為明日勞動市場的特色。在未來的職場上，不是人類指揮機器人工作，就是機器人指揮人類工作。

在優渥社經環境下成長的孩子，總是比中下階層的孩子更具競爭優勢。過去他們的優勢大部分來自於地理位置。二十世紀，出生於美國或歐洲的人具有莫大的經濟優勢。但過去二十年來，歐美的相對經濟優勢逐漸減少。中國、印度、印尼、巴西等過去的前沿市場已搖身一變為快速發展的市場，這些國家的中產階級和菁英人才也與日俱增。除了晉升中產階級的十億人口之外，如今中國有兩百多位身價超過10億美元的億萬富豪，印度有90位，巴西有50位，印尼有20位[4]。

高速成長的市場為人民提供了向上移動、提升經濟地位的難得機會。正如同中國、印度、印尼、巴西過去受惠於高速成長，如今我們可以說，今天生在非洲撒哈拉沙漠以南地區正逢其時，過去貧窮孤立的地區如今愈來愈融入全球經濟體系，而且將成為驅動未來十年成長的源頭之一。當更多像Codeacademy和Scratch之類的資源不再受地理限制，日益普及，以及更多像安德拉這樣的公司投資今天的前沿市場，世界上將出現更多快速發展的經濟體。能在經濟、政治和文化上採取開放政策的國家，將占據邁向成功的有利位置。

經濟發展日益多元化，加上變化的步調愈來愈快，意味著全球商務人士和投資人必須和剛踏入職場的年輕人一樣，具備全球移動和跨文化工作的能力。我們給下一代年輕人的忠告同樣適用於今天的投資人，假如他們想從未來產業創造的龐大財富中分一杯羹的話。由於金錢、市場和信任逐漸編碼化，帶動了機器人、基因體、網路、大數據和各種新領域的創新和創業風潮，而且從全球一級城市迸發的這股風潮，將擴及大多數企業領導人從未到過的地方，例如愛沙尼亞。

　　網路經濟興起後，企業領導人學到的教訓是，自幼就習於數位生活方式的年輕人，比較可能在網路界開創一番大事業。同樣的道理也適用於未來產業。我預期未來網路空間和大數據領域的大企業，大都將由二、三十歲的年輕人所開創，他們成長於碼戰和數據高速增長的年代，從小就習慣編寫程式。

　　我常常回想起午夜值班當清潔工的日子。我在那段日子裡認識的許多人，幾乎都把一輩子時間花在演唱會後潑灑清潔劑和拖地，即使他們有能力做更多事情──如果他們有機會重返校園或在工作中成長的話。

　　從事這類工作並不可恥，但如果一個人只因為缺乏機會，而沒辦法過更好的生活，那麼我們的社會和領導人都應該感到羞愧。位高權重的人有義務制定政策，讓未來產業創造的機會能普及更多民眾，愈多愈好。

　　對全球72億人中的大多數人而言，創新和全球化已經開創了許多前所未有的機會。中國近年來脫貧的人數已經相當於美國總人口的兩倍。只能勉強滿足食衣住基本生活需求、仍陷於嚴重貧窮狀態的人數日益減少，降低速度之快，在人類歷史上也是前所未見。

　　對所有人而言，這些變化都代表機會──不管對企業、政府、投資人、父母、學生和孩子而言，都是很好的機會。我希望本書能幫助我們好好把握住大部分的機會。

謝辭

本書從我當夜班清潔工的故事開始說起。我非常感激家父母（Alex and Becky Ross）要我嘗試這些辛苦的工作，這些工作幫助我成為今天的我。

結束夜班工作二十年後，希拉蕊·柯林頓（Hillary Clinton）在我身上押注，認為我可以啟動創新議程，大幅推進美國的外交和發展目標。擔任希拉蕊資深顧問的四年期間，我有幸在公部門服務，有機會洞察世事，成為我撰寫《未來產業》這本書的重要材料。衷心感謝您，國務卿女士。

我非常感激Jonathan Karp和Jonathan Cox的智慧與勤奮，在我寫書的念頭剛萌芽時，就和我一起努力，讓它逐漸蛻變為本書的樣貌。我的20萬字初稿雜亂無章，看似出自初次寫作的新手。他們持續關注、輔導，以及大量文稿編輯，催生出如今各位手上的這本書。

還要感謝Ariel Ratner用他高達200的智商檢驗我的每個假設，審視本書的每個句子，絕不讓本書喪失靈魂。他是不可或缺的重要夥伴。

　　我也深深感謝我的經紀人——Greater Talent Network的
Don Epstein。他明白我內心深處有這樣一本書，於是促成它實
現。

　　我還仰賴一群良師益友，在我寫作過程中，持續提供他們
的智慧、判斷和同情心。在眾多好友中，我必須特別感謝Jared
Cohen、Ari Wallach、Ben Scott、Jonathan Luff和Robert Bole。
Jared總是在我最需要的時候鼓勵我，並提供他的洞見。Ari比
任何人都了解我為何要寫這本書，無論你的宗教信仰為何，每
個人都應該擁有像Ari這樣的拉比。Ben對政策有最犀利的見
解，勝過曾和我共事的任何人，他不斷在幕後為公共福祉貢獻
己力，也保護我不至囿於己見。Jonathan和Rob縱容和包容我
的憤怒和沮喪，謝謝你們的友誼。

　　多虧許多人貢獻他們的專業，我才能把最初的概念轉換
為經過縝密研究的文章。多謝Teal Pennebaker為我揭開基因體
科學的奧祕，並確保女性平權成為本書核心議題。謝謝Olga
Belogolova探索剖析網路領域陰暗而危險的工作。

　　感謝無數的實習生和研究人員長時間辛苦工作，包括：
Jennifer Citak、Shana Mansbach、Alissa Orlando、Christopher
Murphy、Tristram Thomas、Nimisha Jaiswal、Saraphin
Dhanani、Fiona Erickson、Paul Mayer、Kate Galvin。

　　特別感謝在我離開公職、重新出發後一路支持我的人，
包括：Ron Daniels和約翰霍普金斯大學所有老師，我目前

是那裡的訪問學者；Merit Janow、Dan McIntyre和哥倫比亞大學國際及公共事務學院所有老師，我曾在那裡擔任資深研究員兩個學年。感謝Marvin Ammori、Jose Andres、Matthew Barzun、Shawn Basak、Avish Bhama、Elana Berkowitz、Ian Bremmer、Grace Cassy、Farai Chideya、Scott Crouch、Bill DePaulo、Raymond DePaulo、Katie Dowd、Georgeta Dragoiu、Guy Fillippellli、Charlie Firestone、Alan Fleischmann、Julius Genachowski、David Gorodyansky、Julia Groeblacher、Alex Gurevitch、Craig Hatkoff、Reid Hoffman、Reid Hundt、Tim Hwang、Christian Johansson、Jeremy Johnson、Bettina Jordan、Jed Katz、Bill Kennard、Andre Kudelski、Eric Kuhn、Jeffrey Leeds、Blair Levin、Peter Levin、Jason Liebman、Catherine Lundy、Adam、Allison、Dave and Robyn Messner、Bruce Mehlman、Yuri Milner、Wes Moore、Maryam Mujica、Craig Mullaney、Marc Nathanson、Colm O'Comartun、Chip Paucek、Andrew Rasiej、Wayne and Catherine Reynolds、Jane Rosenthal、Stephen Ross、Eric Schmidt、Joshua Stern、Mark Tough、Roman Tsunder、Sheel Tyle，以及永不懈怠的Rebecca Wainess。

資料來源

前言

1. "1991: Hardliners Stage Coup against Gorbachev," *BBC News*, On This Day, http:// news.bbc.co.uk/onthisday/hi/dates/stories/august/19/newsid_2499000/2499453.stm; "Fall of the Soviet Union," History.com, http://www.history.com/topics/cold-war/ fall-of-soviet-union.

2. "India's Economic Reforms," India in Business,Ministry of External Affairs,Government of India,Investment and Technology Division, http://www. indiainbusiness.nic.in/economy/economic_reforms.htm.

3. "Poverty & Equity Data | China," World Bank, http://povertydata.worldbank.org/ poverty/country/CHN.

4. World Trade Organization International Trade Statistics, 2013, World Trade Organi- zation, http://www.wto.org/english/res_e/statis_e/its2013_e/its2013_e.pdf.

5. Richard Rahn, "RAHN: Estonia, the Little Country That Could," *Washington Times*, June 20, 2011, http://www.washingtontimes.com/news/2011/jun/20/the-little-country- that-could/.

6. John Markoff, "Armies of Expensive Lawyers, Replaced by Cheaper Software," *New York Times*, March 4, 2011, http://www.nytimes.com/2011/03/05/science/05legal. html?pagewanted=all.

7. Larry Rosen, *iDisorder: Understanding Our Obsession with Technology and Overcoming Its Hold on Us* (London: Pal- grave Macmillan, 2012).

8. Luke Landes, "What Happens If Your Bank Account Is Hacked?" *Forbes*, January 15, 2013, http://www.forbes.com/sites/moneybuilder/2013/01/15/what-happens-if- your-bank-account-is-hacked/.

9. "South Charleston Manufacturing Site," The Dow Chemical Company, West Virginia Operations, http:// www.dow.com/ucc/locations/westvir/awv/inf03.htm.

10. "Union Carbide Corporation," *West Virginia Encyclopedia*, http://www. wvencyclopedia.org/articles/823.

11. Ibid.

12. "Census of Population and Housing, 1960," US Census Bureau,http://www.census. gov/prod/www/decennial.html.

13. Laura Parker, "A Century of Controversy, Accidents in West Virginia's Chemical Valley in Lead-up to Spill," *National Geographic*, January 16, 2014, http://news.

nationalgeographic.com/news/2014/01/140116-chemical-valley-west-virginia-chemical-spill-coal/.

14. "nitro, w.va.," WVCommerce.org,http://www.wvcommerce .org/people/communityprofiles/populationcenters/nitro/default.aspx.
15. "Agent Orange: Background on Monsanto's Involvement," Monsanto Company, http://www.monsanto.com/newsviews/pages/agent-orange-background-monsanto-involvement.aspx.
16. "Agent Orange and Veterans: A 40-Year Wait," White House, http://www.whitehouse.gov/blog/2010/08/30/agent-orange-and-veterans-a-40-year-wait.
17. "Census of Population and Housing, 1960" and "Census of Population and Housing, 1990," US Census Bureau, http://www.census.gov/prod/www/decennial.html.
18. "Unemployment Rate US, seasonally adjusted" (series ID: LNS14000000), US Department of Labor, Bureau of Labor Statistics, http://beta.bls.gov/dataViewer/view/time-series/LNS14000000; "Local Area Unemployment Statistics, WestVirginia" (series ID: LASST540000000000003), US Department of Labor, Bureau of Labor Statistics, http://beta.bls.gov/dataViewer/view/timeseries/LASST540000000000003.
19. Nick Carey, "Detroit Jobs Might Return, But Workers Still Lack Skills," Reuters, August 2, 2013, http://www.huffingtonpost.com/2013/08/02/detroit-jobs-_n_3693303.html.
20. "Manchester/Liver- pool," *Shrinking Cities*, http://www.shrinkingcities.com/manchester_liverpool.0.html?&L=1; "Manchester—the First Industrial City," Science Museum, http://www.sciencemuseum.org.uk/on-line/energyhall/page84.asp.
21. "Coal Mine Closes with Celebration," *BBC News*, January 25, 2008, http://news.bbc.co.uk/2/hi/uk_news/wales/7200432.stm.
22. Olaf Merk and Claude Comtois, "Competitiveness of Port-Cities: The Case of Marseille-Fos, France," OECD Library, http://www.oecd-ilibrary.org/docserver/download/5k8x9b92cnnv.pdf?expires=1404165171&id=id&accname=guest&checksum=50B32B0E0 157BCABC82720A0251D05E2.
23. "World Development Indicators," World Bank,http://data.worldbank.org/country/india.
24. Ibid.
25. "Country Partnership Strategy for the People's Republic of China for the Period FY2013-FY2016," World Bank, International Bank for Reconstruction and Development, International Finance Corporation, and Multi- lateral Investment Guarantee Agency, Report 67566-CN, October 11, 2012, http://www-wds.worldbank.org/external/default/WDSContentServer/WDSP/IB/2012/11/12/000350881_20121112091335/Rendered/PDF/NonAsciiFileName0.pdf.
26. "World's Largest Economies," *CNN Money*, http://money.cnn.com/news/economy/world_economies_gdp/.

第一章　機器人來了

1. "Population Projections for Japan (Janu- ary 2012): 2011 to 2060," National Institute of Population and Social Security Research, January 2012, http://www.ipss.go.jp/site-ad/index_english/esuikei/ppfj2012.pdf.

2. "Japan Moving toward Nursing Robots for Elderly," *Japan Economic Newswire*, June 12, 2013, http://asq.org/qualitynews/qnt/execute/displaySetup?newsID=16207.

3. "Population Ages 65 and Above (% of Total)," World Bank, http://data.worldbank.org/indicator/SP.POP.65UP.TO.ZS.

4. Japan Ministry of International Affairs and Communications, Statistics Bureau, *Statistical Handbook of Japan—2014*, http:// www.stat.go.jp/english/data/handbook/c02cont.htm;John Hofilena, "Japan PushingforLow-CostNursingHomeRobotstoCa reforElderly,"*JapanDaily Press*, April 29, 2013, http://japandailypress.com/japan-pushing-for-low-cost-nursing-home-robots-to-care-for-elderly-2927943/.

5. "Difference Engine: The Caring Robot," *Economist*, May 24, 2013, http://www.economist.com/blogs/bab-bage/2013/05/automation-elderly.

6. "Partner Robot Family," Toyota: Innovation, http:// www.toyota-global.com/innovation/partner_robot/family_2.html.

7. Lee Ann Obringer and Jon- athan Strickland, "How ASIMO Works," *HowStuffWorks*, http://science.howstuffworks.com/asimo1.htm.

8. "Seven Robots That Can Help Aging Ameri- cans," *Fiscal Times*, May 2, 2013, http://www.thefiscaltimes.com/Media/Slideshow/2013/05/02/7-Robots-That-Help-Aging-Americans.aspx?index=2#zFQXE8DZODxK7z2p.99.

9. "Walking Assist: Supporting People with Weakened Leg Muscles to Walk," Honda—Products and Technology, http://world.honda.com/Walking-Assist/.

10. "World's First Robot That Can Lift Up a Human in Its Arms," RIKEN-TRI Collaboration Center for Human-Interactive Robot Research, http://rtc.nagoya.riken.jp/RIBA/index-e.html; Grace Liao, "Meet RIBA-II, RIKEN's New Care-Giving Robot for Japan's Elderly," *Asian Scientist Magazine,* August 3, 2011, http://www.asianscientist.com/in-the-lab/meet-riba-ii-rikens-care-giving-robot-japans- elderly/.

11. Michael Fitzpatrick, "No, Robot: Japan's Elderly Fail to Welcome Their Robot Overlords," *BBC News Tokyo*, February 4,2011,http://www.bbc.co.uk/news/business-12347219.

12. "Obama Test Drives Japanese Technology," YouTube, https://www.youtube.com/watch?v=CfCTBOTHsVU.

13. Anne Tergesen and Miho Inada, "It's Not a Stuffed Animal, It's a $6,000 Medical Device," *Wall Street Journal*, June 21, 2010, http://online.wsj.com/news/articles/SB10001424052748704463504575301051844937276?KE YWORDS=paro&mg=reno64-wsj&url=http%3A%2F%2Fonline.wsj.co m%2Farticle%2FSB10001424052748704463504575301051844937276.

html%3FKEYWORDS%3Dparo.

14. "Will Your Golden Years Be Robot-Assisted?" *Techonomy*, May 6, 2013, http://techonomy.com/2013/05/will-your-golden-years-be-robot-assisted/.

15. "Japan Moving Toward Nursing Robots for Elderly," *Japan Economic Newswire*, June12, 2013, http://asq.org/qualitynews/qnt/execute/displaySetup?newsID=16207.

16. Ibid.

17. "Difference Engine: The Caring Robot," *Economist*, May 14, 2013.

18. Clara Moskowitz, "Human-Robot Relations: Why We Should Worry," *Live Science*, February 18, 2013,http://www.livescience.com/27204-human-robot-relationships-.html.

19. Eurostat, European Commission, "Population Structure and Ageing," http://epp.eurostat.ec.europa.eu/statistics_explained/index.php/Population_structure_and_ageing; "European Commission Ageing Report: Europe Needs to Prepare for Growing Older," May 15, 2015, http:// ec.europa.eu/economy_finance/articles/structural_reforms/2012-05-15_ageing_ report_en.htm.

20. "Industrial Robot Statistics: World Robotics 2014 Industrial Robots," International Federation of Robotics, http://www.ifr.org/industrial-robots/statistics/.

21. Josh Bond, "Robot Report Predicts Significant Growth in Coming Decade,"*Logistics Management*, April 25, 2013, http://www.logisticsmgmt.com/article/robot_report_predicts_significant_growth_in_coming_decade.

22. Nathan Hurst, "These $10 Robots Will Change Robotics Education," *Wired*, September 29, 2012, http://www.wired.com/2012/09/afron-winners.

23. Christopher Mims, "Why Japanese Love Robots (and Americans Fear Them)," *MIT Technology Review*, October 12, 2010, http://www.technologyreview.com/view/421187/why-japanese-love-robots-and-americans-fear-them/.

24. "List of Colleges That Offer Degree in Robotic Engineering," *Automation Components*, May 3, 2012, http://agi-automation.blogspot.com/2012/05/list-of-colleges-that-offer-degree-in.html; "List of Universities with a Robotics Program," National Aeronautics and Space Administration, http://robotics.nasa.gov/students/robo_u.php.

25. "Comparison of Cultural Accept- ability for Educational Robots between Europe and Korea," *Journal ofInfor- mationProcessingSystems* 4(2008): 97–102, doi: 10. 3745/JIPS.2008.4.3.97.

26. Nikolaos Mavridis, Marina-Selini Katsaiti,SilviaNaef,etal.,"OpinionsandAttit udestowardHumanoidRobots intheMiddleEast,"*SpringerJournalofAIandSocie ty*27(2011):517–34,http:// www.academia.edu/1205802/Opinions_and_attitudes_toward_humanoid_robots_in_the_Middle_East.

27. Nick Cercone and Gordon McCalla, *The Knowledge Frontier: Essays in the Representation of Knowledge* (NewYork:Springer,1987),305.

28. Ken Goldberg, "Cloud Robot- icsandAutomation,"UCBerkeleyCurrentProjects,ht tp://goldberg.berkeley.edu/cloud-robotics/.

29. John Schwartz, "In the Lab: Robots That Slink and Squirm," *New York Times*, March, 27, 2007, http:// www.nytimes.com/2007/03/27/science/27robo. html?pagewanted=1&_r=1&ei=5070&en=91395fe7439a5b72&ex=1177128000.

30. Alex Knapp, "The World's Largest Walking Robot Is a Giant Dragon," *Forbes*, September 18, 2013, http://www.forbes.com/sites/alexknapp/2013/09/18/the-worlds-largest-walking-robot-is-a-giant-dragon/.

31. "National Robotics Initiative Invests $38 Million in Next-Generation Robotics," *R&D Magazine*, Oc- tober 25, 2013, http://www.rdmag.com/news/2013/10/national-robotics-initiative-invests-38-million-next-generation-robotics.

32. John Markoff, "Google Adds to Its Menagerie of Robots," *New York Times*, December 14, 2013, http://www.nytimes.com/2013/12/14/technology/google-adds-to-its-menagerie-of-robots.html?_r=1&.

33. Samuel Gibbs, "Demis Hassabis: 15 Facts about the DeepMind Technologies Founder," *Guardian*, January 28, 2014, http:// www.theguardian.com/technology/ shortcuts/2014/jan/28/demis-hassabis-15-facts-deepmind-technologies-founder-google; "Breakthrough of the Year: The Runners-Up," *Science* 318, no. 5858 (2007): 1844–49, doi:10.1126/ science.318.5858.1844a.

34. "The Last AI Breakthrough Deep Mind Made before Google Bought It for $400m," *Physics arXiv* (Blog), https:// medium.com/the-physics-arxiv-blog/the-last-ai-breakthrough-deepmind- made-before-google-bought-it-for-400m-795203 1ee5e1.

35. Jennifer Hicks, "A New Series: The Future of Robotics, The Next 20 Years," *Forbes*, September 2, 2012, http:// www.forbes.com/sites/jenniferhicks/2012/09/02/a-new-series-the-future-of-robotics-the-next-20-years/; Travis Deyle, "Venture Capital (VC) Funding for Robotics in 2014," *Hizook*, January 20, 2015, http://www.hizook.com/ blog/2015/01/20/venture-capital-vc-funding-robotics-2014.

36. "The Next Big Thing," Grishin Robotics, http:// grishinrobotics.com/#the_ next_big_thing; Yuliya Chernova, "Robotics In- vestor Dmitry Grishin: The Future Is Happening," *Wall Street Journal*, July 23, 2013, http://blogs.wsj.com/ venturecapital/2013/07/23/robotics-investor-dmitry-grishin-the-future-is-happening/.

37. Ingrid Lunden, "Israel VC Singulariteam Raises 2nd Fund, $102M Backed by Tencent, Renren Founders," *TechCrunch*, January 28, 2015, http://techcrunch. com/2015/01/28/singulariteam-vc-fund/n; Ingrid Lunden, "Meet Genesis Angels: A New $100M Fund for AI and Robotics, Co-Founded by Investor Kenges Rakishev and Chaired by Israel's Ex-PM," *TechCrunch*, April 19, 2013, http://techcrunch. com/2013/04/19/meet-genesis-angels-a-new-100m-fund-for-ai-and-robotics-from-investor-kenges-rakishev-and-led-by-israels-ex-pm/.

38. redazione, "Growth Forecast for Robotics Market to 2020," *Metalworking World*

Magazine, June 3, 2014, http://www.metalworkingworldmagazine.com/growth-forecast-for-robotics-market- to-2020/.

39. Huw Price and Jaan Tallinn, "Artificial Intelligence: Can We Keep It in the Box?" *Conversation*, August 4, 2012, http:// theconversation.com/artificial-intelligence-can-we-keep-it-in-the-box-8541.

40. Lev Grossman, "2045: The Year Man Becomes Immortal," *Time*, February 10, 2011, http://content.time.com/time/magazine/article/0,9171,2048299,00.html;PaulAllena ndMarkGreaves,"The Singularity Isn't Near," *MIT Technology Review*, October 12, 2011,http://www.technologyreview.com/view/425733/paul-allen-the-singularity-isnt-near.

41. Ibid.

42. William Herkewitz, "Why Watson and SiriAreNotRealAI,"*PopularMechanics*,February10,2014,http://www.popularmechanics.com/science/a3278/why-watson-and-siri-are-not-real- ai-16477207/.

43. Ken Goldberg, phone interview with Ari Ratner, October 4, 2013.

44. "Statistics," YouTube, https://www.youtube.com/yt/press/statistics.html; "Follow the Audience...," YouTube Official Blog, May 1, 2013, http://youtube-global.blogspot.com/2013/05/yt-brandcast-2013.html.

45. "The Original Futurama," *Wired*, November 27, 2007, http://www.wired.com/entertainment/hollywood/magazine/15-12/ff_futurama_original.

46. BurkhardBilger, "Auto-Correct," *New Yorker*, November 25, 2013, http://www.newyorker.com/reporting/2013/11/25/131125fa_fact_bilger?currentPage=2.

47. "The Business and Culture of Our Digi- tal Lives," *Los Angeles Times*, April 5, 2011, http://latimesblogs.latimes.com/technology/2011/04/googles-driverless-car-project-a-personal-one-for- engineer-sebastian-thrun.html.

48. "Annual Global Road Crash Statistics," Association for Safe International Road Travel,http://asirt.org/Initiatives/Informing-Road-Users/Road-Safety-Facts/Road-Crash- Statistics.

49. Bilger, "Auto-Correct."

50. Lee Gomes, "Hidden Obstacles for Google's Self- Driving Cars," *MIT Technology Review*, August 28, 2014,http://www.technologyreview.com/news/530276/hidden-obstacles-for-googles-self- driving-cars/.

51. John Biggs, "Uber Opening Robotics Research Facil- ity in Pittsburgh to Build Self-Driving Cars," *TechCrunch*, February 2, 2015, http://techcrunch.com/2015/02/02/uber-opening-robotics-research-facility-in-pittsburgh-to-build-self-driving-cars/.

52. Emily Badger, "Now We Know How Many Drivers Uber Has—and Have a Better Idea of What They're Making," *Washington Post*, January 22, 2015, http://www.washingtonpost.com/blogs/wonkblog/wp/2015/01/22/now-we-know-many-drivers-uber- has-and-how-much-money-theyre-making%E2%80%8B/.

53. Salvador Rodriguez, "Amazon Is Not Alone: UPS, Google Also Testing Delivery Drones," *Los Angeles Times*, December 3, 2013, http://www.latimes.com/business/technology/la-fi-tn-amazon-ups-google-delivery-drones-20131203,0,3320223.story.

54. "World Robotics 2014 Service Robots," Service Robot Statistics, International Federation of Robotics, http://www.ifr.org/service-robots/statistics/.

55. Beth Howard, "Is Robotic Surgery Rightfor You?" *AARP: The Magazine*, December 2013/January 2014, http://www.aarp.org/health/conditions-treatments/info-12-2013/robotic-surgery-risks-benefits.html.

56. "The Kindness of Strangers," *Economist*,January8,2012,http://www.economist.com/blogs/babbage/2012/01/surgical-robots.

57. Jonathan Rockoff, "Robots vs. Anesthesiolo- gists," *Wall Street Journal*, October 9, 2013, http://online.wsj.com/news/articles/SB10001424052702303983904579093252573814132.

58. Roni Caryn Rabin, "New Concerns on Robotic Surgeries," *New York Times*, September 9, 2013, http:// well.blogs.nytimes.com/2013/09/09/new-concerns-on-robotic-surgeries/?_ r=0; Michol A. Cooper, Andrew Ibrahim, Heather Lyu, and Martin A. Makary, "Underreporting of Robotic Surgery Complications," *Journal for Health- care Quality*, August 27, 2013, http://onlinelibrary.wiley.com/doi/10.1111/jhq.12036/abstract.

59. "Robots Allow Sick Children to Attend School 'in Person,'" *KHOU.com*, May 10, 2013, http://www.khou.com/story/news/local/2014/07/23/12045114/.

60. "Who Is NAO?" Aldebaran Robotics,http://www.aldebaran.com/en/humanoid-robot/nao-robot.

61. "Robots Being Used as Classroom Buddies for Children with Autism," University of Birmingham, November 8, 2012, http:// www.birmingham.ac.uk/news/latest/2012/11/8-Nov-Robots-being-used-as-classroom-buddies-for-children-with-autism.aspx.

62. "Teaching,With Help From a Robot," *Wall Street Journal*, video, April 10, 2013, http://www.wsj.com/video/teaching-with-help-from-a-robot/B5775430-2A00-4397-9EC9-A3B0877FF908.html#!B5775430-2A00-4397-9EC9-A3B0877FF908; Sandra Okita, bio page, TeachersCollege,ColumbiaUniversity,http://www.tc.columbia.edu/academics/?facid=so2269.

63. Lynne Peeples, "Jellyfish Stings an Increas- ing Public Health Concern, Experts Say," *Huffington Post*, October 19, 2013, http://www.huffingtonpost.com/2013/10/19/jellyfish-stings-increasing-health_n_4122006.html; "These Robots Hunt Jellyfish— and Then Liquify Them with Rotating Blades of Death," *Co.Exist*, October 3, 2013, http://www.fastcoexist.com/3019164/these-robots-hunt-jellyfish-and-then-liquify-them- with-rotating-blades-of-death.

64. Drew Prindle, "Meet South Korea's Autonomous Jellyfish-Murdering Robots,"

Digital Trends, October 8, 2013, http:// www.digitaltrends.com/cool-tech/jellyfish-murdering-robots/.

65. Lee Chyen Yee and Clare Jim, "Foxconn to Rely More on Robots; Could Use 1 Million in 3 Years," Reuters, August 1, 2011, http://www.reuters.com/article/2011/08/01/us-fox-conn-robots-idUSTRE77016B20110801;TiffanyKaiser,"FoxconnReceives 10,000 Robots to Replace Human Factory Workers," *Daily Tech*, November 4, 2012, http://www.dailytech.com/Foxconn+Receives+10000+Robots+to+Replace+Human+Factory+Workers+/article29194.htm; Philip Elmer-DeWitt, "By the Numbers: How Foxconn Churns Out Apple's iPhone 5S," *Fortune*, November27,2013,http://tech.fortune.cnn.com/2013/11/27/apple-foxconn-factory-iphone/.

66. John Biggs, "Foxconn Allegedly Replacing Human Workers with Robots," *TechCrunch*, November 13, 2012, http://techcrunch.com/2012/11/13/foxconn-allegedly-replacing-human-workers-with-robots/; Nicholas Jackson, "Foxconn Will Replace Workers with 1Million Robots in 3Years,"*Atlantic,*July31,2011,http://www.theatlantic.com/technology/archive/2011/07/foxconn-will-replace-workers- with-1-million-robots-in-3-years/242810/.

67. Jackson, "Foxconn Will Replace Workers."

68. Robert Skidelsky, "Rise of the Robots: What Will the Future of Work Look Like?" *Guardian*, February 19, 2013, http://www.theguardian.com/business/2013/feb/19/rise-of-robots-future-of-work.

69. John Markoff, "Skilled Work, without the Worker," *New York Times*, August 19, 2012,http://www.nytimes.com/2012/08/19/business/new-wave-of-adept-robots-is-changing- global-industry.html?pagewanted=all&_r=0.

70. Keith Bradsher, "Even as Wages Rise, China Ex- ports Grow," *New York Times*, January 10, 2014, http://www.nytimes.com/2014/01/10/business/international/chinese-exports-withstand-rising- labor-costs.html?hpw&rref=business.

71. Erik Brynjolfsson and Andrew McAfee, *Race against the Machine: How the Digital Revolution Is Accelerating Innovation, Driving Productivity, and Irreversibly Transforming Employment and the Economy* (Lexington, MA: Digital Frontier, 2011).

72. Carl Benedikt Frey and Michael A. Osborne, "The Future of Employment: How Susceptible Are Jobs to Computerisation?"OxfordMartinSchool,2013,http://www.oxfordmartin.ox.ac.uk/downloads/academic/The_Future_of_Employment.pdf.

73. Ibid.

74. "Reinventing Low Wage Work: The Restaurant Workforce in the United States," Aspen Institute, October 30, 2014, http://www.aspenwsi.org/wordpress/wp-content/uploads/The-Restaurant-Workforce- in-the-United-States.pdf.

75. "Occupational Employment Statistics: Occupational Employment and Wages, May

2014," Bureau of Labor Statistics, March25,2015,http://www.bls.gov/oes/current/
oes353031.htm.

76. "About Us: About Robots," Hajime Robot Restaurant, http://hajimerobot.com.

77. Zachary Karabell, "The Youth Unemployment Crisis Might Not Be a Crisis,"
Atlantic, November 25, 2013, http://www.theatlantic.com/business/archive/2013/11/
the-youth-unemployment-crisis-might-not-be-a-crisis/281802/.

78. David Rotman, "How Technology Is Destroying Jobs," *MIT Technology Review*, June
12, 2013, http://www.technologyreview.com/featuredstory/515926/how-technology-
is-destroying-jobs/.

79. Ian Johnson, "China's Great Up- rooting: Moving 250 Million into Cities," *New York
Times*, June 15, 2013, http://www.nytimes.com/2013/06/16/world/asia/chinas-great-
uprooting-moving-250-million-into-cities.html.

第二章　人類機器的未來

1. "Doctor Survives Cancer He Studies," McDonnell Genome Institute, Washington
University, http://genome.wustl.edu/articles/detail/doctor-survives-cancer-he-studies.

2. Lukas Wartman, Skype interview with Teal Pennebaker, December 2,2013.

3. Gina Kolata, "In Treatment for Leukemia, Glimpses of the Future," *New York Times*,
July 7, 2012, http://www.nytimes.com/2012/07/08/health/in-gene-sequencing-
treatment-for-leukemia-glimpses-of- the-future.html?pagewanted=1.

4. Wartman, interview.

5. Disease (Including Hib),"Centers for Disease Control and Prevention,http://www.
cdc.gov/hi-disease/.

6. "The Human Genome Project Completion: Frequently Asked Questions," National
Human Genome Institute, October 30, 2010, http://www.genome.gov/11006943.

7. Ibid.

8. "Eric S. Lander," Broad Institute, https://www.broadinstitute.org/history-leadership/
scientific-leadership/core-members/eric-s-lander.

9. "Genomics Market by Products— [Instruments (NG Splatform, Microarray, RT-
PCR), Consumables(Genechips,Reagents for DNA Extraction & Purification,
Sequencing)], Services (Se- quencing & Microarray Services, and Software)—
Global Forecast to 2018," *Markets andMarkets*, January 2014, http://www.
marketsandmarkets.com/Market-Reports/genomics-market-613.html.

10. Forbes Leadership Forum: Ronald W. Davis, "It's Time to Bet on Genomics," *Forbes*,
June 1, 2012,http://www.forbes.com/sites/forbesleadershipforum/2012/06/01/its-
time-to-bet-on-genomics/.

11. "Bert Vogelstein," Nobelprize.org, Nobel Media AB 2014, http://www.
nobelweekdialogue.org/participants/vogelstein/.

12. "Investigative Instincts Guided Vogelstein's Journey of Discovery," OncLive,

September 12, 2014, http://www.onclive.com/publications/Oncology-live/2014/
August-2014/Investigative-Instincts-Guided-Vogelsteins- Journey-of-Discovery;
"Essential Science Indicators," Thomson Reuters, 2014, http://thomsonreuters.com/
essential-science-indicators/.

13. Eric R. Fearon, Stanley R. Hamilton, and Bert Vogelstein, "Clonal Analysis of
Human Colorectal Tumors," *Science* 238, no. 4824 (1987):193–97,http://www.ncbi.
nlm.nih.gov/pubmed/2889267.

14. Antonio Regalado, "Spotting Cancer in a Vial of Blood," *MIT Technology Review*,
August 11, 2014, http://www.technologyreview.com/featuredstory/529911/spotting-
cancer-in-a-vial- of-blood/.

15. Ibid.

16. "Types and Stages of Ovarian Cancer," National OvarianCan- cer Coalition,http://
www.ovarian.org/types_and_stages.php.

17. Luis Diaz, interview with Teal Pennebaker, November 19, 2013.

18. "Advisors," Personal Genome Diagnostics, http://main.personalgenome.com/
advisors/.

19. PGDx team and tour of facilities by Teal Pennebaker, Baltimore,MD,December2013.

20. Ibid.

21. "Fact Sheet: President Obama's Precision Medicine Initiative," White House, January
30, 2015, https://www.whitehouse.gov/the-press-office/2015/01/30/fact-sheet-
president-obama-s-precision-medicine- initiative; Jocelyn Kaiser,"NIH Plots Million-
Person Megastudy," *Science* 347, no. 6224 (2015): 817,http://www.sciencemag.org/
content/347/6224/817.summary?utm_source=twitter&utm_medium=social&utm_
campaign=twitter.

22. Josh Rogin, "Clinton to State Employees: Seek Men- tal Health Help If You
Need It," *Foreign Policy*, September 10, 2010, http:// thecable.foreignpolicy.com/
posts/2010/09/10/clinton_to_state_employees_ seek_mental_health_help_if_you_
need_it.

23. Richard G. Frank and Sherry Glied, *Better But Not Well: Mental Health Policy in the
United States since 1950* (Baltimore:JohnsHopkinsUniversityPress,2006),764.

24. J. A. Lieberman, "History of the Use of Antide- pressants in Primary Care," *Journal
of Clinical Psychiatry* 5, no. 7 (2003): 6–9, http://www.psychiatrist.com/pcc/pccpdf/
v05s07/v05s0702.pdf.

25. Anna Moore, "Eternal Sunshine," *Guardian*, May 13, 2007, http://www.theguardian.
com/society/2007/may/13/socialcare.medicineandhealth.

26. Laura Fitzpatrick, "A Brief History of Antidepressants," *Time*, January 7, 2010,
http://content.time.com/time/health/article/0,8599,1952143,00.html.

27. Siddhartha Mukherjee, "Post-Prozac Nation,"*New YorkTimes*,April22,2012,http://
www.nytimes.com/2012/04/22/magazine/the-science-and-history-of-treating-

depression.html?ref=prozacdrug; Qiup- ing Gu, Charles F. Dillon, and Vicki L. Burt, "Prescription Drug Use Contin- uestoIncrease:USPrescriptionDrugDatafor2007–2008,"NCHSdatabrief, September 2010, http://www.cdc.gov/nchs/data/databriefs/db42.pdf.

28. Ray DePaulo, interview with Teal Pennebaker, December 9,2013.

29. Johns Hopkins Medical Institutions, "Genetic LinktoAttemptedSuicideIdentified,"*Sci enceDaily*,http://www.sciencedaily.com/releases/2011/03/110328131258.htm.

30. V. L. Willour, F. Seifuddin, P. B. Mahon, et al., "A Genome-Wide Association Study of Attempted Suicide," *Molecular Psychiatry* 17 (2012): 433–44, http://www.ncbi.nlm.nih.gov/pubmed/21423239.

31. "Down Syndrome: Tests and Diagnosis," Mayo Clinic, http://www.mayoclinic.org/diseases-conditions/down-syndrome/basics/tests-diagnosis/con-20020948.

32. Bert Vogelstein, interview with Teal Pennebaker, December 9,2013.

33. Katie Hafner, "Silicon Valley Wide-Eyed over a Bride,"*NewYorkTimes*,May29,2007, http://www.nytimes.com/2007/05/29/technology/29google.html.

34. "How It Works," *23andMe,* https:// www.23andme.com/howitworks/.

35. "About the 23andMe Personal Genome Service," 23andMe, https:// customercare.23andme.com/entries/22591668.

36. Elizabeth Murphy, "Do You Want to Know What Will Kill You?" *Salon*, October 25, 2013, http://www.salon.com/2013/10/25/inside_23andme_founder_anne_wojcickis_99_dna_ revolution_newscred/.

37. Kira Peikoff, "I Had My DNA Picture Taken, with VaryingResults,"*NewYorkTimes*,December30,2013,http://www.nytimes.com/2013/12/31/science/i-had-my-dna-picture-taken-with-varying-results.html?src=recg.

38. Chris O'Brien, "23andMe Suspends Health- Related Genetic Testsafter FDA Warning," *Los Angeles Times*, December 6, 2013, http://articles.latimes.com/2013/dec/06/business/la-fi-tn-23andme-suspends-tests-fda-20131205.

39. "23andMe, Inc. 11/22/13," FDA: Inspections, Compliance, Enforcement, and Criminal Investigation Warning Let- ters, November 22, 2013, http://www.fda.gov/iceci/enforcementactions/warningletters/2013/ucm376296.htm; Scott Hensley, "23andMe Bows to FDA's Demands, Drops Health Claims," National Public Radio, December 6, 2013, http://www.npr.org/blogs/health/2013/12/06/249231236/23andme-bows-to-fdas-demands-drops-health-claims.

40. Ibid.

41. "How It Works."

42. "Michael J. Fox, Our Big-Time Hero," 23andMe, April 27, 2012, http://blog.23andme.com/news/inside-23andme/michael-j-fox-our-big-time-hero/; Matthew Herper, "Surprise! With $60 Million Genentech Deal, 23andMe Has a Business Plan," *Forbes*, January 6, 2015, http://www.forbes.com/sites/matthewherper/2015/01/06/

surprise-with-60-million-genentech-deal-23andme-has-a-business-plan/.

43. "Our Model," Genophen: How It Works, http://www.genophen.com/consumers/how-it-works/our-model;Davis, "It's Time to Bet on Genomics."

44. "This Startup Will Make You a Personal- ized Health Plan Based on Your Genes," *Co.Exist*, July 8, 2014, http://www.fastcoexist.com/3032567/this-startup-will-make-you-a-personalized-health- plan-based-on-your-genes.

45. PGDx team and tour of facilities.

46. Ross Douthat, "The God of Small Things," *Atlantic*, January/February 2007, http://www.theatlantic.com/magazine/archive/2007/01/the-god-of-small-things/305556/.

47. Meredith Wadman, "Biology's Bad Boy Is Back. Craig Venter Brought Us the Human Genome. Now He Aims to Build a Life Form ThatWillChangetheWorld ."*Fortune*,March8,2004,http://archive.fortune.com/magazines/fortune/fortune_archive/2004/03/08/363705/index.htm.

48. Victor K. McElheny, *Drawing the Map of Life: Inside the Human Genome Project* (New York: Basic Books, 2010),96.

49. Bradley J. Fikes, "Modified Pigs to Grow HumanizedLungs," *SanDiegoUnion-Tribune*, May6, 2014, http://www.utsandiego.com/news/2014/may/06/synthetic-genomics-pigs-lung-therapeutics/.

50. Human Longevity Inc.,http://www.humanlongevity.com/.

51. Sarah Gantz, "Human Genome Pioneer J. Craig Venter Taps Baltimore Startup for Next Project," *Baltimore Business Jour- nal*, January 12, 2015, http://www.bizjournals.com/baltimore/blog/cyberbiz-blog/2015/01/human-genome-pioneer-j-craig-ventertaps-baltimore.html.

52. Bryan Johnson, Twitter post, October 21, 2014, https://twitter.com/bryan_johnson/status/524628698842951680.

53. Carl Zimmer, "Bringing Them Back to Life," *National Geographic*, April 2013, http://ngm.nationalgeographic.com/2013/04/125-species-revival/zimmer-text.

54. Nathaniel Rich, "The Mammoth Cometh," *New York Times Magazine*, March 2, 2014, http://www.nytimes.com/2014/03/02/magazine/the-mammoth-cometh.html?ref=magazine&_r=0.

55. "Revive and Restore," https://www.facebook.com/ReviveandRestoreProject/info.

56. "Revive and Restore," Long Now Foundation, http://longnow.org/revive/.

57. Rich, "The Mammoth Cometh."

58. Ibid.

59. Richard van Noorden, "Global Mo- bility: Science on the Move," *Nature*, October 17, 2012,http://www.nature.com/news/global-mobility-science-on-the-move-1.11602.

60. Eric J. Topol, "Gore on the Genomics Race with China: Is the US Losing?" *Medscape*, March 7, 2014, http://www.medscape.com/viewarticle/821001.

61. AlGore,*TheFuture:SixDriversofGlobalChange* (New York: Random House, 2013).
62. Richard van Noorden, "China TopsEuropeinR&DIntensity,"*Nature*,January8,2014,ht tp://www.nature.com/news/china-tops-europe-in-rd-intensity-1.14476.
63. David Wertime, "It's Official: China Is Becoming a New Innovation Powerhouse," *Foreign Policy*, February 7, 2014,http://www.foreignpolicy.com/articles/2014/02/06/ its_official_china_is_becoming_a_new_innovation_powerhouse.
64. National Science Foundation, "Re- search and Development: National Trends and International Comparisons," in *Science and Engineering Indicators 2014*, http://www.nsf.gov/statistics/seind14/index.cfm/chapter-4/c4h.htm.
65. National Science Foundation, "Aca- demic Research and Development," in *Science and Engineering Indicators 2014*,http://www.nsf.gov/statistics/seind14/index.cfm/chapter-5.
66. Gore, *TheFuture*.
67. Topol, "Gore on the Genomics Race with China."
68. Michael Specter, "The Gene Fac- tory," *New Yorker*, January 6, 2014, http://archives.newyorker.com/?i=2014-01-06#folio=036; Christina Larson, "Inside China's Genome Factory," *MIT Technology Review*, February 11, 2013, http://www.technologyreview.com/featuredstory/511051/inside-chinas-genome-factory/.
69. Anthony Ramirez, "World- ClassResearch,foraSong,"*NewYorkTimes*,January11,1993 ,http://www.nytimes.com/1993/01/11/business/world-class-research-for-a-song.html.
70. Peter Ferrara, "The Disgraceful Episode of Lysenkoism Brings Us Global Warming Theory," *Forbes*, April 28, 2013, http://www.forbes.com/sites/ peterferrara/2013/04/28/the-disgraceful-episode-of-lysenkoism-brings-us-global-warming-theory/; Rodney Shackleford, "Trofim Lysenko, Soviet Ideology, and Pseudo-Sci- ence," *h+ Magazine*, May 22, 2013, http://hplusmagazine.com/2013/05/22/trofim-lysenko-soviet-ideology-and-pseudo-science/.
71. Jacob Darwin Hamblin, *Science in the Early Twentieth Century: An Encyclopedia* (Santa Barbara, CA: ABC-CLIO, 2005), 188–89.
72. Ferrara, "The Disgraceful Episode of Lysenkoism Brings Us Global Warming Theory."
73. Shackleford, "Trofim Lysenko."
74. Kevin Davies, "The Russians Are Coming: Moscow Institute Sequences First 'Ethnically Russian' Genome," *Bio-ITWorld*, May 14, 2010, http://www.bio-itworld.com/news/05/14/10/Russian-institute-sequences-ethnically-russian-genome.html.
75. "Deputy UN Chief Calls for Urgent Action to Tackle Global Sanitation Crisis," *UN News Centre*, March 21, 2013, http:// www.un.org/apps/news/story.asp?NewsID=44452#.VFOp5PTF800.
76. Karin Källander, James K. Tibenderana, Onome J. Akpogheneta, et al., "Mobile Health (mHealth) ApproachesandLessonsforIncreasedPerformanceandRetentionof Com- munity Health Workers in Low- and Middle-Income Countries: A Review,"

Journal of Medical Internet Research, January 25, 2013, http://www.ncbi.nlm.nih. gov/pmc/articles/PMC3636306/.

77. "Josh Nesbit," *Forbes* Medic Profile, http://www.forbes.com/impact-30/josh-nesbit. html;"Our Story," Medic Mobile,http://medicmobile.org/team.

78. Nadim Mahmud, Joce Rodriguez, and Josh Nesbit, "A Text Message–Based Intervention to Bridge the Healthcare Communication Gap in the Rural Developing World," *Tech- nology and Healthcare* 18 (2010): 137–44, http://www.researchgate. net/publication/44623382_A_text_message–based_intervention_to_bridge_the_ healthcare_communication_gap_in_the_rural_developing_world.

79. "Kenya in Numbers," *mwakilishi*, June 1, 2012, http://www.mwakilishi.com/content/ articles/2012/06/01/kenya-in-numbers.html.

80. World Bank,"Physicians(per 1,000 People)," in *World Development Indicators*, http://data.worldbank.org/indicator/SH.MED.PHYS.ZS.

81. Gabriel Demombynes and Aaron Thegeya, "Kenya's Mobile Revolution and the Promise of Mobile Savings," Policy Research working papers, March 2012, http:// elibrary.worldbank.org/doi/book/10.1596/1813-9450-5988.

82. Nicolas Friederici, Carol Hullin, and Masatake Yamamichi, "mHealth," World Bank 2012 Information and Communications for Development Report, http://siteresources. worldbank.org/EXTINFORMATIONANDCOMMUNICATIONANDTECHNOLO GIES/Resources/IC4D-2012-Chapter-3.pdf.

83. Franco Papeschi, "Problem: 7,000 Doctors Serve a Nation of 40 Million People. Solution: MedAfrica," World Wide Web Foundation, March 12, 2012, http://www. webfoundation.org/2012/03/medafrica-interview/.

84. Bill Bulkeley, "Your Phone Can Take Your Blood Pressure with This New Tech," *Forbes*, November 11, 2013, http://www.forbes.com/sites/ptc/2013/11/11/your- phone-can-take-your-blood-pressure-with- this-new-tech/.

85. CrunchBase: EyeNetra, http://www.crunchbase.com/organization/eyenetra.

86. "Mammograms," National Cancer Institute, http://www.cancer.gov/cancertopics/ factsheet/detection/mammogram.

87. Jeanne Pinder, "How Much Does a Mammogram Cost? Our Survey with WNYC: $0 to $2,786.95!" Clear Health Costs, May 22, 2013, http://clearhealthcosts.com/ blog/2013/05/how-much-does-a-mammogram-cost-prices-payments-vary-widely- our-survey-with- wnyc-finds/.

第三章　金錢、市場與信任都變身編碼

1. "peso," Online Etymology Dictionary, http://www.etymonline.com/index. php?term=peso&allowed_in_frame=0;"shekel," Online Etymology Dictionary, http://www.etymonline.com/index.php?term=shekel&allowed_in_frame=0; "pound," Online Etymology Dictionary, http://www.etymonline.com/index.

php?term=pound&allowed_in_frame=0.
2. "ruble," Online Etymology Dictionary, http://www.etymonline.com/index. php?term=ruble&allowed_in_frame=0.
3. Mary Bellis, "Automatic Teller Machines—ATM," About.com,http://inventors.about. com/od/astartinventions/a/atm.htm.
4. PayPal History, "PayPal: About Us," https:// www.paypal-media.com/au/history.
5. Susannah Fox, "51% of US Adults Bank Online," Pew Research Center: Internet, Science and Tech, August 7, 2013, http://www.pewinternet.org/2013/08/07/51-of-u-s-adults-bank-online/;"Mobile Banking Users to Exceed 1.75 Billion by 2019, Representing 32% oftheGlobalAdultPopulation,"JuniperResearch,July8,2014,http://www.juniperresearch.com/viewpressrelease.php?pr=356.
6. "Study: Mobile Banking Users to Exceed 1 Billion Worldwide by 2017," ATMmarketplace.com, January 9, 2013, http://www.atmmarketplace.com/article/206411/Study-Mobile-banking-users-to- exceed-1-billion-worldwide-by-2017.
7. D.T. Max,"Two-HitWonder," NewYorker, October 21, 2013, http://www.newyorker.com/reporting/2013/10/21/131021fa_fact_max?currentPage=all.
8. Jeremy Horwitz,"Review: Square, Inc. Square Credit Card Reader (Second-Generation)," iLounge, March 28, 2011, http:// www.ilounge.com/index.php/reviews/entry/square-inc.-square-credit-card-reader-second-generation/; Rachel King, "Jack Dorsey: Square Has Processed 1 Billion Payments," ZDNet, November 6, 2014, http://www.zdnet.com/jack-dorsey-square-has-processed-1-billion-payments-7000035529/.
9. Matt Weinberger, "Here's the Next Key Challenge for Stripe, the Hot Payment Startup Whose Valuation Keeps Soaring," BusinessInsider, May 21, 2015,http://www.businessinsider.com/stripe-valuation-hitting-5-billion-as-payments-market-heats-up-2015-5.
10. Sara Angeles, "How to Accept Credit Cards Online, InStore or Anywhere: 2015 Guide," Business News Daily, June 11, 2015, http:// www.businessnewsdaily.com/4394-accepting-credit-cards.html.
11. John Tozzi, "Merchants Seek Lower Credit Card Interchange Fees," Bloomberg Businessweek, October 7, 2009, http:// www.businessweek.com/smallbiz/running_small_business/archives/2009/10/merchants_seek.html.
12. Alec Ross, "Light Up the West Bank," Foreign Policy, June 18, 2013, http://www.foreignpolicy.com/articles/2013/06/18/why_the_west_bank_needs_3g.
13. John Lister, "What Country Doesn't Work with PayPal?" Houston Chronicle: Small Business, http://smallbusiness.chron.com/country-doesnt-work-paypal-66099.html; "Feasibility Study: Microwork for the Palestinian Territories," World Bank: Country Management Unit for the Palestinian Territories (MNC04) and the Information and Communication Technologies Unit, February 2013, http://siteresources.worldbank.

org/INTWESTBANKGAZA/Resources/Finalstudy.pdf.

14. "TheWorld'sGreatestBazaar,"*Economist*, May23,2013,http://www.economist.com/news/briefing/21573980-alibaba-trailblazing-chinese-internet-giant-will-soon-go-public-worlds-greatest- bazaar.

15. Avi Mizrahi, "Alipay Set for IPO after Alibaba Brought in a Record $9.3 Billion in 24 Hours on Singles Day," *Finance Magnates*, November 12, 2014, http://forexmagnates.com/alipay-set-ipo-alibaba-brought-record-9-3-billion-24-hours-singles-day/.

16. Nicholas Kristof, "The Pain of the G-8'sBigShrug,"*NewYorkTimes*,July10,2008,http://www.nytimes.com/2008/07/10/opinion/10kristof.html?_r=0.

17. "Democratic Republic of the Congo: Economy," Michigan State University globalEDGE, http://globaledge.msu.edu/countries/democratic-republic-of-the-congo/economy.

18. "Democratic Republic of Congo: CountryPlan," Department for International Development, 2008, http://www.oecd.org/countries/democraticrepublicofthecongo/40692153.pdf.

19. "Human Development Indicators," United Nations Development Programme, http://hdr.undp.org/en/countries/profiles/GNQ.html.

20. Sudarsan Raghavan, "In Traumatic Arc of a Refugee Camp, Congo's War Runs Deep," *Washington Post*, November 7, 2013, http:// www.washingtonpost.com/world/africa/in-traumatic-arc-of-a-refugee-camp-congos-war-runs-deep/2013/11/07/22de1dbe-470b-11e3-95a9-3f15b5618ba8_ story.html.

21. "Democratic Republic of Congo—Telecoms, Mobile and Broadband—Market Insights and Statistics," *Market Briefing*, October 2014, http://www.telecomsmarketresearch.com/research/TMAABOEF-Democratic-Republic-of-Congo---Telecoms--Mobile-and-Broadband---Market-Insights-and- Statistics.shtml.

22. Matt Twomey, "Cashless Africa: Kenya's Smash Success with Mobile Money," CNBC, November 11, 2013,http://www.cnbc.com/id/101180469.

23. John Koetsier, "African Mobile Penetration Hits 80% (and Is Growing Faster Than Anywhere Else)," *VentureBeat*, December 3, 2013, http://venturebeat.com/2013/12/03/african-mobile-penetration-hits-80-and-is-growing-faster-than-anywhere-else/.

24. "Is It a Phone, Is It a Bank?" *Economist*, March 27, 2013, http://www.economist.com/news/finance-and-economics/21574520-safaricom-widens-its-banking-services-payments-savings-and-loans-it.

25. "On the New Frontier of Mobile and Money in the Developing World: Mobile Phones, M-PESA, and Kenya," *Hydra: Interdisciplinary Journal of Social Sciences* 1, no. 2 (2013): 49–59.

26. Gabriel Demombynes and Aaron The geya, "Kenya's Mobile Revolution and the

Promise of Mobile Savings," Policy Research working papers, March 2012, http://elibrary.worldbank.org/doi/abs/10.1596/1813-9450-5988.

27. "Whatis Mpesa? How Does It Work? How DidIt Start?" Our Mobile World. org, January 1, 2012, http://ourmobileworld.org/post/35349373601/what-is-mpesa-how-does-it-work-how-did-it-start.

28. "Dial M for Money," *Economist*, June 28, 2007, http://www.economist.com/node/9414419.

29. Ignacio Mas and Tonny Omwansa, "NexThought Monday: A Close Look at Safaricom's M-Shwari," next billion, December 10, 2012, http://www.nextbillion.net/blogpost.aspx?blogid=3050.

30. "Deacons Kenya Customers to Pay Via M- Pesa," Safaricom, March 15, 2011, http://www.safaricom.co.ke/personal/m-pesa/m-pesa-resource-centre?layout=edit&id=437.

31. Sanket Mohaprata and Dilip Ratha, *Remittance Markets in Africa* (Washington, DC: The World Bank, 2011), http://siteresources.worldbank.org/EXTDECPROSPECTS/Resources/476882-1157133580628/ RMA_FullReport.pdf; "Remittances Gaining Increasing Importance in Africa: New Report from the African Development Bank," SilverStreet Capital, July 22, 2013, http://www.silverstreetcapital.com/Publisher/File.aspx?ID=112754.

32. "Remittance Fees Hurt Africans, Says Comic Relief," *BBC News*, April 16, 2014, http://www.bbc.com/news/business-27046285.

33. Nye Longman, "$33 billion Says Africa Is Still the Mobile Continent," *African Business Review*, May 21, 2015, http://www.africanbusinessreview.co.za/technology/1947/33-billion-says-Africa-is-still-the-mobile-continent.

34. "Chapter 4: Remittances," United Nations Development Programme: *Towards Human Resilience: Sustaining MDG Progress in an Age of Economic Uncertainty*, September 2011, http://www.undp.org/content/dam/undp/library/Poverty%20Reduction/Inclusive%20development/Towards%20Human%20Resilience/Towards_SustainingMDGProgress_Ch4.pdf.

35. Loek Essers, "MoneyGram and Vodafone M-Pesa Bring Mobile Remittances to New Countries," *PCWorld*, February 11, 2014, http:// www.pcworld.com/article/2096620/moneygram-and-vodafone-mpesa-bring-mobile-remittances-to-new-countries.html.

36. "Sending Money from United States to Kenya," The World Bank: Remittance Prices Worldwide, April 27, 2015, http://remittanceprices.worldbank.org/en/corridor/United-States/Kenya.

37. "MTC Acquires Celtel International B.V.," *Zain*, March 29, 2005, http://www.zain.com/media-center/press-releases/mtc-acquires-celtel-international-bv/.

38. "Prize Offered to Africa's Leaders," *BBC News*, Oc- tober26,2006,http://news.bbc.co.uk/2/hi/uk_news/6086088.stm.

39. Mo Ibrahim, "Celtel's Founder on Building a Busi- ness on the World's Poorest

Continent," *Harvard Business Review*, October 2012, http://hbr.org/2012/10/celtels-founder-on-building-a-business-on-the-worlds-poorest-continent/ar/1;"MoIbrahimAfricanLeadersPrizeUnclaimed Again," *BBC News*, October 14, 2013, http://www.bbc.com/news/world-africa-24521870.

40. "Online Extra: Pierre Omidyar on 'Connecting People,' *Bloomberg Businessweek*, June 19, 2005, http://www.businessweek.com/printer/articles/195874-online-extra-pierre-omidyar-on-connecting- people?type=old_article.

41. "About Us," Airbnb, https://www.airbnb.com/about/about-us.

42. Ingrid Lunden, "Airbnb Is Raising a Monster Roundata $20B Valuation," *TechCrunch*, February 27, 2015, http://techcrunch.com/2015/02/27/airbnb-2/; "Hyatt Hotels Corporation (H)," *Yahoo! Finance*, http://finance.yahoo.com/q?s=H;"#1006 Brian Chesky," "The World's Billion- aires," *Forbes*, http://www.forbes.com/profile/brian-chesky/.

43. Steven T. Jones, "Forum Begins to Bridge the Housing-Transportation Divide," *San Francisco Bay Guardian*, October 10, 2014, http://www.sfbg.com/politics/2013/04/24/hype-reality-and-accountability-collaborative-consumption.

44. Sarah Cannon and Lawrence H. Summers, "How Uber and the Sharing Economy Can Win Over Regulators," *Harvard Business Review*, October 13, 2014, https://hbr.org/2014/10/how- uber-and-the-sharing-economy-can-win-over-regulators/; TX Zhuo, "Airbnb and Uber Are Just the Beginning: What's Next for the Sharing Economy," *En- trepreneur*, March 25, 2015,http://www.entrepreneur.com/article/244192.

45. Cities, Uber, https://www.uber.com/cities.

46. Kevin Roose, "Uber Might Be More Valuable Than Facebook Someday. Here's Why," *New York Magazine*, December 6, 2013, http://nymag.com/daily/intelligencer/2013/12/uber-might-be-more-valuable-than-facebook.html.

47. "The City of the Future: One Million Fewer Carsonthe Road," *UberNewsroom*, October 3, 2014, http://blog.uber.com/city-future.

48. Brad Stone, "Invasion of the Taxi Snatchers: Uber Leads an Industry's Disruption," *Bloomberg Businessweek*, February 20, 2014, http://www.businessweek.com/articles/2014-02-20/uber-leads-taxi-industry-disruption-amid-fight-for-riders-drivers.

49. "The Economic Impacts of Home Sharing in Cities around the World," Airbnb, https://www.airbnb.com/economic-impact/.

50. bid.

51. Ibid.

52. "About Ferrari," eBay, http://www.ebay.com/motors/carsandtrucks/Ferrari.

53. Jillian Kumagai, "More Than 21,000 Retailers Accept Bitcoin Payments," *Mashable*, November 15, 2014,http://mashable.com/2014/11/15/bitcoin-retailers-infographic/?utm_cid=mash-com-Tw- main-link; Jon Matonis, "Top 10

Bitcoin Merchant Sites," *Forbes*, May 24, 2013, http://www.forbes.com/sites/jonmatonis/2013/05/24/top-10-bitcoin-merchant-sites/; Benzinga, "What Companies Accept Bitcoin?" Nasdaq, February 4, 2014, http://www.nasdaq.com/article/what-companies-accept-bitcoin-cm323438; Jonas Chokun, "Who Accepts Bitcoins?" *Bitcoin Values*, http://www.bitcoinvalues.net/who-accepts-bitcoins-payment-companies-stores-take-bitcoins.html.

54. Benjamin Wallace, "The Rise and Fall of Bitcoin," *Wired*, November 23, 2011, http://www.wired.com/magazine/2011/11/mf_bitcoin/.

55. Satoshi Nakamoto, "Bitcoin: A Peer-to-Peer Electronic Cash System," Bitcoin, November 1, 2008,http://bitcoin.org/bitcoin.pdf.

56. oshua Davis, "The Crypto-Currency," *New Yorker*, October 10, 2011, http://www.newyorker.com/reporting/2011/10/10/111010fa_fact_davis.

57. "How Does Bitcoin Work?" *Economist*, April 11, 2013, http://www.economist.com/blogs/economist-explains/2013/04/economist-explains-how-does-bitcoin-work.

58. Alice Truong, "Top 10 Bitcoin Myths Debunked," *CoinDesk*, June 4, 2013, http://www.coindesk.com/top-10-bitcoin-myths-debunked/.

59. Marc Andreessen, "Why Bitcoin Matters," *New York Times*, January 21, 2014, http://dealbook.nytimes.com/2014/01/21/why-bitcoin-matters/?_php=true&_type=blogs&_r=0.

60. "Why I'm Interested in Bitcoin," *CDIXON Blog*, December 31, 2013, http://cdixon.org/2013/12/31/why-im-interested-in-bitcoin/.

61. Steven Musil, "Bitcoin Exchange BitFloor Halts Operations, Shuts Down," *CNET*, April 17, 2013, http://www.cnet.com/news/bitcoin-exchange-bitfloor-halts-operations-shuts-down/.

62. Mark Memmott, "Mt. Gox Files for Bankruptcy; Nearly $500M of Bitcoins Lost," NPR, February 28, 2014,http://www.npr.org/blogs/thetwo-way/2014/02/28/283863219/mtgox-files-for-bankruptcy- nearly-500m-of-bitcoins-lost.

63. Danny Bradbury, "What the 'Bitcoin Bug' Means: A Guide to Transaction Malleability," *CoinDesk*, February 12, 2014, http:// www.coindesk.com/bitcoin-bug-guide-transaction-malleability/.

64. "The Troubling Holes in MtGox's Account of How It Lost $600 million in Bitcoins," *MIT Technology Review*, April 4, 2014, http://www.technologyreview.com/view/526161/the-troubling-holes-in-mtgoxs-account-of-how-it-lost-600-million-in-bitcoins/.

65. Robert McMillan, "The Inside Story of Mt.Gox,Bitcoin's$460MillionDisaster,"*Wired* ,March3,2014,http://www.wired.com/2014/03/bitcoin-exchange/.

66. Cyrus Farivar, "Man Has NFC Chips Injected into His Hands to Store Cold Bitcoin Wallet," *Ars Technica*, November 15, 2014, http://arstechnica.com/business/2014/11/

man-has-nfc-chips-injected-into-his-hands-to-store-cold-bitcoin-wallet/.

67. Xapo—About,https://xapo.com/vault/.

68. Jeff Kearns, "Greenspan Says Bitcoin a Bubble without Intrinsic Currency Value," *Bloomberg*, December 4, 2013, http://www.bloomberg.com/news/2013-12-04/greenspan-says-bitcoin-a-bubble-without-intrinsic-currency-value.html.

69. Paul Krugman, "Bitcoin Is Evil," *New York Times*, De- cember 28, 2013,http://krugman.blogs.nytimes.com/2013/12/28/bitcoin-is-evil/?_php=true&_type=blogs&_r=0; Paul Krugman, "Bits and Barbarism," *New York Times*, December 22, 2013, http://www.nytimes.com/2013/12/23/opinion/krugman-bits-and-barbarism.html; Paul Krugman, "Adam Smith Hates Bitcoin," *New York Times*, April 12, 2013, http://krugman.blogs.nytimes.com/2013/04/12/adam-smith-hates-bitcoin/; Paul Krugman, "The Antisocial Network," *New York Times*, April 14, 2013, http://www.nytimes.com/2013/04/15/opinion/krugman-the-antisocial-network.html.

70. Krugman, "Bits and Barbarism."

71. Erik Holm, "Nouriel Roubini: Bitcoin Is a 'Ponzi Game,'" *Wall Street Journal*, March 10, 2014,http://blogs.wsj.com/moneybeat/2014/03/10/nouriel-roubini-bitcoin-is-a-ponzi-game/.

72. Ibid.

73. "Lending Club Names Lawrence H. Summers to Board of Directors," Lending Club, December 13, 2012, https://www.lendingclub.com/public/lending-club-press-2012-12-13.action; "What We Do," Lending Club, https://www.lendingclub.com/public/about-us.action.

74. "Investing: Backing Brilliant Entrepreneurs to Build the Future," Andreessen Horowitz, http://a16z.com/team/.

75. "Announcing Xapo's Advisory Board," Xapo, May 26, 2015,https://blog.xapo.com/announcing-xapos-advisory-board/.

76. Nathaniel Popper, "Goldman and IDG Put $50 Million to Work in a Bitcoin Company," *New York Times*, April 30, 2015, http://www.nytimes.com/2015/04/30/business/dealbook/goldman-and-idg-put-50-million-to- work-in-a-bitcoin-company.html?_r=0.

77. Neil Gough, "Bitcoin Value Sinks after Chinese Exchange Move," *New York Times*, December 18, 2013, http://www.nytimes.com/2013/12/19/business/international/china-bitcoin-exchange-ends- renminbi-deposits.html.

78. Rachel Abrams, "I.R.S. Takes a Position on Bitcoin: It's Property," *New York Times*, March 25, 2014, http:// dealbook.nytimes.com/2014/03/25/i-r-s-says-bitcoin-should-be-considered- property-not-currency/.

79. Byron Tau, "FEC OKs Bitcoin Campaign Donations," *Politico*, May 8, 2014, http://www.politico.com/story/2014/05/fec-oks-bitcoin-campaign-donations-106492.html.

80. "MintChip—The Evolution of Currency," MintChip Developer Resources, http://

developer.mintchipchallenge.com/index.php; Pete Rizzo, "Canadian Government to End 'MintChip' Digital Currency Program," *CoinDesk*, April 4, 2014, http://www.coindesk.com/canadian-government-end-mintchip-digital-currency-program/; David George Cosh, "Canada Puts Halt to Mint Chip Plans; Could Sell Digital Currency Program," *Wall Street Journal*, April 4, 2014, http://blogs.wsj.com/canada-realtime/2014/04/04/canada-puts-halt-to-mintchip-plans-could-sell-digital- currency-program/.

81. Andreessen, "Why Bitcoin Matters."
82. Brian Fung, "Marc Andreessen: In 20 Years, We'll Talk about Bitcoin Like We Talk about the Internet Today," *Washington Post*, May 21, 2014, http://www.washingtonpost.com/blogs/the-switch/wp/2014/05/21/marc-andreessen-in-20-years-well-talk-about-bitcoin-like- we-talk-about-the-internet-today/.
83. "Inventor of the Week Archive: The World Wide Web," MIT, http://web.mit.edu/invent/iow/berners-lee.html.
84. Joichi Ito, "Why Bitcoin Is and Isn't like the Internet," *LinkedIn Pulse*, January 18, 2015, https://www.linkedin.com/pulse/why-bitcoin-isnt-like-internet-joichi-ito.
85. Andreessen, "Why Bitcoin Matters."
86. "Crypto-Currency Market Capitalizations," https:// coinmarketcap.com/.
87. Mark Gimein, "Virtual Bitcoin Mining Is a Real-World Environmental Disaster," *Bloomberg*, April 12, 2013, http:// www.bloomberg.com/news/2013-04-12/virtual-bitcoin-mining-is-a-real-world-environmental-disaster.html; Tim Worstall, "Fascinating Number: Bitcoin Mining Uses $15 Million's Worth of Electricity Every Day," *Forbes*, December 3, 2013, http://www.forbes.com/sites/timworstall/2013/12/03/fascinating-number-bitcoin-mining-uses-15-millions-worth-of-electricity- every-day/.
88. Michael Carney, "Bitcoin Has a Dark Side: Its Carbon Footprint," *Pando*, December 16, 2013, http://pando.com/2013/12/16/bitcoin-has-a-dark-side-its-carbon-footprint/.
89. Nathaniel Popper, "Into the Bitcoin Mines," *New York Times*, December 21, 2013, http://dealbook.nytimes.com/2013/12/21/into-the-bitcoin-mines/.
90. Danny Bradbury, "Litecoin Founder Charles Lee on the Origins and Potential of the World's Second Larg- est Cryptocurrency," *CoinDesk*, July 23, 2013, http://www.coindesk.com/litecoin-founder-charles-lee-on-the-origins-and-potential-of-the-worlds- second-largest-cryptocurrency/.
91. Nathaniel Popper, "In Bitcoin's Orbit: Rival Virtual Currencies Vie for Acceptance," *New York Times*, November 24, 2013, http:// dealbook.nytimes.com/2013/11/24/in-bitcoins-orbit-rival-virtual-currencies- vie-for-acceptance/.
92. Robert McMillan, "Ex-Googler Gives the World a Bet- ter Bitcoin," *Wired*, August 30, 2013, http://www.wired.com/2013/08/litecoin/.
93. "What Is the Difference between Litecoin and Bitcoin?" *CoinDesk*, April 2, 2014,

http://www.coindesk.com/information/comparing-litecoin-bitcoin/.

94. Ripple,https://ripple.com/.

95. hawala: "Hawala and Alternative Remittance Systems," US Department of Treasury: Resource Center, http://www.treasury.gov/resource-center/terrorist-illicit-finance/ Pages/Hawala-and-Alternatives.aspx; Antony Lewis, "Ripple Explained: Medieval Banking with a Digital Twist," *CoinDesk*, May 11, 2014, http://www.coindesk.com/ ripple-medieval-banking-digital-twist/.

96. Brad Stone, "Introducing Ripple, a Bitcoin Copycat," *Bloomberg Businessweek*, April 11, 2013, http://www.bloomberg.com/bw/articles/2013-04-11/introducing-ripple-a-bitcoin-copycat; Bryant Gehring, "How Ripple Works," Ripple, October 16, 2014, https://ripple.com/knowledge_center/how-ripple-works/; "XRP Distribution," Ripple Labs, https://www.ripplelabs.com/xrp-distribution/.

97. "XRP Distribution."

98. Stone, "Introducing Ripple."

第四章　電腦編碼也變成武器

1. Nicole Perlroth, "In Cyberattack on Saudi Firm, US Sees Iran Firing Back," *New York Times*, October 23, 2012, http://www.nytimes.com/2012/10/24/business/global/ cyberattack-on-saudi-oil-firm-disquiets-us.html; "Saudi Aramco: 12.5 million barrels per day," *Forbes*, http://www.forbes.com/pictures/mef45glfe/1-saudi-aramco-12-5-million-barrels-per-day-3/.

2. Christopher Bronk and Eneken Tikk- Ringas, "Hack or Attack? Shamoon and the Evolution of Cyber Conflict," *Survival, Global Politics and Strategy*, February 1, 2013, http://bakerinstitute.org/files/641/.

3. ChrisBronk,interviewwithJenniferCitak, December 20,2013.

4. "The Shamoon Attacks," *Symantec Blog*, August 16, 2012, http://www.symantec. com/connect/blogs/shamoon-attacks.

5. Nicole Perlroth, "Connecting the Dots after Cyberattack on Saudi Aramco," *New York Times*, August 27, 2012, http:// bits.blogs.nytimes.com/2012/08/27/connecting-the-dots-after-cyberattack- on-saudi-aramco/.

6. "The Shamoon Attacks."

7. Ibid.; "Shamoon the Wiper: Copycats at Work," *Securelist*, August 16, 2012,http:// www.securelist.com/en/blog/208193786/Shamoon_the_Wiper_Copycats_at_Work; Aviv Raff, "Shamoon, a Two- Stage Targeted Attack," *Seculert*, August 2012, http:// www.seculert.com/blog/2012/08/shamoon-two-stage-targeted-attack.html.

8. Bronk, interview.

9. Ibid.; "The Shamoon Attacks."

10. Bronk, interview; Camilla Hall and Javier Blas, "Ar-amco Cyber Attack Targeted Production," *Financial Times*, December 10, 2012, http://www.ft.com/intl/cms/

s/0/5f313ab6-42da-11e2-a4e4-00144feabdc0.html#axzz2qP9F3kEY; Bronk and Tikk-Ringas, "Hack or Attack?"

11. Parag Khanna, "The Rise of Hybrid Gover- nance," McKinsey & Company, October 2012, http://www.mckinsey.com/insights/public_sector/the_rise_of_hybrid_governance.

12. Christopher Bronk and Eneken Tikk-Ringas, "The Cyber Attack on Saudi Aramco," *Survival: Global Politics and Strategy*, April–May 2013, 81–96, http://www.iiss.org/en/publications/survival/sections/2013-94b0/survival–global-politics-and-strategy-april- may-2013-b2cc/55-2-08-bronk-and-tikk-ringas-e272;JimGaramone,"Panetta Spells Out DOD Roles in Cyberdefense," American Forces Press Service, US Department of Defense, October 11, 2012, http://www.defense.gov/news/newsarticle.aspx?id=118187.

13. Charles Orton-Jones, "Stop the Press! Apple Is NOT the World's Most Valuable Company," *London- lovesBusiness*, August 21, 2012, http://www.londonlovesbusiness.com/business-news/finance/stop-the-press-apple-is-not-the-worlds-most- valuable-company/3250.article.

14. Bronk and Tikk-Ringas, "Hack or Attack?"

15. "Paul Baran and the Origins of the Internet," Rand Corporation, http://www.rand.org/about/history/baran.list.html.

16. "Net Losses: Estimating the Global Cost of Cybercrime:EconomicImpactofCybercr imeII,"CenterforStrategicandInter- national Studies, June 2014, http://www.mcafee.com/us/resources/reports/rp-economic-impact-cybercrime2.pdf.

17. Paul Marks, "Dot-Dash-Diss: The Gentleman Hacker's 1903 Lulz," *New Scientist*, December 20, 2011, https://www.newscientist.com/article/mg21228440-700-dot-dash-diss-the-gentleman-hackers-1903-lulz/.

18. Peter W. Singer and Allan Friedman, *Cybersecurity: What Everyone Needs to Know* (New York: Oxford University Press, 2014), 69; Bronk, interview.

19. Bronk, interview.

20. Jennifer Bjorhus, "A Year Later, No Charges for Target Hack," *Portland Press Herald*, November 25, 2014, http://www.pressherald.com/2014/11/25/a-year-later-no-charges-for-target-hack/.

21. Mark Hosenball, "Target Vendor Says Hack- ers Breached Data Link Used for Billing," Reuters, February 6, 2014, http:// www.reuters.com/article/2014/02/06/us-target-breach-vendor-idUS-BREA1523E20140206.

22. ElizabethA.Harris,"FalteringTargetPartsWayswith Chief," *New York Times*, May 6, 2014, http://www.nytimes.com/2014/05/06/business/target-chief-executive-resigns.html?ref=technology&_r=0.

23. Brian Krebs, "Target Hackers Broke in via HVAC Company," *Krebs on Security* (blog), February 5, 2014, http://krebsonsecurity.com/2014/02/target-hackers-broke-

in-via-hvac-company/.

24. SusanTaylor,SiddharthCavale,andJimFinkle,"Target's DecisiontoRemoveCEORattle sInvestors,"Reuters,May5,2014,http://www.reuters.com/article/2014/05/05/us-target-ceo-idUSBREA440BD20140505.

25. Vangie Beal, "DDoS attack: Distributed Denial of Service," Webopedia, http://www.webopedia.com/TERM/D/DDoS_attack.html.

26. Parmy Olson, "The Largest Cyber Attack in History Has Been Hitting Hong Kong Sites," *Forbes*, November 20, 2014, http://www.forbes.com/sites/parmyolson/2014/11/20/the-largest-cyber-attack-in-history-has-been-hitting-hong-kong-sites/.

27. Bronk, interview.

28. Max Fisher, "Syrian Hackers Claim AP Hack That Tipped Stock Market by $136 billion. Is It Terrorism?" *Washington Post*, April 23, 2013, http://www.washingtonpost.com/blogs/worldviews/wp/2013/04/23/syrian-hackers-claim-ap-hack-that-tipped-stock-market- by-136-billion-is-it-terrorism/.

29. "Phishing," Language Log, University of Pennsylvania,http://itre.cis.upenn.edu/~myl/languagelog/archives/001477.html.

30. Fisher, "Syrian Hackers Claim AP Hack."

31. "War in the Fifth Domain," *Economist*, July 1, 2010, http://www.economist.com/node/16478792.

32. Ellen Nakashima, "US Cyberweapons Had Been Considered to Disrupt Gaddafi's Air Defenses," *Washington Post*, October 17, 2011, http://www.washingtonpost.com/world/national-security/us-cyber-weapons-had-been-considered-to-disrupt-gaddafis-air-defenses/2011/10/17/gIQAETpssL_story.html.

33. Desmond Ball," China's Cyber Warfare Capabilities," *Security Challenges* 7, no. 2 (2011): 81–103, http://www.securitychallenges.org.au/ArticlePDFs/vol7no2Ball.pdf.

34. "The IP Commission Report," Commission on the Theft of American Intellectual Property by the National Bu- reau of Asian Research, May 2013, http://www.ipcommission.org/report/ip_commission_report_052213.pdf.

35. Keith B. Alexander, "Cybersecurity and Ameri can Power: Addressing New Threats to America's Economy and Military" (presentation at the American Enterprise Institute, Washington, DC, July 9, 2012).

36. Amanda Hoyle, "Nortel Fell Hard, and Only 20 Workers Are Still Here," *Triangle Business Journal*, January 11, 2013, http://www.bizjournals.com/triangle/print-edition/2013/01/11/nortel-fell-hard-and-only-20-workers.html?page=all.

37. Gerry Smith, "Hackers Cost US Economy Up to 500,000 Jobs Each Year, Study Finds," *Huffington Post*, July 25, 2013, http://www.huffingtonpost.com/2013/07/25/hackers-jobs_n_3652893.html; "Nortel Collapse Linked to Chinese Hackers," *CBC News*, February 15, 2012,http://www.cbc.ca/news/business/nortel-collapse-linked-to-

chinese-hackers-1.1260591.

38. "APT1: Exposing One of China's Cyber Espionage Units," *Mandiant*, February 18, 2013, http://intelreport.mandiant.com/Mandiant_APT1_Report.pdf.

39. Zoe Li, "What We Know about the Chinese Army's Alleged Cyber Spying Unit," CNN, May 20, 2014, http://www.cnn.com/2014/05/20/world/asia/china-unit-61398/.

40. "China vs US, Cyber Superpowers Compared," InfoSec Institute, June 10, 2013, http://resources.infosecinstitute.com/china-vs-us-cyber-superpowers-compared/.

41. "US Charges Five Chinese Military Hackers for Cyber Espionage against US Corporations and a Labor Organization for Commercial Advantage," *Justice News*, US Department of Justice, May 19, 2014, http:// www.justice.gov/opa/pr/us-charges-five-chinese-military-hackers-cyber-espionage-against-us-corporations-and-labor.

42. Jack Gillum and Eric Tucker, "US Hacking Victims Fell Prey to Mundane Ruses," Associated Press, May 20, 2014, http://bigstory.ap.org/article/us-hacking-victims-fell-prey-mundane-ruses.

43. Brooks Barnes and Nicole Perlroth, "Sony Films Are Pirated, and Hackers Leak Studio Salaries," *New York Times*, De- cember 2, 2014, http://www.nytimes.com/2014/12/03/business/media/sony-is-again-target-of-hackers.html?_r=0.

44. Jack Kim and Lesley Wroughton, "North Korea's Internet Links Restored amid US Hacking Dispute," Reuters, December 23, 2014, http://www.reuters.com/article/2014/12/23/us-north-korea-cyberattack-idUSKBN0K107920141223.

45. "Cisco Keynote Highlights from CES 2014," YouTube, January 10, 2014, http://www.youtube.com/watch?v=TepUznT42ro.

46. "The Internet of Things Will Drive Wireless Connected Devices to 40.9 Billion in 2020," ABI Research, August 20, 2014, https://www.abiresearch.com/press/the-internet-of-things-will-drive-wireless-connect.

47. Don Clark, "Cisco CEO Chambers Still Biggest 'Internet of Things' Cheerleader," *Wall Street Jour- nal*, January 7, 2014, http://blogs.wsj.com/digits/2014/01/07/cisco-ceo-john-chambers-Internet-of-everything-ces-2014/.

48. "Report for Selected Country Groups and Subjects," International Monetary Fund: World Economic Outlook Database, October 2014, http://www.imf.org/external/pubs/ft/weo/2014/02/weodata/weorept.aspx?pr.x=41&pr.y=10&sy=2014&ey=2014&scsm=1&ssd=1&sort=country& ds=.&br=1&c=001%2C998&s=NGDPD%2CPPPGDP&grp=1&a=1.

49. Keith Naughton, "The Race to Market the Connected Car," *Automotive News*, January 10, 2014, http://www.autonews.com/article/20140110/OEM06/301109910/the-race-to-market- the-connected-car.

50. "Smart Home Revenues to Reach $71 Billion by 2018, Juniper Research Finds," Juniper Research, February 11, 2014, http://www.juniperresearch.com/viewpressrelease.php?pr=429.

51. James Manyikaand MichaelChui,"All Things Online," McKinsey Global Institute, McKinsey & Company, September 23, 2013, http://www.mckinsey.com/insights/mgi/in_the_news/all_things_online.

52. Krebs,"TargetHackersBrokeinViaHVACCompany."

53. "Corporate Fact Sheet," Target, http://pressroom.target.com/corporate.

54. "Proofpoint Uncovers Internet of Things (IoT) Cyberattack," *Proofpoint*, January 16, 2014,http://www.proofpoint.com/about-us/press-releases/01162014.php.

55. Mikko Hypponen, interview with Jennifer Citak, October 22, 2013.

56. "Legion of Merit," MyServicePride.com, http://www.myservicepride.com/content/legion-of-merit/.

57. Jim Gosler,interview with Ari Ratner, March 25,2014.

58. "The United States Cyber Challenge," White House, SANS Institute, May 8, 2009, http://www.whitehouse.gov/files/documents/cyber/The%20United%20States%20Cyber%20Challenge%201.1%20(updated%205-8-09).pdf.

59. Kenneth Corbin, "Cybersecurity Pros in High Demand, Highly Paid and Highly Selective," CIO, August 8, 2013, http://www.cio.com/article/2383451/careers-staffing/cybersecurity-pros-in-high-demand—highly-paid-and-highly-selective.html.

60. "Remarks as delivered by The Honorable James R. Clapper, Director of National Intelligence, Opening Statement to the World- wide Threat Assessment Hearing Senate Armed Services Committee," Office ofthe Directorof National Intelligence, February 26, 2015, http://www.dni.gov/files/documents/2015%20WWTA%20As%20Delivered%20DNI%20 Oral%20Statement.pdf.

61. "Snake Campaign & Cyber Espionage Toolkit," BAE Systems Applied Intelligence, 2014, http://info.baesystemsdetica.com/rs/baesystems/images/snake_whitepaper.pdf.

62. David E. Sanger and Steven Erlanger, "Suspicion Falls on Russia as 'Snake' Cyberattacks Target Ukraine's Government," *NewYorkTimes*, March 8, 2014, http://www.nytimes.com/2014/03/09/world/europe/suspicion-falls-on-russia-as-snake-cyberattacks-target-ukraines- government.html. 139 *FireEye, a global network security*: Pierluigi Paganini, "Russia and Ukraine Cyber Dispute Analyzed by FireEye," *Security Affairs*, May 30, 2014, http:// securityaffairs.co/wordpress/25369/intelligence/russia-and-ukraine-cyber- tension.html.

63. "M. Saakashvili Is Denied to Enter into Ukraine,"*Times.am*,December24,2013,http://times.am/?p=36719&l=en.

64. "Ukraine: Electoral Com- mittee Cyber-Virus 'Liquidated'—SBU Chief," YouTube, May 23, 2014, https://www.youtube.com/watch?v=u354nFMRv1Q.

65. "Russian TV Announces Right Sector Leader Led Ukraine Polls," Radio Free Europe/Radio Liberty, May 26, 2014, http:// www.rferl.org/content/russian-tv-announces-right-sector-leader-yarosh-led-ukraine-polls/25398882.html.

66. "Security Service of Ukraine En- sured Protection and Safe Functioning of

Telecommunication System of the Central Electoral Commission during Elections of the President of Ukraine," Security Service of Ukraine, May 27, 2014, http://www.sbu.gov.ua/sbu/control/en/publish/article?art_id=126126&cat_id=35317&mustWords=discr edit&searchPublishing=1.

67. Cyber Berkut, http://www.cyber- berkut.org/.

68. Jeremy Hsu, "Why There's No Real Cyber war in the Ukraine Conflict," *IEEESpectrum*, March 14, 2014, http://spectrum.ieee.org/tech-talk/computing/networks/why-theres-no-real-cyberwar-in-the- ukraine-conflict.

69. Charles Clover, "Kremlin-Backed Group behind Estonia Cyber Blitz," *Financial Times*, March 11, 2009, http://www.ft.com/intl/cms/s/0/57536d5a-0ddc-11de-8ea3-0000779fd2ac.html#axzz33Us0YfDw.

70. John Markoff, "Before the Gunfire, Cyberattacks," *New York Times*, August 12, 2008, http://www.nytimes.com/2008/08/13/technology/13cyber.html.

71. Eneken Tikk, Kadri Kaska, Kristel Rünnimeri, et al., *Cyber Attacks Against Georgia: Legal Lessons Identified* (Tallinn, Estonia: Cooperative Cyber Defense Center of Excellence, 2008), http://www.carlisle.army.mil/DIME/documents/Georgia%20 1%200.pdf.

72. Ariana Eunjung Cha and Ellen Nakashima, "Google China Cyberattack Part of Vast Espionage Campaign, Ex- pertsSay," *WashingtonPost*, January 14, 2010, http://www.washingtonpost.com/wp-dyn/content/article/2010/01/13/AR2010011300359.html.

73. Michael Corkery, Jessica Silver-Greenberg, and David E. Sanger, "Obama Had Security Fears on JPMorgan Data Breach," *New York Times*, October 8, 2014, http://dealbook.nytimes.com/2014/10/08/cyberattack-on-jpmorgan-raises-alarms-at-white-house-and-on-wall-street/?_r=0.

74. Spencer Ackerman, "CIA Chief: We'll Spy on You through Your Dishwasher," *Wired*, March 15, 2012, http://www.wired.com/2012/03/petraeus-tv-remote.

75. Daniel Castro, "How Much Will PRISM Cost the US Cloud Computing Industry?" Information Technology and Innovation Foundation, August 2013, http://www2.itif.org/2013-cloud-computing-costs.pdf.

76. "Executive Order: Improving Critical Infrastructure Cybersecurity," White House, February 12, 2013, https://www.whitehouse.gov/the-press-office/2013/02/12/executive-order-improving- critical-infrastructure-cybersecurity.

77. Joyce Brayboy, "Army Cyber Defenders Open Source Code in new Git Hub Project," US Army, January 28, 2015, http:// www.army.mil/article/141734/Army_cyber_defenders_open_source_code_in_new_GitHub_project/.

78. Michael Peck, "Cybersecurity Market to Hit $77B," *Federal Times*, February 21, 2014, http://www.federaltimes.com/article/20140221/CYBER/302210004/Cybersecurity-market-hit-77B; Fahmida Y. Rashid, "Global Cybersecurity Market to Hit $120.1 Billion by 2017," *Security Current,* March 6, 2014, http://www.

securitycurrent.com/en/news/ac_news/global-cybersecurity-marke.

79. Peck, "Cybersecurity Market to Hit $77B."

80. Peter Singer, interview with Jennifer Citak, October 22, 2013; P. W. Singer and Allan Friedman, *Cybersecurity and Cyberwar: What Everyone Needs to Know* (Oxford, UK: Oxford University Press, 2014).

81. Hypponen, interview with Citak.

第五章　數據：資訊時代的原料

1. Josh Gerstein and Stephanie Simon, "Who Watches the Watchers? Big Data Goes Unchecked," *Politico*, May 14, 2014, http://www.politico.com/story/2014/05/big-data-beyond-the-nsa-106653.html.

2. Elizabeth L. Eisenstein, *The Printing Revolution in Early Modern Europe*(Cambridg e,UK:CambridgeUniversityPress,2005).

3. "The Evolution of Storage Systems," *IBM Systems Journal* 42, no. 2 (2003): 205–17, http://ieeexplore.ieee.org/xpl/login.jsp?reload=true&tp=&arnumber=5386860&url=h ttp%3A%2F%2Fieeexplore.ieee.org%2Fstamp%2Fstamp.jsp%3Ftp%3D%26arnumb er%3D5386860.

4. James Manyika, Michael Chui, Brad Brown, et al., "BigData:TheNextFrontierforInn ovation,Competition,andProductivity," McKinsey Global Institute, May 2011, http:// www.mckinsey.com/insights/business_technology/big_data_the_next_frontier_for_ innovation.

5. "Big Data, for Better or Worse: 90% of World's Data Generated over La stTwoYears,"*ScienceDaily*,May22, 2013, http://www.sciencedaily.com/ releases/2013/05/130522085217.htm.

6. Steve Lohr, "The Age of Big Data," *New York Times*, February 11, 2012, http:// www.nytimes.com/2012/02/12/sunday-review/big-datas-impact-in-the-world. html?pagewanted=all.

7. "Data Never Sleeps 2.0," Domo, http://www.domo.com/learn/data-never-sleeps-2.

8. Patrick Tucker, "Has Big Data Made Anonymity Impos- sible?" *MIT Technology Review*, May 7, 2013, http://www.technologyreview.com/news/514351/has-big-data-made-anonymity-impossible/.

9. "Inside the Cave: An In-Depth Look at the Digital, Technology, and Analytics Operations of Obama for America," En- gage Research, 2012,http://enga.ge/ download/Inside%20the%20Cave.pdf.

10. Ibid.

11. Kenneth P. Vogel, Dave Levinthal, and Tarini Parti, "Barack Obama, Mitt Romney Both Topped $1 Billion in 2012," *Politico*, December 7, 2012, http://www. politico.com/story/2012/12/barack-obama-mitt-romney-both-topped-1-billion-in-2012-84737.html; "Inside the Cave: An In-Depth Look at the Digital, Technology,

and Analytics Operations of Obama for America," Engage Research, 2012, http://enga.ge/download/Inside%20the%20Cave.pdf.

12. Zac Moffatt, "Successes of the Romney and Republican Digital Efforts in 2012," Targeted Victory, December 11, 2012, http:// www.targetedvictory.com/2012/12/11/success-of-the-romney-republican-digital-efforts-2012/; "Inside the Cave."

13. Dan Wagner, interview with Ari Ratner, May 28, 2014.

14. Ibid.

15. Michael Slaby, interview with Ari Ratner, December 2, 2013.

16. Ibid.

17. Erik Brynjolfsson and Andrew McAfee, "The Big Data Boom Isthe Innovation Story of Our Time," *Atlantic*, November 21, 2011, http://www.theatlantic.com/business/archive/2011/11/the-big-data-boom-is-the-innovation-story-of-our-time/248215/; Zeynep Tufekci, "Engineering the Public: Big Data, Surveillance and Computational Politics," *First Monday* 19, no. 7 (2014), http://firstmonday.org/ojs/index.php/fm/article/view/4901/4097.

18. Stephen Shankland, "Google Translate NowServes 200 Million People Daily," *CNET*, May 18, 2013, http://www.cnet.com/news/google-translate-now-serves-200-million-people-daily/.160 *If one does not need to be*: Ethnologue: Languages of the World, http://www.ethnologue.com/.

19. "Papua New Guinea's Fisheries Boom," Business Advantage PNG, February 27, 2013, http://www.businessadvantagepng.com/papua-new-guineas-fisheries-boom/.

20. "Hunger Statistics," World Food Programme, http://www.wfp.org/hunger/stats.

21. Ulisses Mello and Lloyd Treinish, "Precision Ag- riculture: Using Predictive Weather Analytics to Feed Future Generations," IBM Research, http://www.research.ibm.com/articles/precision_agriculture.shtml.

22. Rob Thomas and Patrick McSharry, *Big Data Revolution: What Farmers, Doctors and Insurance Agents Teach Us about Discovering Big Data Patterns* (Hoboken, NJ: Wiley, 2015).

23. Howard Baldwin, "Big Data Hits theDirt,"*Forbes*,December8,2014,http://www.forbes.com/sites/howard-baldwin/2014/12/08/big-data-hits-the-dirt/.

24. P. Sainath, "Have India's Farm Suicides Really Declined?"*BBCNews*, July 14, 2014, http://www.bbc.com/news/world-asia-india-28205741.

25. "Number of Hungry People in India Falling: UNReport," *ZeeNews*, September 18, 2014, http://zeenews.india.com/business/news/economy/number-of-hungry-people-in-india-falling-un- report_108529.html.

26. Tom Laskawy, "New Science Reveals Agriculture's True Climate Impact," *Grist*, April 10, 2012, http://grist.org/climate-change/new-science-reveals-agricultures-true-climate-impact/.

27. S. Park, P. Croteau, K. A. Boering, et al., "Trends and Seasonal Cycles in the Isotopic

Composition of Nitrous Oxide since 1940,"*NatureGeoscience*5(2012):261–65,http://www.nature.com/ngeo/journal/v5/n4/full/ngeo1421.html.

28. Viktor Mayer-Schönberger and Kenneth Cukier, *Big Data: A Revolution That Will Transform How We Live, Work, and Think* (London: John Murray Publishers,2013).

29. Lisa Fleisher, "London's Financial Tech Sector Growth Outpaces Global Growth," *Wall Street Journal*, March 26, 2014, http://blogs.wsj.com/digits/2014/03/26/londons-financial-tech-sector-growth-fastest-in-world/; Laura Lorenzetti, "Big Banks Are Shunning Tradi- tion and Turning to Tech Startups," *Fortune*, June 26, 2014, http://fortune.com/2014/06/26/big-banks-are-shunning-tradition-and-turning-to-tech-startups/.

30. Lorenzetti, "Big Banks Are Shunning Tradition." 169 *Faced with regulatory hurdles*: Standard Treasury, https://standardtreasury.com/; "Standard Treasury Joins Silicon Valley Bank," Zac Townsend blog, http://blog.zactownsend.com/standard-treasury-joins-silicon-valley-bank.

31. Mike Isaac, "Square Expands Its Reach into Small-Business Services," *New York Times*, March 8, 2015, http://www.nytimes.com/2015/03/09/technology/the-payment-start-up-square-expands-its- reach-into-small-businesses.html.

32. Brendan McGarry, "Special Forces, Marines Embrace Palantir Software," *Defense Tech*, July 1, 2013, http://defensetech.org/2013/07/01/special-forces-marines-embrace-palantir-software/; "Better Measures and Plans Needed to Help Achieve Enterprise Intelligence Sharing Goals," Government Accountability Office, June 2013, http://images.military.com/PDF/gao-report-dcgs-063013.pdf; Andy Greenberg, "How a 'Deviant' Philosopher Built Palantir, a CIA-Funded Data-Mining Juggernaut," *Forbes*, August 14, 2013,http://www.forbes.com/sites/andygreenberg/2013/08/14/agent-of-intelligence-how-a-deviant-philosopher-built-palantir-a-cia- funded-data-mining-juggernaut/.

33. Jon Xavier, "Four Things We Learned about Palan- tir CEO Alex Karp," *Silicon Valley Business Journal*, August 19, 2013, http://www.bizjournals.com/sanjose/news/2013/08/15/palantirs-alex-karp.html?page=all.

34. James Bohman and William Rehg, "JürgenHaber- mas," *Stanford Encyclopedia of Philosophy*, August 4, 2014, http://plato.stanford.edu/entries/habermas/#ImpTraWor.

35. Greenberg, "How a 'Deviant' Philosopher Built Palantir."

36. Ibid.

37. Kevin Simler, "Palantir: So What Is It You Guys Do?" Palantir, December 4, 2007, https://www.palantir.com/2007/12/what-do-we-do/.

38. Matt Burns, "Leaked Palantir Doc Reveals Uses, Specific Functions and Key Clients," *TechCrunch*, January 11, 2015, http://techcrunch.com/2015/01/11/leaked-palantir-doc-reveals-uses-specific-functions-and-key-clients/.

39. Greenberg, "How a 'Deviant' Philosopher Built Palantir."

40. Cadie Thompson, "Free Advice: Don't Go Public, Says Palantir's CEO," CNBC, March 19, 2014, http://www.cnbc.com/id/101507813.

41. Caitlin Dewey,"The Hot New 'Consent' App, Good2Go, Is Logging the Name and Phone Number of Everyone You Have Sex With," *Washington Post*, September 29, 2014,http://www.washingtonpost.com/news/the-intersect/wp/2014/09/29/the-hot-new- consent-app-good2go-is-logging-the-name-and-phone-number-of-everyone-you-have-sex-with/?Post+generic=%3Ftid%3Dsm_twitter_washingtonpost.

42. Stephanie Simon, "Big Brother: Meet the Parent," *Politico*, June 5, 2014, http://www.politico.com/story/2014/06/internet-data-mining-children-107461.html.

43. "A Review of the Data Broker Industry: Collection, Use, and Sale of Consumer Data for Marketing Pur- poses," Office of Oversight and Investigations, Majority Staff, Senate Commit- tee, December 18, 2013, http://www.commerce.senate.gov/public/?a=Files.Serve&File_id=0d2b3642-6221-4888-a631-08f2f255b577.

44. Elizabeth Dwoskin, "Data Broker Removes Rape-Victims List after Journal Inquiry," *Wall Street Journal*, December 19, 2013, http://blogs.wsj.com/digits/2013/12/19/data-broker-removes-rape-victims-list-after-journal-inquiry/; Tara Culp-Ressler, "Big Data Companies Are Selling Lists of Rape Victims to Marketing Firms," *ThinkProgress*, De- cember 19, 2013, http://thinkprogress.org/health/2013/12/19/3089591/big-data-health-data-mining/.

45. Natasha Lomas, "What Happens to Privacy When the Internet Is in Everything?" *TechCrunch*, January 25, 2015, http://techcrunch.com/2015/01/25/what-happens-to-privacy-when-the-internet-is-in-everything/; AFP and Mark Prigg, "Harvard Professors Warn 'Privacy Is Dead' and Predict Mosquito-Sized Robots That Steal Sam- ples of Your DNA," *Daily Mail*, January 22, 2015, http://www.dailymail.co.uk/sciencetech/article-2921758/Privacy-dead-Harvard-professors-tell- Davos-forum.html#ixzz3PgIkOaR8.

46. Jonathan Shaw, "Why 'Big Data' Is a Big Deal," *Harvard Magazine*, March–April 2014, http://harvardmagazine.com/2014/03/why-big-data-is-a-big-deal.

47. John T. Cacioppo, Stephanie Cacioppo, Gian C. Gonzaga et al., "Marital Satisfaction and Break-Ups Differ across On-Line and Off-Line Meeting Venues," *Proceedings of the National Academy of Sciences* 110, no. 25 (2013), http://www.pnas.org/content/110/25/10135.full.

48. Leon Wieseltier, "What Big Data Will Never Explain," *New Republic*, March 26,2013.

49. http://openag.io/about-us/principals-use-cases/.

50. David Brooks, "What Data Can't Do," *New York Times*, February 18, 2013, http://www.nytimes.com/2013/02/19/opinion/brooks-what-data-cant-do.html?_r=0.

51. Kalev Leetaru, "Why Big Data Missed the Early Warning Signs of Ebola," *Foreign Policy*, September 26, 2014,http://foreignpolicy.com/2014/09/26/why-big-data-

missed-the-early-warning-signs-of-ebola/#trending.

52. "Ebola Cases Could Skyrocket by 2015, Says CDC," Centers for Disease Control and Prevention, *Morbidity and Mortal- ity Weekly Report* 63, *Washington Post*, http:// apps.washingtonpost.com/g/page/national/ebola-cases-could-skyrocket-by-2015-says-cdc/1337/.

53. Data Team, "Ebola in Graphics: The Toll of a Tragedy," *Economist*, July 8, 2015, http://www.economist.com/blogs/graphicdetail/2015/02/ebola-graphics.

54. Slaby,interview.

第六章　未來市場的地理學

1. Marc Andreessen, "Turn Detroit into Drone Valley," *Politico*, June 15, 2014, http://www.politico.com/magazine/story/2014/06/turn-detroit-into-drone-valley-107853.html#ixzz3SwRDqcxw.

2. Carol Matlack, Michael Riley, and Jordan Robertson, "The Company Securing Your Internet Has Close Ties to RussianSpies," *Bloomberg Businessweek*, March 19, 2015, http://www.bloomberg.com/news/articles/2015-03-19/cybersecurity-kaspersky-has-close-ties-to-russian-spies.

3. "The Boom in Global Fintech Investment," Accenture, 2014, https://www.cbinsights.com/research-reports/Boom-in-Global-Fintech-Investment.pdf.

4. Ibid.

5. "Farm 2050: Seeding the future of AgTech," Farm 2050, http://www.farm2050.com/#index.

6. Henning Kagermann, Wolfgang Wahlster, Jo- hannes Helbig, and Acatech, "Securing the Future of German Manufacturing Industry: Final Report of the Industrie 4.0 Working Group. Recommendations for Implementing the Strategic Initiative INDUSTRIE 4.0," April 2013, http:// www.acatech.de/fileadmin/user_upload/Baumstruktur_nach_Website/Acatech/root/de/Material_fuer_Sonderseiten/Industrie_4.0/Final_report__Industrie_4.0_accessible.pdf.

7. "Senior Innovation Advisor for US Secretary of State Picks C-Dax Pasture Meter as the Innovation Highlight for New Zea- land," Latest News, Pasture Meter, September 2012, http://www.pasturemeter.co.nz/view.php?main=news.

8. "The Benefits," Pasture Meter, http://www.pasturemeter.co.nz/view.php?main=benefits.194 *Sales of beef from New Zealand*: Chloe Ryan, "Focus on New Zealand-China syndrome," *GlobalMeatNews*, April 29, 2014, http://www.globalmeatnews.com/Analysis/Focus-on-New-Zealand-China-syndrome.

9. "Invest in New Zealand: Statis- tics," New Zealand Trade and Enterprise, https://www.nzte.govt.nz/en/invest/statistics//.

10. Andreessen, "Turn Detroit into DroneValley."

11. "World's Population Increasingly Urbanwith More Than Half Living in Urban

Areas," United Nations, July 10, 2014, http:// www.un.org/en/development/desa/ news/population/world-urbanization-prospects-2014.html; Parag Khanna, "Beyond City Limits," *Foreign Policy,* August 16, 2010, http://www.foreignpolicy.com/ articles/2010/08/16/beyond_city_limits?page=0,0.

12. Andrew F. Haughwout and Robert P. Inman, "How Should Suburbs Help Their Central Cities? Growth and Welfare Enhancing Intra-metropolitan Fiscal Distributions," Federal Reserve Bank of New York, 2004, http://www.newyorkfed. org/research/economists/haughwout/suburbs_help_central_cities_haughwout.pdf.

13. Edward L. Glaeser, "Cities, Information, and Economic Growth," *Cityscape* 1, no. 1 (1994): 9–47, http://www.huduser.org/periodicals/cityscpe/vol1num1/ch2.pdf.

14. Sir Peter Hall, "The World's Urban Systems: A European Perspective,"*Global Urban Development Magazine*1,no.1(2005), http://www.globalurban.org/Issue1PIMag05/ Hall%20article.htm.

15. "TheA.T.KearneyGlobalCitiesIndexandGlobal Cities Outlook 2015," A. T. Kearney, May 20, 2015, http://www.atkearney.com/gbpc/global-cities-index/full-report/-/ asset_publisher/yAl1OgZpc1DO/ content/2012-global-cities-index/10192.

16. Gohar Mehsud, "Waziristan: Tribal Residents Caught between Drones, the Pakistani Army and Insurgents," *London Progressive Journal*, January 12, 2014, http:// londonprogressivejournal.com/article/view/1709/waziristan-tribal-residents-caught-between-drones-the- pakistani-army-and-insurgents; Ahmed Wali Mujeeb, "Inside Pakistan's Drone Country," *BBC News*, October 4, 2012, http://www.bbc.com/news/ world-asia-india-19714959.

17. "US and Pak Adapt Their Approach on Di- visive Issue of North Waziristan: WP," *Nation*, April 14, 2010, http://www.nation.com.pk/politics/14-Apr-2010/US-and-Pak-adapt-their-approach-on- divisive-issue-of-North-Waziristan-WP.

18. "Pakistani Women Stopped from Voting in Waziristan," *Al-Arabiya*, May 11, 2013, http://english.alarabiya.net/en/News/asia/2013/05/11/Pakistani-women-stopped-from-voting-in-Waziristan.html.

19. Maria Umar, interview with Teal Pennebaker, January 6, 2014.

20. "Russia," OpenNet Initiative, December 19, 2010, https://opennet.net/research/ profiles/russia.

21. Antonio Regalado, "In Innovation Quest, Regions Seek Critical Mass," *MIT Technology Review*, July 1, 2013, http://www.technologyreview.com/news/516501/ in-innovation-quest-regions-seek- critical-mass/; "Opportunities for Industrial Partners," Skolkovo Innovation Centre, http://aebrus.ru/upload/Skolkovo%20 Foundation%20AEB%2029-01-2014.pdf.

22. "Women, Business and the Law 2014: Removing Restrictions to Enhance Gender Equality," International Bank for Reconstruction and Development/World Bank, 2013, http://wbl.worldbank.org/~/media/FPDKM/WBL/Documents/Reports/2014/

Women-Business-and-the- Law-2014-FullReport.pdf.

23. Zvi Lerman, YoavKislev, David Biton, and Alon Kriss, "Agricultural Output and Productivity in the Former Soviet Republics," University of Chicago, 2013, http://www2.econ.iastate.edu/classes/econ370/shuffman/documents/510410.web.pdf.

24. Kalle Muuli, "One Reason for Estonia's Success Lies across the Gulf," *Ukrainian Week*, May 26, 2013, http:// ukrainianweek.com/World/80437.

25. Nathalie Vogel and Dmitry Udalov, "Who Is Afraid of Mart Laar?" World Security Network, November 12, 2005, http://www.worldsecuritynetwork.com/Europe/and-Dmitry-Udalov-Nathalie-Vogel-1/ Who-is-afraid-of-Mart-Laar.

26. Mart Laar, "The Estonian EconomicMiracle,"HeritageFoundation,August7,2007,ht tp://www.heritage.org/research/reports/2007/08/the-estonian-economic-miracle.

27. Colin Woodard, "Estonia, Where Being Wired Is a Human Right," *Christian Science Monitor*, July 1, 2003,http://www.csmonitor.com/2003/0701/p07s01-woeu.html.

28. "Country Comparison: GDP—per capita (PPP)," IndexMundi, http://www.indexmundi.com/g/r.aspx?v=67.

29. "Profile: Alexander Lukashenko," *BBC News*, January 9, 2007, http://news.bbc.co.uk/2/hi/europe/3882843.stm.

30. Zuzana Brixiova, "Economic Transition in Belarus: Achievements and Challenges," International Monetary Fund, June 9, 2004, http://www.imf.org/external/country/blr/rr/pdf/060904.pdf.

31. "Belarus," in *CIA World Factbook*, https://www.cia.gov/library/publications/the-world-factbook/geos/bo.html;Leonid Bershidsky, "Russian Ruble's Hapless Little Brother," *Bloomberg View*, February 4, 2015, http://www.bloombergview.com/articles/2015-02-04/russian-ruble-s-hapless-little-brother.

32. Toomas Ilves, interview with Alec Ross, January13,2014.

33. Nina Kolyako, "Estonia Ranked First Worldwide in Terms of Broadband Internet Speeds," *Baltic Course*, January 27, 2012, http://www.baltic-course.com/eng/good_for_business/?doc=52217.

34. Eric B. Schnurer, "E-Stonia and the Future of the Cyberstate," *Foreign Affairs*, January 28, 2015, http://www.foreignaffairs.com/articles/142825/eric-b-schnurer/e-stonia-and-the-future-of-the-cyberstate.

35. A. A. K., "How Did Estonia Become a Leader in Technology?" *Economist*, July 30, 2013,http://www.economist.com/blogs/economist-explains/2013/07/economist-explains-21?zid=307&a h=5e80419d1bc9821ebe173f4f0f060a07.

36. L. S., "Not Only Skype," *Economist*, July 11, 2013, http://www.economist.com/blogs/schumpeter/2013/07/estonias-technology-cluster.

37. "Government Expenditure per Student, Primary (% of GDP per Capita)," World Bank, http://data.worldbank.org/indicator/SE.XPD.PRIM.PC.ZS.

38. "Literacy Rate, Adult Total(% of People Ages 15 and above)," World Bank, http://

data.worldbank.org/indicator/SE.ADT.LITR.ZS.
39. Ilves, interview.
40. Steven K. Pifer, "Ukraine or Borderland?" *New York Times*, October 28, 2011, http://www.nytimes.com/2011/10/29/opinion/29iht-edpifer29.html?_r=0.
41. "Best Inventions of the Year 2012: Enable Talk Gloves," *Time*, November 1, 2012, http://techland.time.com/2012/11/01/best-inventions-of-the-year-2012/slide/enable-talk-gloves/.
42. "Profile:Ukraine's President Petro Poroshenko,"*BBC News*, June 7, 2014,http://www.bbc.com/news/world-europe-26822741.
43. "Most Innovative in the World 2014: Countries," Bloom- bergRankings,January7,2014,http://images.businessweek.com/bloomberg/pdfs/most_innovative_countries_2014_011714.pdf.
44. "Table: Religious Diversity Index Scores by Country," Pew Research Center, Religion and Public Life, April 4, 2014, http://www.pewforum.org/2014/04/04/religious-diversity-index-scores-by-country/?utm_content=buffer78c96&utm_medium=social&utm_ source=twitter.com&utm_campaign=buffer.
45. "China Overview," World Bank, http://www.worldbank.org/en/country/china/overview.
46. Lotus Yuen, "Just How Free Is Shanghai's New Free Trade Zone?" *Foreign Policy*, October 4, 2013, http://blog.foreignpolicy.com/posts/2013/10/04/just_how_free_is_shanghais_new_free_trade_zone.
47. Shen Hong, "One Year On, Shanghai Free- Trade Zone Disappoints," *Wall Street Journal*, September 28, 2014, http:// www.wsj.com/articles/one-year-on-shanghai-free-trade-zone-disappoints-1411928668.
48. Mei Xinyu, "China Does Not Set the 'Politi- cal Concessions,'" *Wanghai Online* (Chinese language), September 27, 2013, http://paper.people.com.cn/rmrbhwb/html/2013-09/27/content_1304366.htm.
49. Lan Lan, "Nation Seeks Strategic Industries' Development," *China Daily*, July 24, 2012, http://www.china- daily.com.cn/china/2012-07/24/content_15610285.htm.
50. People's Linguistic Survey of India, http://peopleslinguisticsurvey.org/.
51. "Ease of Doing Business Index (1 = MostBusiness- Friendly Regulations)," World Bank, http://data.worldbank.org/indicator/IC.BUS.EASE.XQ.
52. Yougang Chen, Stefan Matzinger, and Jonathan Woetzel, "Chinese Infrastructure: The Big Picture," *McKinsey Quarterly*, June 2013, http://www.mckinsey.com/insights/winning_in_emerging_markets/chinese_infrastructure_the_big_picture.
53. Anumeha Chaturvedi and Rahul Sachi- tanand, "A Million Engineers in India Struggling to Get Placed in an Ex- tremely Challenging Market,"*Economic Times*, June 18, 2013, http://articles.economictimes.indiatimes.com/2013-06-18/news/40049243_1_engineers- iit-bombay-batch-size.

54. "Nehru's Approach to Primary Education Lamen table: Amartya," *Economic Times*, July 4, 2011, http://articles.economictimes.indiatimes.com/2011-07-04/news/29736088_1_primary- education-higher-education-educational-system.
55. Unique Identification Authority of India, Government of India, http://uidai.gov.in.
56. "Downwardly Mobile," *Economist*, January 29, 2015, http://www.economist.com/news/finance-and-economics/21641272-banks-have-signed-up-120m-customers-five-months-was-easy.
57. "AADHAAR Generation Progress in India," Unique Identification Authority of India, Government of India, https://portal.uidai.gov.in/ uidwebportal/dashboard.do?lc=h.
58. Patti Domm, "Growing Middle Class Fuels Brazil's Economy," CNBC, April 28, 2011, http://www.cnbc.com/id/42785493#.
59. "Immigration to Argentina," *Wikipedia*, http://en.wikipedia.org/wiki/Immigration_to_Argentina#cite_note-ref1-1.
60. "A Century of Decline," *Economist*, February 15, 2014, http://www.economist.com/node/21596582/print.
61. Ambrose Evans-Pritchard, "Saudi Oil Well Dries Up," *Telegraph*, September 5, 2012, http://blogs.telegraph.co.uk/finance/ambroseevans-pritchard/100019812/saudi-oil-well-dries-up/; "Gross Domes- tic Product 2014," World Development Indicators database, World Bank, July 1, 2015,http://databank.worldbank.org/data/download/GDP.pdf.
62. Jeffrey Mervis, "Growing Pains in the Desert," *Science*, December 7, 2012, http://twitmails3.s3-website-eu-west-1.amazonaws.com/users/325535741/89/attachment/Science_KAUST.pdf.
63. Susan Schmidt,"SaudiMoney Shaping US Research," *National Interest*, February 11, 2013, http://nationalinterest.org/commentary/saudi-money-shaping-us-research-8083; "Social Progress Index 2015," Social Progress Imperative, http://www.socialprogressimperative.org/data/spi;"Global Gender Gap Report 2012: The Best and Worst Countries for Women," *Huffington Post*, October 24, 2012, http://www.huffingtonpost.com/2012/10/24/global-gender-gap-report-2012-best-worst-countries-women_n_2006395.html.
64. Ashfaq Yusufzai, Peshawar, and Harriet Al- exander, "Malala Yousafazi to Address the UN as friends in Swat Valley Listen with Pride," *Telegraph*, July 12, 2013, http://www.telegraph.co.uk/news/worldnews/asia/pakistan/10174882/Malala-Yousafazi-to-address-the-UN- as-friends-in-Swat-Valley-listen-with-pride.html; Ben Brumfield and David Simpson, "Malala Yousafzai: Accolades, Applause and a Grim Milestone," CNN,October9,2013,http://www.cnn.com/2013/10/09/world/asia/malala-shooting-anniversary/.
65. ZaraJamal, "To Bea Womanin Pakistan: SixStories of Abuse, Shame, and Survival,"

Atlantic, April 9, 2012, http://www.theatlantic.com/international/archive/2012/04/to-be-a-woman-in-pakistan-six-stories- of-abuse-shame-and-survival/255585/; "Pakistan," in *The World Factbook*, Central Intelligence Agency, https://www.cia.gov/library/publications/the-world-factbook/geos/pk.html.

66. "Gender Parity," World Economic Forum Agenda, http://www.weforum.org/issues/global-gender-gap.

67. Katty Kay and Claire Shipman, "Fixing the Economy Is Women's Work," *Washington Post*, July 12, 2009, http://www.washingtonpost.com/wp-dyn/content/article/2009/07/10/AR2009071002358.html.

68. "Women, Business and the Law," World Bank Group, http://wbl.worldbank.org/data.

69. "List of Islands of Indonesia," *Wikipedia*, http://en.wikipedia.org/wiki/List_of_islands_of_Indonesia.

70. Yenni Kwok, "Indonesia's Elections Fea- ture Plenty of Women, But Respect in Short Supply," *Time*, April 8, 2014, http://time.com/53191/indonesias-election-features-plenty-of-women-but-respect-in-short-supply/.

71. "The Lives of Rural and Urban Chinese Women under State Capitalism," Mount Holyoke College, https://www.mtholyoke.edu/~jejackso/Women%20Under%20Mao.htm.

72. "Pick and Choose," *Economist*, May 1, 2014, http://www.economist.com/news/books-and-arts/21601486-why-womens-rights-china-are-regressing-pick-and-choose.

73. "Women in Senior Management: Setting the Stage for Growth," Grant Thornton International Business Report 2013, http://www.thebigidea.co.uk/wp-content/uploads/2014/05/Grant-Thornton.pdf.

74. Jonathan Kaiman, "Chinese Women Move Up Ranksof Global Super-Rich," *Guardian*, September 18, 2013, http://www.the- guardian.com/business/2013/sep/18/chinese-women-global-super-rich-lists.

75. Charles Riley, "The Women of Alibaba Put Sili- con Valley to Shame," *CNN Money*, June 18, 2014, http://money.cnn.com/2014/06/18/technology/alibaba-gender-diversity/.

76. "Holding Back Half the Nation," *Economist*, March 27, 2014, http://www.economist.com/news/briefing/21599763-womens-lowly-status-japanese-workplace-has-barely-improved-decades- and-country.

77. "Women in Work: The Norwegian Experience," *OECD Observer* 293, no. 4 (November 2012), http://oecdobserver.org/news/fullstory.php/aid/3898/Women_in_work:_The_Norwegian_experience.html.

78. Tomoko Otake, "Japanese Women Strive to Em- power Themselves," *Japan Times*, March 3, 2013, http://www.japantimes.co.jp/life/2013/03/03/people/japanese-women-strive-to-empower-themselves/#.U5UPgJRqrlc.

79. "Holding Back Half the Nation."

80. "Japan Remains Near Bottom of Gender Gap Ranking," *JapanTimes*, October 29, 2014, http://www.japantimes.co.jp/news/2014/10/29/national/japan-remains-near-bottom-of-gender-gap-ranking/#.VPNDcbPF_pA.

81. Mark Fabian, "Japan Needs to Reform Its Work- Hour Culture," East Asia Forum, January 22, 2014, http://www.eastasiaforum.org/2014/01/22/japan-needs-to-reform-its-work-hour-culture/.

82. "A New Vision from a New Japan," World Economic Forum 2014 Annual Meeting, Speechby Prime Minister Abe, Jan- uary 22, 2014, http://japan.kantei.go.jp/96_abe/statement/201401/22speech_e.html.

83. "Holding Back Half the Nation."

84. Kelly Yang, "In China, It's the Grandparents Who 'Lean In,'" *Atlantic*, September 30, 2013, http://www.theatlantic.com/china/archive/2013/09/in-china-its-the-grandparents-who-lean-in/280097/.

85. Yuka Hayashi, "Japan Releases Another Plank of Abenomics Aimed at Growth," *Wall Street Journal*, June 16, 2014, http://online.wsj.com/articles/japan-releases-another-plank-of-abenomics-aimed-at-growth-1402928723.

86. "Holding Back Half the Nation."

87. http://japan.kantei.go.jp/96_abe/statement/201401/22speech_e.html.

88. "OurTeam,"CivisAnalytics,https://civisanalytics.com/team/.

89. Li Qian, "Chinese Dominate Ranking of Young CEOs," *China Daily*, January 24, 2007, http://www.chinadaily.com.cn/china/2007-01/24/content_791703.htm.

90. "Ma Huateng," *Wikipedia*, http://en.wikipedia.org/wiki/Ma_Huateng. 232 *Its largest e-commerce company*: Michelle FlorCruz, "Who Is Jack Ma? Five Things to Know about the Alibaba Founder before the IPO," *International Business Times*, May 6, 2014, http://www.ibtimes.com/who-jack-ma-five-things-know-about-alibaba-founder-ipo-1580890; "Lei Jun," *Wikipedia*, http://en.wikipedia.org/wiki/Lei_Jun.

91. Jon Gosier, "A Look at the Apps4Af- rica 2011 Winners," *Appfrica* (blog), January 14, 2012,http://blog.appfrica.com/2012/01/14/a-look-at-the-apps4africa-2011-winners/.

92. "Tanzania," in *The World Factbook*, Central Intelligence Agency, https://www.cia.gov/library/publications/the-world-factbook/geos/tz.html.

93. Prue Goredema, "Youthful Innovation at Apps4Africa," *eLearning Africa News*, February 2, 2012, http://www.elearning-africa.com/eLA_Newsportal/youthful-innovation-at-apps4africa/.

94. David Talbot, "African Social Networks Thrive in a Mobile Culture," *MIT Technology Review*, April 19, 2012, http://www.technologyreview.com/news/427682/african-social-networks-thrive-in-a- mobile-culture/.

95. "iCow: Tips and Tricks for Farmers via SMS," *New Africa*, March 18, 2014, http://

www.thenewafrica.info/icow-tips-tricks-farmers-via-sms/.

96. Mfonobong Nsehe, "The Best African Mobile Apps: iCow,"*Forbes*, August 2, 2011, http://www.forbes.com/sites/mfonobongnsehe/2011/08/02/the-best-african-mobile-apps-icow/; Suzannah Schneider, "Five Ways Cell Phones Are Changing Agriculture in Africa," Food Tank, January 25, 2015, http://foodtank.com/news/2015/01/five-ways-cell-phones-are-changing-agriculture-in-africa.

97. Schneider, "Five Ways Cell Phones Are Changing Agriculture."

98. "The Big Picture: Facts and Figures," Go Dairy,DairyNZ Limited, http://www. godairy.co.nz/the-big-picture/facts-and-figures.

99. Josh Kron, "Women Entrepreneurs Drive Growth in Africa," *New York Times*, October 10, 2012, http://www.nytimes.com/2012/10/11/world/africa/women-entrepreneurs-drive-growth-in-africa.html?pagewanted=all&_r=0.

100. "GEM 2012 Sub-Saharan Africa Regional Report," Global Entrepreneurship Monitor, 2012, www.gemconsortium.com/report.

101. Bosco K. Hitimana, "Why Rwanda Economy Bounced Back to Strong Growth," Rwanda News Agency, June 30, 2014, http://rnanews.com/economy/8797-why-rwanda-economy-bounced-back-to-strong- growth/; Nicholas Kulish, "Rwanda Reaches for New Economic Model," *New York Times*, March 23, 2014, http://www. nytimes.com/2014/03/24/world/africa/rwanda-reaches-for-new-economic-model. html?_r=0.

102. "Rwanda: Country Overview," World Bank, http://www.worldbank.org/en/country/ rwanda/overview.

103. "Rwanda: Gender Assessment: Progress towards Improving Women's Economic Status," African Development Bank Group, November 2008, http://www.afdb.org/ fileadmin/uploads/afdb/Documents/Project-and-Operations/rwanda.pdf.

104. Kron, "Women Entrepreneurs Drive Growth"; "Rwanda: Economy," Michigan State University, global EDGE, http://globaledge.msu.edu/countries/rwanda/economy.

105. "Women in National Parliaments," Inter-Parliamentary Union, http://www.ipu.org/ wmn-e/classif.htm.

結語

1. Ilves, interview.

2. Codecademy,http://www.codecademy.com/?d96a349c52fc4f68eea46a47ccb3d360.

3. "About Scratch," MIT, http://scratch.mit.edu/about/.

4. "The World's Billionaires," *Forbes*, http:// www.forbes.com/billionaires/list/.

財經企管 BCB585

未來產業
The Industries of the Future

作者 —— 亞歷克·羅斯（Alec Ross）
譯者 —— 齊若蘭

事業群發行人／CEO／總編輯 —— 王力行
資深行政副總編輯 —— 吳佩穎
特約副主編暨責任編輯 —— 許玉意
封面設計 —— 周家瑤

出版者 —— 遠見天下文化出版股份有限公司
創辦人 —— 高希均、王力行
遠見・天下文化・事業群 董事長 —— 高希均
事業群發行人／CEO —— 王力行
天下文化社長／總經理 —— 林天來
國際事務開發部兼版權中心總監 —— 潘欣
法律顧問 —— 理律法律事務所陳長文律師
著作權顧問 —— 魏啟翔律師
地址 —— 台北市104松江路93巷1號
讀者服務專線 —— (02) 2662-0012
傳真 —— (02)2662-0007；(02)2662-0009
電子信箱 —— cwpc@cwgv.com.tw
直接郵撥帳號 —— 1326703-6號 遠見天下出版股份有限公司

電腦排版 —— 李秀菊
製版廠 —— 東豪印刷事業有限公司
印刷廠 —— 祥峰印刷事業有限公司
裝訂廠 —— 精益裝訂股份有限公司
登記證 —— 局版台業字第2517號
總經銷 —— 大和書報圖書股份有限公司 電話／(02) 8990-2588
出版日期 —— 2016年05月30日第一版
2020年01月07日第一版第19次印行

定價 —— NT$420

國家圖書館出版品預行編目（CIP）資料

未來產業／亞歷克·羅斯（Alec Ross）著；
齊若蘭譯. -- 第一版. -- 臺北市：遠見天下
文化, 2016.05
　　面；　公分. --（財經企管；BCB585）
譯自：The industries of the future
ISBN 978-986-93171-6-0（精裝）
1. 未來社會　2. 工業技術
541.41　　　　　　　　　　　105008001

ISBN: 978-986-93171-6-0　　　　　　（英文版ISBN-13: 978-1-4767-5365-2）
書號 —— BCB585
天下文化官網 —— bookzone.cwgv.com.tw

天下文化
Believe in Reading